W0314288

Dirk Richter

Menschenrechte in der Psychiatrie

Prinzipien und Perspektiven einer psychosozialen Unterstützung ohne Zwang

Psychiatrie Verlag

Der Autor

Dirk Richter ist Soziologe und Pflegefachmann mit langjähriger Erfahrung in der psychiatrischen Versorgung. Er ist Professor für psychiatrische Rehabilitationsforschung an der Berner Fachhochschule und Leiter Forschung und Entwicklung Psychiatrische Rehabilitation der Universitären Psychiatrischen Diensten Bern.

Dirk Richter

Menschenrechte in der Psychiatrie

Prinzipien und Perspektiven einer psychosozialen Unterstützung ohne Zwang

Zur Sache: Psychiatrie

Dirk Richter
Menschenrechte in der Psychiatrie
Prinzipien und Perspektiven einer psychosozialen Unterstützung ohne Zwang
Zur Sache: Psychiatrie

1. Auflage 2024
ISBN Print: 978-3-96605-140-8
ISBN (PDF): 978-3-96605-107-1
https://doi.org/10.1486/9783966052504

Bibliografische Information der Deutschen Nationalbibliothek
Die Deutsche Nationalbibliothek verzeichnet diese Publikation in der Deutschen Nationalbibliografie; detaillierte bibliografische Daten sind im Internet über http://dnb.d-nb.de abrufbar.

Die Open Access-Publikation wurde finanziell unterstützt durch die Fachstelle Open Science und den Fachbereich Pflege der Berner Fachhochschule.

Lektorat: Karin Koch, Köln
Umschlagkonzeption und -gestaltung: Markus Goedderz, Düsseldorf
Typografiekonzeption: Iga Bielejec
Satz: Psychiatrie Verlag
Druck und Bindung: Plump Druck & Medien GmbH, Rheinbreitbach

Einleitung: Menschenrechte und Zwang in der psychiatrischen Versorgung – Konzepte, Daten und Begrifflichkeiten

In den folgenden Kapiteln werde ich zu begründen versuchen, warum Zwang in der psychiatrischen Versorgung nicht länger gerechtfertigt werden kann und aufzeigen, wie eine Psychiatrie ohne Zwang aussehen könnte. Ich räume es ungern ein, aber auch ich habe als Pflegefachmann in den 1980er-Jahren auf geschlossenen Stationen gearbeitet und an körperlichen Zwangsmaßnahmen wie Fixierung und Zwangsmedikation teilgenommen. Die Mitwirkung an diesen Maßnahmen habe ich gehasst. Es war nicht nur das Risiko, selbst körperlich in Mitleidenschaft gezogen zu werden, was es unangenehm machte, die Zwangsmaßnahmen widersprachen zutiefst meinen persönlichen und beruflichen Überzeugungen. Gleichwohl konnte ich es vor mir selbst rechtfertigen, da es sich ja um Menschen mit psychischen Erkrankungen handelte, die für sich oder für andere eine Gefahr darstellten. Fast alle Mitarbeitenden waren davon überzeugt, dass die Zwangsmaßnahmen letztlich dem Wohle der Patientinnen und Patienten dienten. Seinerzeit gab es kaum jemanden, der an dieser Praxis zweifelte. Gewalt auszuüben und Gewalt zu erleben, erschienen als notwendige Übel, wenn man in psychiatrischen Kliniken arbeitete. Es gab zudem – wie auch seinerzeit schon festgestellt wurde – bis weit in die 1990er-Jahre so gut wie keine empirische Forschung, auf deren Basis die Praxis des psychiatrischen Zwangs hätte infrage gestellt werden können (Lidz 1998).

Einige wenige Autorinnen und Autoren, beispielsweise der einflussreiche und zugleich umstrittene Psychiater und Psychoanalytiker Thomas Szasz, bezweifelten die Legitimität eines staatlichen Eingriffs als solchen aus einer eher rechtslibertären Position heraus (Szasz 1997, 2007). Seine Begründung: »Psychische Krankheiten« seien keine Krankheiten, da sie nicht – wie körperliche Krankheiten – organische Schäden aufweisen. Damit entfalle auch die Legitimation für Zwangsmaßnahmen gegen Menschen, die als »psychisch krank« diagnostiziert werden.

Szasz hat, wie der deutsche Philosoph Thomas Schramme (2019) feststellte, sicher die richtigen Fragen gestellt. Viele der von ihm gestellten Fragen – Ist Zwang legitimierbar? Was ist eigentliche eine »psychische Krankheit«? – werden in diesem Buch wieder auftauchen. Allerdings war Szasz auch ein Kind seiner Zeit, der viele seiner Thesen gar nicht erst empirisch zu begründen versuchte. Die von ihm beispielsweise postulierte strikte Trennung von körperlichen und psychischen Phänomenen gilt heute als widerlegt: Psychische Phänomene sind nicht ohne physische Vorgänge vorstellbar. Wir fragen uns heute sogar, ob wir überhaupt noch von einer menschlichen Psyche sprechen können – doch davon im Verlauf des Buchs mehr.

Die empirische Forschung in den Neurowissenschaften und in der Psychologie hat viele Sachverhalte, die für die Frage der Legitimation von Zwang relevant sind, in den letzten beiden Jahrzehnten untersucht. Zahlreiche Studien lassen mindestens erhebliche Zweifel an der Zwangsanwendung in der Psychiatrie erwachsen. Die Forschungsansätze und -ergebnisse werde ich später noch eingehend erläutern. Aus meiner Sicht delegitimieren sie psychiatrische Maßnahmen gegen den Willen der davon betroffenen Personen. Um nur zwei zentrale Sachverhalte zu benennen:

- Wir können psychische Krankheiten nicht valide definieren und von gesunden Zuständen abgrenzen, also kann eine psychische Erkrankung nicht der Grund für eine Zwangsmaßnahme sein.
- Die Studien legen keinesfalls nahe, dass Zwangsmaßnahmen überwiegend dem Wohle der davon betroffenen Menschen dienen.

Im Kern geht es mir darum, aufzuzeigen, dass psychiatrisch Tätige die von ihnen selbst aufgestellten ethischen und medizinischen Kriterien für die Rechtfertigung von Zwang nicht erfüllen können. Es gibt lediglich tradierte Vorstellungen, was bei aggressivem Verhalten zu tun ist – und eine vom Staat übertragene Ordnungsfunktion.

Die unfreiwillige Absonderung von Menschen mit bestimmten Verhaltensweisen, die von ihren Mitmenschen nicht toleriert wurden, ist seit dem Mittelalter in Europa überliefert. Es gab, wie der Soziologe und Historiker Andrew Scull in seiner Kulturgeschichte der »Verrücktheit« berichtet, bereits ab dem 13. oder 14. Jahrhundert einzelne Institutionen, welche solche Menschen internierten (Scull 2015). Der massive Ausbau derartiger Institutionen geschah allerdings erst viele Jahrhunderte später, wie noch ausführlicher dargestellt werden wird.

Zwang in der psychiatrischen Versorgung ist bis heute ein fundamentales Problem. Es gibt Hinweise, etwa aus der Schweiz, dass Unterbringungen gegen den Willen der Betroffenen in psychiatrischen Einrichtungen in den letzten Jahren zugenommen haben (Obsan 2022). Das überrascht, weil die Anwendung von Zwang in der psychiatrischen Versorgung in den letzten zwanzig Jahren einer massiven und zunehmenden Kritik ausgesetzt war. Hintergrund ist die im Jahr 2006 verabschiedete Konvention über die Rechte von Menschen mit Behinderungen der Vereinten Nationen, nachfolgend UN-BRK genannt, welche die Anwendung von Maßnahmen gegen den Willen von Menschen mit körperlichen und seelischen Behinderungen als eine Verletzung von Menschenrechten einstuft. Obwohl einzelne Textpassagen der von nahezu allen Staaten der Welt ratifizierten Konvention nicht ganz eindeutig sind und in Teilen auch kontrovers diskutiert werden (Della Fina et al. 2017), ist die Zielrichtung klar: Es geht letztendlich um die Abschaffung von Zwang in der Versorgung von Menschen mit Behinderungen.

Die Veröffentlichung der UN-BRK sowie verschiedener weiterer Dokumente aus dem Umkreis der Menschenrechtsbewegung in den Vereinten Nationen haben eine massive Diskussion darüber ausgelöst, ob und wie Maßnahmen gegen den Willen von Menschen psychiatrisch begründet werden können. Insbesondere aus den internationalen medizinischen Berufsverbänden kam erheblicher Widerstand gegen die Konvention. Dieser Widerstand wurde noch durch den Umstand verstärkt, dass der besondere Berichterstatter (»Rapporteur«) der Vereinten Nationen psychiatrische Zwangsmaßnahmen als Folter einstufte (UN General Assembly 2013). Gegen das Ziel der Abschaffung von Zwang wurden sowohl klinische wie auch menschenrechtliche Argumente vorgebracht. Aus einer klinischen Sicht sind »psychische Störungen« mit einem Risiko der verminderten Urteilsfähigkeit verbunden, was Maßnahmen gegen den Willen der Person rechtfertigen könne. Aus menschenrechtlicher Perspektive wird argumentiert, dass durch Zwangsmaßnahmen das Recht auf Gesundheit oder das Recht auf Leben geschützt werden können (Freeman et al. 2015). Doch was genau ist psychiatrischer Zwang eigentlich?

Psychiatrischer Zwang: ein Definitionsversuch

Gemeinhin wird unter psychiatrischem Zwang jede Maßnahme gegen den Willen einer Person verstanden, welche notwendigerweise mit dem Vorliegen einer diagnostizierten psychischen Störung, eines psychischen »Schwächezustands« oder einer Intelligenzminderung begründet wird. Dabei reicht das Vorliegen einer psychiatrischen Diagnose allein zur Begründung einer Zwangsmaßnahme nicht aus. Insbesondere wenn es um formaljuristische Begründungen geht, braucht es für eine hinreichende Legitimation in aller Regel zusätzlich ein Gefahren- oder Risikopotenzial für die eigene Person oder andere Personen, das bereits eingetreten ist oder das mit hoher Wahrscheinlichkeit erwartet wird. Die Begründungen unterscheiden sich von Land zu Land erheblich.

Das hat auch damit zu tun, dass sehr unterschiedlich auf den psychiatrischen Zwang geblickt wird. Bis heute fehlt eine allgemein anerkannte Taxonomie von Zwangsmaßnahmen, also ein Klassifikationsschema, das hilft, verschiedene Aspekte von Zwang auseinanderzuhalten. Üblicherweise wird im Rahmen von psychiatrischem Zwang von formellem und informellem Zwang ausgegangen (Gooding et al. 2020).

Formeller Zwang bedeutet eine juristische Entscheidung auf der Basis einer medizinischen Einschätzung. Je nach Rechtsprechung und Sachverhalt kann es zu einer gerichtlichen Anhörung und einer juristischen Entscheidung kommen, oftmals ist jedoch auch eine ärztliche Anordnung allein schon rechtlich bindend. Aufgrund juristischer oder ärztlicher Entscheidung kann eine Person gegen ihren Willen in eine Klinik eingewiesen werden. Dort kann sie sich, unter gewissen Umständen, auch weiteren Zwangsmaßnahmen ausgesetzt sehen, etwa einer Fixierung mit Gurten, einer Isolation in einem abgesonderten Raum oder einer Injektion mit sedierenden Medikamenten gegen ihren Willen. Die rechtlichen Voraussetzungen hierfür sind in jedem Land unterschiedlich und teilweise auch innerhalb eines Landes uneinheitlich, beispielsweise aufgrund der föderalen Strukturen in Deutschland oder der Schweiz.

Informeller Zwang, der im Englischen auch »Soft Coercion« genannt wird (Allison & Flemming 2019), geht nicht mit formellen medizinischen oder juristischen Maßnahmen einher. Hier wird in der Regel von Fachpersonen oder von gesetzlichen Vertretungen kommunikativer Druck auf eine Person ausgeübt, um ein bestimmtes Verhalten zu erreichen (Hotzy & Jaeger 2016). Viele formell freiwillige Aufenthalte in Kliniken basieren auf solch informellem Zwang. Das kann ein Hinweis sein, bei Gericht eine entsprechende Anordnung durchzusetzen, wenn die Aufnahme in die Klinik nicht freiwillig erfolgt, aber auch Drohungen mit körperlicher Gewalt kommen vor, selbst wenn sie formal unzulässig sind (BBC 2022). Der Hinweis auf möglicherweise zu erfolgenden formellen Zwang und die Tatsache, dass Psychiatriemitarbeitende in der Regel über die Mittel verfügen, ihren Drohungen auch Taten folgen zu lassen, verschränken formellen und informellen Zwang – was es nicht einfacher macht, psychiatrischen Zwang zu definieren.

Daneben gibt es eine weitere Form von Zwang im psychiatrischen Versorgungssystem, die bis jetzt jedoch kaum so wahrgenommen wurde und – soweit ich recherchiert habe – auch noch nie so beschrieben wurde. Es handelt sich um sozialen Zwang, mit dem der Bereich der psychiatrischen Rehabilitation quasi täglich konfrontiert wird.

Sozialer Zwang wird dann angewendet, wenn aus administrativer Perspektive gewisse Entscheidungen für Personen getroffen werden, die sie in bestimmte Lebenssituationen zwingen. Dies geschieht beispielsweise dann, wenn gesetzliche Vertretungen oder Kranken- und Rentenversicherungen Menschen bestimmte Unterstützungsleistungen vorenthalten. Dies kann zum Beispiel bedeuten, nicht im ersten Arbeitsmarkt Fuß fassen zu können, sondern in einer Werkstatt für Menschen mit Behinderungen arbeiten zu müssen. In ähnlicher Weise kann es an Angeboten zur Unterstützung in der eigenen Wohnung fehlen, sodass jemand in einer betreuten Wohngemeinschaft leben muss. Abbildung 1 (S. 12) fasst die Sachverhalte der verschiedenen Zwangstypen zusammen.

Das Ausmaß der Zwangsmaßnahmen

Ich beschränke mich in meiner Analyse auf die Schweiz und auf Deutschland, da dies die Länder sind, deren psychosoziale Versorgungsstrukturen mir am vertrautesten sind. Es ist davon auszugehen, dass psychiatrischer Zwang pro Jahr in der Schweiz mehrere Zehntausend und in Deutschland mehrere

ABBILDUNG 1 Formen von Zwang in der psychiatrischen Versorgung

Zwangs-Typ	Mittel	Ergebnis	Beispiele
Formell	Medizinisch-rechtliche Entscheidung	Verlust von Freiheit und Autonomie	Zwangseinweisung, Fixierung, Isolation, Zwangsbehandlung
Informell	Drohende und druckerzeugende Kommunikation	Verlust von Autonomie	Formal freiwillige, aber erzwungene Einnahme von Medikamenten mit dem Hinweis, dass ansonsten eine formale Zwangsmaßnahme erfolgen könnte
Sozial	Medizinisch-administrative Entscheidung	Vorenthalten von sozialen Entwicklungsmöglichkeiten und Gelegenheiten	Entscheidung einer Behörde oder einer gesetzlichen Vertretung für eine bestimmte Wohnsituation gegen den Willen der betroffenen Person

Hunderttausend Personen betrifft. Die Datenlage ist insbesondere in föderal organisierten Staaten wie der Schweiz oder Deutschland recht schwierig zu recherchieren und oftmals uneinheitlich, was aus meiner Sicht ein Skandal ist. Darüber hinaus sind internationale Vergleiche schwierig, da die rechtlichen Instrumente unterschiedlich restriktiv und gravierend ausfallen können. Klar ist auch, dass informeller Zwang sowie zu weiten Teilen sozialer Zwang kaum standardisiert erfasst werden.

Hinzu kommt, dass viele Maßnahmen durch Zustimmung einer rechtlichen Betreuung (in Deutschland) oder einer Beistandschaft (in der Schweiz) legitimiert werden und damit formaljuristisch nicht gegen den Willen einer Person erfolgen.

Auch bei der Ausübung einer gesetzlichen Vertretung gibt es große Unterschiede. Im Rahmen der Reform des deutschen Betreuungsrechts, die zum 01.01.2023 in Kraft getreten ist, wurde etwa das Konstrukt des Wohls der Person zugunsten der Wünsche der Person ersetzt (Braun et al. 2022), um dem aus der UN-BRK erwachsenden Wunsch- und Wahlrecht Rechnung zu tragen. Rechtliche Betreuende sind seither verpflichtet, die Wünsche der Betreuten zu berücksichtigen. Dazu wurde das Konstrukt der unterstützten Entscheidungsfindung entwickelt, zu dessen Umsetzung erste Vorschläge entwickelt wurden (Tolle & Stoy 2023).

Die in der Schweiz von der Konferenz für Kinder- und Erwachsenenschutz zuletzt publizierten Daten legen nahe, dass im Jahr 2020 14 von 1000 in der Schweiz lebende erwachsene Personen unter einer Beistandschaft standen, in welcher Ausprägung auch immer (KOKES 2021). Für Deutschland stehen keine bundesweiten Daten zur Verfügung. Im an die Schweiz grenzenden Bundesland Baden-Württemberg lag die berichtete Rate der gesetzlichen Betreuungen im gleichen Jahr in ähnlicher Höhe, bei 13 von 1000 erwachsenen Personen (KVJS 2022).

Viele dieser Menschen leben in einer »besonderen Wohnform«, wie stationäre Einrichtungen (Heime, ambulante Wohngruppen etc.) heute genannt werden. In Deutschland waren es im Jahr 2020 insgesamt 194.000 Menschen, davon 55.800 Menschen mit einer »seelischen Behinderung« (BAGÜS 2022; eig. Berechnungen). Gemäß den Ergebnissen einer Vergleichsstudie von Wohnbedingungen in Deutschland konnten etwas weniger als 50 Prozent der an dieser Studie teilnehmenden Befragten in der »besonderen Wohnform« nicht vollständig allein entscheiden, in welcher Wohnform sie leben wollten. Aber auch im ambulanten Setting hatten nicht alle Befragten den Eindruck, sie könnten über ihre Wohnform selbst entscheiden. Hier betrug der Anteil immerhin noch 21 Prozent (Wienberg & Steinhart 2021).

In der Schweiz gab es im Jahr 2020 nach Angaben des Branchenverbandes INSOS knapp 22.000 Wohnheimplätze (INSOS 2021). Unklar ist jedoch, wie viele von Menschen mit psychosozialen Problemen genutzt wurden und ob sie dort gegen ihren Willen wohnten.

In der Schweiz können Zwangsmaßnahmen gegen Menschen mit »psychischen Störungen« gemäß den Richtlinien der Schweizerischen Akademie der Medizinischen Wissenschaften und im Einklang mit gesetzlichen Regelungen in Notfallsituationen angewendet werden, »wenn eine erhebliche Selbst- oder Fremdgefährdung als Folge der bestehenden Krankheit vorliegt (Art. 435 ZGB)« (SAMW 2018). Zudem »können im Rahmen einer FU [Fürsorgerischen Unterbringung, DR] außerhalb der Notfallsituation, gestützt auf Art. 434 ZGB, länger dauernde Zwangsmaßnahmen, in der Regel medikamentöse Behandlungen, ärztlich angeordnet werden«. Diese Regelungen gelten ausschließlich für den medizinischen Bereich. Darüber hinaus können behördliche Unterbringungen durch die kantonalen Kinder- und Erwachsenenschutzbehörden (KESB) angeordnet werden. Dies betrifft vornehmlich Unterbringungen in besonderen Wohnformen und in Pflegeheimen.

Im Jahr 2020 wurde in der Schweiz eine fürsorgerische Unterbringung 16.000-mal registriert. Knapp 30 Prozent dieser Unterbringungen gegen den Willen betrafen Menschen mit einer Diagnose »Schizophrenie«, 18 Prozent Menschen mit einer affektiven Störung und 16 Prozent Menschen mit einer demenziellen Störung. Das Schweizerische Gesundheitsobservatorium OBSAN, das diese Daten veröffentlichte, berichtet über einen Anstieg der Unterbringungen in den letzten Jahren (Obsan 2022). Dieser Anstieg ist nach meinen Berechnungen nicht allein demografisch bedingt.

Für Deutschland insgesamt wurden Daten zuletzt für 2015 vorgelegt. Demnach waren 116.000 Maßnahmen nach Betreuungsrecht und 84.000 Maßnahmen nach den Unterbringungsgesetzen der Länder registriert worden (Deutscher Bundestag 2017). Bezogen auf die Bevölkerung war die Zahl der Maßnahmen damit in Deutschland höher als in der Schweiz. Dieser Unterschied wurde auch in einer internationalen Vergleichsstudie gefunden, wo Deutschland mit Österreich und Australien zu den Ländern mit den meisten Zwangseinweisungen gehörte (Sheridan Rains et al. 2019).

Die neuesten Daten spezifisch für die psychiatrische Versorgung sind im Rahmen einer Untersuchung der Auswirkungen der Coronapandemie für das Bundesland Baden-Württemberg publiziert worden (Flammer et al. 2022). Demnach stieg die absolute Anzahl der Zwangseinweisungen im Südwesten Deutschlands von ca. 13.000 auf 13.800. Während die Aufnahmezahlen insgesamt während des ersten Pandemiejahres zurückgingen, erhöhte sich die Rate der Menschen mit einer unfreiwilligen Unterbringung von 12 auf 14 Prozent. Natürlich erleben nicht alle Personen, die gegen ihren Willen untergebracht werden, auch weitergehende Zwangsmaßnahmen wie eine Fixierung, eine

Isolation oder ein körperliches Festhalten. Den veröffentlichten Daten zufolge stieg aber der Anteil von 6,5 auf 8 Prozent aller stationären Fälle in den in die Studie eingeschlossenen psychiatrischen Einrichtungen.

Damit ist der Anteil allerdings niedriger als in der Schweiz. In einer Vergleichsstudie in fünf Kantonen mit Daten aus den Jahren 2017 bis 2019 erfuhren knapp 10 Prozent aller Aufnahmen eine Zwangsmaßnahme (Spiess et al. 2022). Bemerkenswert ist, dass dieser Anteil im Kanton Basel-Landschaft (14 %) mehr als doppelt so groß war wie im Kanton Waadt (6,6 %). Sowohl in dieser Untersuchung als auch in der bereits zitierten Studie aus Baden-Württemberg war die am häufigsten angewendete Zwangsmaßnahme die Isolation. Zwangsmedikationen erfolgten in Deutschland deutlich seltener als in der Schweiz.

Eine generelle methodische Schwierigkeit bei diesen Studien besteht in der uneinheitlichen Erfassung von Zwangsmaßnahmen in den verschiedenen Sektoren der Versorgung. So wird in der Regel die forensische Unterbringung nicht in der Versorgungsforschung berücksichtigt. Eine entsprechende Auswertung von Daten aus verschiedenen europäischen Staaten, wozu die Schweiz leider nicht gehörte, hat gezeigt, dass in den Niederlanden und in Belgien vergleichsweise viele Menschen forensisch untergebracht sind. Deutschland gehörte dabei zum Mittelfeld (Tomlin et al. 2021). Dabei ist auch in Rechnung zu stellen, dass sehr unterschiedliche Rechtstraditionen in den verschiedenen Ländern herrschen (Beis et al. 2022). In den Niederlanden beispielsweise ist die Unversehrtheit des menschlichen Körpers ein vergleichsweise hohes Rechtsgut, weshalb Zwangsmedikationen hier traditionell eher weniger vorkommen.

In Deutschland waren im Jahr 2017 ungefähr 10.000 Menschen in einer forensisch-psychiatrischen Einrichtung untergebracht (Müller 2019); man kann davon ausgehen, dass die allermeisten Personen dort gegen ihren Willen behandelt wurden. Für die Schweiz liegen nur Daten über Plätze in der Forensik vor. Demnach gab es im Jahr 2016 etwas mehr als sechshundert Plätze (Müller et al. 2017). Die mittlere Aufenthaltsdauer betrug in Deutschland ungefähr neun Jahre, damit gehörte man zum oberen Drittel in Europa.

Die Begrifflichkeiten

Im Verlauf dieses Buches versuche ich, Begrifflichkeiten zu verwenden, welche auch Menschen berücksichtigen, die sich nicht als »krank« definieren, selbst wenn sie möglicherweise Unterstützungsbedarf haben. Damit möchte ich etwas vorbeugen, was in der Medizinethik und in der Erkenntnistheorie als »epistemische Ungerechtigkeit« beschrieben wird (Fricker 2007). Epistemische Ungerechtigkeit kann dann entstehen, wenn Menschen erleben, dass ihre spezifischen Sichtweisen und Wissensbestände nicht angemessen gewürdigt werden. Dies geschieht beispielsweise, wenn Menschen mit psychosozialen Problemen als »behindert« oder »krank« etikettiert werden, sich selbst aber nicht als krank oder behindert erleben. Eine solche Terminologie steht in der Gefahr, einem »Ableismus« Vorschub zu leisten. Der Begriff »Ableismus« ist aus dem Englischen abgeleitet, wo »ableism« eine Diskriminierung von Menschen benennt, welche bestimmten Fähigkeitsnormen nicht entsprechen können (Buchner et al. 2015).

Um Diskriminierungen im Zusammenhang mit (psychischen) Krankheiten zu beschreiben, wird im Englischen auch der Begriff »sanism« gebraucht (Perlin 1992). Er wurde infolge einer Analyse von Stereotypen eingeführt, die in juristischen Verfahren und Artikeln sichtbar wurden. Dort wurden beispielsweise Menschen mit psychischen Erkrankungen als »schwach«, »faul«, »sexuell unkontrollierbar« und »gefährlich« bezeichnet, sie seien grundsätzlich nicht in der Lage, ihre Angelegenheiten selbst zu regeln.

In wissenschaftlichen Texten oder Fachbüchern setzen wir uns permanent der Gefahr aus, eine Ableism- oder Sanism-Sprache anzuwenden (Poole et al. 2012). Aus der psychiatrischen Stigmaforschung ist seit Langem bekannt, welche Folgen dies für die davon betroffenen Menschen haben kann. Eine Person, der wir ein Stigma zuschreiben, so schon der Soziologe Erving Goffman in seinem Grundlagenwerk zum Thema, werde nicht als gleich wertvoller Mensch angesehen (Goffman 1963). Dies hat, auch das ist von Goffman schon in den 1960er-Jahren ausführlich beschrieben worden, massive Auswirkungen auf das Leben und die soziale Identität. Wenn wir also von »psychisch Kranken« sprechen, so reduzieren wir die Identität dieser Menschen, indem wir das Menschsein verschwinden lassen – und kümmern uns zudem nicht um die Frage, ob die Personen sich selbst als krank sehen. Insofern werten wir ab und weisen den betroffenen Personen ein bestimmtes Merkmal zu, das erniedrigend sein kann.

Selbstverständlich, und auch das hat Goffman seinerzeit schon beschrieben, benutzen wir diese stigmatisierenden Begrifflichkeiten in aller Regel nicht in der Absicht, zu stigmatisieren. Gerade in medizinischen oder psychosozialen Professionen ist es ja eigentlich unsere Vorstellung, dass wir mit unseren Handlungen und unserer Sprache unterstützen wollen. Gleichwohl müssen wir uns mit Personen auseinandersetzen, welche dies anders erleben. Es gibt Aktivistinnen und Aktivisten, die von uns Fachpersonen erwarten, dass wir mehr Sorgfalt in der Sprache üben. Und es ist von Vorteil, wenn von Betroffenen klar kommuniziert wird, welche Begriffe eher passen und welche nicht. Erste Handreichungen, wie Ableismussprache von Forschenden vermieden werden kann, sind bereits publiziert worden (Bottema-Beutel et al. 2021) – und ich versuche, mich, so gut wie möglich, daran zu orientieren, indem ich z. B. statt von »psychisch Kranken« von »Menschen mit psychosozialen Problemen« spreche.

Bei einer solchen Sprache, die auch im Deutschen mit einer englischen Begrifflichkeit als »Person-first Language« bezeichnet wird, wird davon ausgegangen, dass sie weniger stigmatisierend sei, da sie die Person und nicht die Problematik in den Vordergrund rücke (Volkow et al. 2021). Das muss aber nicht zwingend so gesehen werden, wie vornehmlich aus der Autismusbewegung kommuniziert wird. Dort wird im Sinne der noch verschiedentlich auch in diesem Buch verwendeten Neurodiversitätsterminologie eine »Identity-first Language« präferiert (Keating et al. 2022). Statt »Menschen mit Autismus« wird »Autistische Menschen« erwartet. Die Begründung: Autismus ist kein Defizit, das weniger stigmatisiert werden soll, sondern eine positiv besetzte Identität, etwas, auf das autistische Menschen stolz sein können. Und ebenso wie »Identity first« statt »Person first«, sollten – so die Ansicht vieler Betroffener – beispielsweise Begriffe wie »komorbid« durch »gemeinsam auftretend« (engl. »co-occuring«), »Symptome« durch »Erfahrungen« und »Behandlung« durch »Unterstützung« ersetzt werden (Monk et al. 2022).

Gegen diese offenkundige Entmedikalisierung der Sprache und gegen die Normalisierung der Phänomene regt sich jedoch Widerstand insbesondere aus Elternverbänden autistischer Menschen. Das Argument: Da die Autismus-Spektrum-Störung ein definiertes Krankheitsbild in den Klassifikationen der Psychiatrie sei, müsse es möglich sein, »wissenschaftlich akkurat« über diese Störungsbilder und vor allem über die massiven Einschränkungen, Behinderungen und Defizite der betroffenen Personen zu sprechen (Singer et al. 2022). So gut ich diese Forderung aus Elternsicht nachvollziehen kann, so problematisch ist dies im Zusammenhang mit »Ableism« und »Sanism«, die es – so gut es geht – zu vermeiden gilt.

Vor diesem Hintergrund möchte ich einige grundlegende Begriffe definieren, die zu einer inklusiven und gleichzeitig Diversität ermöglichenden Sprache beitragen können. Als Erstes soll der Begriff »psychisches Phänomen« definiert werden.

Ein psychisches Phänomen beschreibt das, was jeder Mensch von sich selbst zu irgendeinem Zeitpunkt erlebt, beispielsweise schlecht gelaunt zu sein oder aber – im Gegenteil – vollkommen glücklich. Ein solcher Zustand kann aber auch heißen, Stimmen zu hören oder ein großes Verlangen nach Drogen zu haben. Wichtig in diesem Zusammenhang ist, dass noch keine – wie auch immer geartete – Wertung mit dieser Zustandsbeschreibung verbunden ist. Ein Zustand ist nicht notwendigerweise ein Problem. Aus einem psychischen Zustand kann aber ein »psychosoziales Problem« resultieren.

Das psychosoziale Problem ist der zweite Begriff, den ich hier einführen möchte. Ein psychosoziales Problem kann dann entstehen, wenn die Person negative Konsequenzen durch ihren Zustand erfährt und an diesem leidet. Es kann aber auch – und deshalb ist nicht nur von psychisch, sondern von psychosozial die Rede – eine soziale Folge sein, die mit dem Phänomen assoziiert ist, beispielsweise eine Trennung oder der Verlust des Arbeitsplatzes. Und schließlich können im sozialen Sinne weitere Personen betroffen sein, etwa durch aggressive Handlungen oder Vernachlässigung. Wenn diese Probleme irgendwo wahrgenommen werden – sei es von den Betroffenen selbst, ihren Angehörigen oder auch Institutionen wie der Schule oder der Polizei – können und müssen manchmal auch psychosoziale Unterstützungssysteme eingeschaltet werden.

Mir ist klar, dass der Begriff des »Problems« in gewisser Weise negative Konnotationen auslösen kann, die im Sinne von »Ableism« oder »Sanism« interpretiert werden können. Auch werden nicht immer alle Beteiligten von dem Vorliegen eines psychosozialen Problems sprechen wollen – auf diese Weise entstehen bekanntermaßen viele Konflikte in psychiatrischen Settings. Hinzu kommt, dass Unterstützungssysteme wie psychiatrische Dienste aktuell die Definitionsmacht darüber haben, was ein Problem ist und was keines. Eingedenk dieser Schwierigkeiten werde ich den Begriff des »psychosozialen Problems« als Oberbegriff für »psychische Störungen« oder »psychische Krankheit« gebrauchen. Später werde ich noch genauer auf die damit verbundenen Wechselwirkungen von psychischen Zuständen und Problembeschreibungen eingehen (siehe das Kapitel »Psychische Erkrankung: Was ist das eigentlich?«).

Die psychosoziale Unterstützung ist der dritte Begriff, den ich einführen möchte. Damit soll jedwede Hilfe beschrieben werden, die Menschen mit einem psychosozialen Problem als potenzielle Lösung angeboten wird. In Erweiterung der »psychiatrischen Versorgung« sind damit nicht nur konventionelle Behandlungs- und Therapieverfahren gemeint, sondern auch nichtmedizinische Systeme wie Coaching (zum Beispiel Jobcoaching) oder Peersupport durch ebenfalls von psychosozialen Problemen betroffene Personen.

Diese Begrifflichkeiten sollen, soweit irgend möglich, angewendet werden. Die konventionellen Termini wie Krankheit, Störung oder Versorgung werden auf bestehende Sachverhalte angewendet und, wenn sie kritisch hinterfragt werden, in entsprechende Anführungszeichen gesetzt.

Der Plan des Buchs

Zunächst soll deutlich werden, dass psychiatrischer Zwang nicht länger zu rechtfertigen ist. Dabei werden die Legitimationsprobleme der Psychiatrie aufgezeigt. Daran schließt sich die Rekonstruktion der aktuellen Rechtfertigung von Zwang in der Psychiatrie an. Dabei wird gezeigt, dass diese im Lichte der Forschung keinen Bestand hat. Anschließend soll gezeigt werden, wie Zwang in der Psychiatrie überwunden werden kann. Dies geht, so meine Annahme, nur über eine grundlegende Neukonzeption des Krankheitskonzeptes, das zu diesem Zweck ausführlich beschrieben wird. Darüber hinaus wird sich die Unterstützung von Menschen mit psychosozialen Problemen verändern müssen. Zum Schluss werden die möglichen Folgen des Verzichts auf psychiatrische Zwangsmaßnahmen gegen den Willen von Menschen diskutiert, die in zahlreiche Dilemmata führen können. Aufgezeigt wird, wie sie mindestens zum Teil ausgeräumt werden können, damit wir uns auf den Weg zu einer psychosozialen Unterstützung ohne Zwang machen können.

Menschenrechte und psychiatrischer Zwang: ein Legitimationsproblem für die Psychiatrie

Es handelt sich um Menschenrechtsverletzungen, wenn Menschen mit psychosozialen Problemen mit dem Hinweis auf eine Krankheit und ihre Folgen verwehrt wird, in einer eigenen Wohnung zu leben oder einen Arbeitsplatz auf dem ersten Arbeitsmarkt anzustreben. Es ist auch auch eine Menschenrechtsverletzung, wenn sie sich in akuten Krisen in einer geschlossenen psychiatrischen Klinik behandeln lassen zu müssen.

In nahezu allen Staaten gibt es darüber hinaus das juristische Instrument der rechtlichen Vertretung, also die Möglichkeit, dass Personen (z. B. rechtlich Betreuende in Deutschland oder Beistände in der Schweiz) bestimmte Angelegenheiten von Menschen mit schwerwiegenden psychosozialen Problemen übernehmen. Das kann für Betroffene eine Erleichterung sein und als Unterstützung verstanden werden. Die Einsetzung einer rechtlichen Betreuung gegen den Willen der Betroffenen aber ist ein massiver sozialer Ausschluss vom Rechtssystem, der in schwierigen Situationen in aller Regel von Diensten oder Mitarbeitenden der psychiatrischen Versorgung angeregt oder befürwortet wird.

Hinsichtlich der Antwort auf die Frage der Legitimität solcher Einschränkungen hat sich in der letzten Zeit eine – man kann sagen – erbitterte Auseinandersetzung zwischen psychiatrischen Fachkräften auf der einen Seite und Betroffenengruppen sowie Fachpersonen aus der Rechtswissenschaft und der Politik auf der anderen Seite ergeben. Eine solche Einschränkung ist nach Ansicht der Vereinten Nationen nämlich grundsätzlich infrage zu stellen. »[D]er Wille und die Präferenzen der betreffenden Person« seien in jedem Fall zu beachten, wenn es um Maßnahmen im Zusammenhang mit Menschenrechtsnormen bei Menschen mit Behinderungen gehe. So steht es im Artikel 12 der UN-BRK (United Nations 2006). Mit anderen Worten, Menschen- und Freiheitsrechte dürfen danach nur eingeschränkt werden, wenn es dem Willen und den Präferenzen der betroffenen Person entspricht. Der gesamte Artikel und dieser Passus haben sich als eine der umstrittensten Rechtsfragen der neueren Psychiatriegeschichte herausgestellt. Der Terminus »Behinderung« steht – aus meiner Sicht wenig glücklich – in den UN-Publikationen für verschiedene Einschränkungen, die Menschen erleben können, auch Menschen mit »psychosozialen Behinderungen«, wie es dort heißt.

Damit geht die Konvention deutlich über die ethischen Leitlinien hinaus, die in der Medizin gelten. Die Beachtung des Willens und der Präferenzen der Person sind nicht gleichbedeutend mit einer Handlung »im Interesse der Person« oder »zum Wohle der Person«, wie sie in der Medizin nach wie vor üblich ist, beispielsweise bei der Behandlung bewusstloser Unfallopfer. Entscheidungen im Interesse der Person werden dann aufgrund von Mutmaßungen getroffen, ohne den Willen und die Präferenzen tatsächlich abzufragen. Dies ist situationsbedingt oftmals auch gar nicht möglich.

Während der Coronapandemie haben wir lernen müssen, dass Grund- und Freiheitsrechte aus medizinischen Gründen eingeschränkt werden können und müssen. Ohne Quarantäne- und Lockdownmaßnahmen wären erheblich mehr Krankheits- und Todesfälle zu beklagen gewesen. Die einschlägige empirische Forschung hat dies eindrucksvoll bestätigt (Yakusheva et al. 2022). Die Legitimation von Grundrechtseinschränkungen aus medizinischen Erwägungen ist also durchaus fachlich, ethisch und rechtlich möglich – nicht nur im Interesse der Allgemeinheit, sondern auch im Interesse der von den Maßnahmen betroffenen Personen selbst.

In ähnlicher Weise wird auch bei Einschränkungen persönlicher Freiheiten durch die Psychiatrie argumentiert. Es gebe, so die konventionelle psychiatrische Rechtfertigung, medizinische Gründe für Maßnahmen gegen den Willen einer Person, also für Zwangseinweisungen, Isolation oder Fixierung sowie die Unterbringung in einer forensischen Klinik nach einer Straftat. Wenn die Person wegen einer psychischen Erkrankung urteilsunfähig ist, wenn die Intervention gegen den Willen der betroffenen Person mehr nützt als schadet und wenn sie im Sinne und Interesse der Person erfolgt, dann sei sie zu rechtfertigen (Ryan & Bartels 2021). Diese Begründung fußt auf den in der Medizin etablierten vier Hauptprinzipien der Ethik, nämlich dem positiven Nutzen (engl. beneficence), dem Nicht-Schadens-Prinzip (engl. non-maleficence), dem Respekt für die Autonomie der betroffenen Person sowie der Gerechtigkeit (Beauchamp & Childress 2019).

Eine medizinische Maßnahme gegen den Willen der betroffenen Person darf somit sowohl in einer epidemischen Lage als auch im Rahmen der psychiatrischen Behandlung aus ethischen und juristischen Erwägungen erfolgen, wenn die folgenden Kriterien erfüllt sind:

- Es handelt sich um eine definierte Krankheit.
- Die Krankheit muss relativ gravierende Auswirkungen auf die betroffene Person, auf weitere Personen oder auf die Bevölkerung haben.
- Es stehen effektive therapeutische Interventionen zur Verfügung.
- Die Maßnahme muss zum Nutzen der Person sein und darf ihr nicht schaden (etwa als Nebenwirkung).
- Die Anwendung muss verhältnismäßig sein.
- Die Maßnahmen dürfen nur so wenige Freiheiten wie möglich einschränken.

Soweit die konventionelle Begründung der Einschränkung von Freiheitsrechten aus medizinischen Gründen. Dieser fachliche Konsens ist nun infrage gestellt. Die Vereinten Nationen mit ihren Unterorganisationen wie der Weltgesundheitsorganisation (WHO) haben wiederholt auf den Aspekt verletzter Menschenrechte aufmerksam gemacht, die etwa durch Zwangsmaßnahmen entstehen. In einem Zusatzkommentar zum Artikel 12 der UN-BRK hat der zuständige UN-Ausschuss dargelegt, dass – entgegen den Rechtstraditionen vieler Länder – der Artikel eine Trennung der Rechts- und Handlungsfähigkeit von der Urteils- und Einwilligungsfähigkeit fordert (Snellgrove & Steinert 2017). Das heißt, selbst Menschen, denen Urteilsunfähigkeit attestiert wird, sollen medizinische Behandlungen und damit auch psychiatrische Zwangsmaßnahmen ablehnen dürfen, da sie ihre Rechtsfähigkeit prinzipiell behalten. Das juristische Instrument der rechtlichen Vertretung (rechtliche Betreuung, Beistandschaft) wäre damit hinfällig, zumindest, wenn es gegen den Willen der betroffenen Person eingesetzt würde.

Verschiedentlich haben UN-Berichterstattende (»Rapporteurs«) auf die Verletzung von Rechten von Menschen mit psychosozialen Problemen hingewiesen und Zwangsmaßnahmen wie Fixierung, Isolation und Zwangsmedikation angeprangert. Zwangsmaßnahmen, so die in psychiatrischen Fachkreisen umstrittene Forderung, sollen grundsätzlich abgeschafft werden. Die damit einhergehenden Auseinandersetzungen zwischen den psychiatrischen

Fachverbänden und den Unterorganisationen der Vereinten Nationen erreichten ihren vorläufigen Höhepunkt, als der Menschenrechtsrat der UN einen Berichterstatter einsetzte, der sich mit Folter, Missbrauch und erniedrigender Behandlung in medizinischen Einrichtungen befasste. Psychiatrische Einrichtungen wurden in der Folge aufgefordert, jene rechtlichen Regelungen zu überarbeiten, welche »die Unterbringung aus Gründen der psychischen Gesundheit und in psychiatrischen Settings ohne die freie und informierte Zustimmung erlauben« (UN General Assembly 2013: 7; alle Übersetzungen aus dem Englischen von DR). Die Institutionalisierung von Menschen mit Behinderungen aufgrund ihrer Behinderung sei abzuschaffen, wenn die betroffenen Personen nicht zustimmen.

In dem Hauptbericht des UN-Beauftragten wird ein Zusammenhang zwischen Zwang und dem konventionellen biomedizinischen Paradigma hergestellt und ein grundlegender Wandel gefordert: »Zwang, Medikalisierung und Exklusion als Reste der traditionellen psychiatrischen Versorgung müssen ersetzt werden durch ein modernes Verständnis von Recovery und evidenzbasierten Diensten, welche Würde wiederherstellen und betroffene Menschen zu ihren Familien und Lebensbereichen zurückbringen.« (UN General Assembly 2017: 18)

Inzwischen hat auch die Weltgesundheitsorganisation (WHO) neue Richtlinien für die psychiatrische Versorgung veröffentlicht, die den Fokus auf die Zwangsvermeidung und die Beachtung von Menschenrechten legen. Auch hier wird eine Abkehr vom biomedizinischen und primär auf Medikation basierenden Paradigma gefordert. Explizit wird von den Mitgliedsstaaten der WHO erwartet, sicherzustellen, dass Menschen jegliche Form einer psychiatrischen Intervention ablehnen können (WHO 2021a).

Die von der UN und der WHO formulierten Positionen sind mit dem traditionellen medizinisch-psychiatrischen Selbstverständnis nicht vereinbar. Mindestens die Freiheitsrechte werden unterschiedlich gewertet. Während die UN-BRK und verschiedene weitere UN-Dokumente den Menschen- und Freiheitsrechten eine herausragende Stellung zuschreiben, ist dies im aktuellen Standardwerk der biomedizinischen Ethik nicht der Fall. Dort heißt es, »Menschenrechte sind nicht basaler als moralische Werte einer universellen Moral« (Beauchamp & Childress 2019: 4) Mit anderen Worten, Menschenrechte haben keinen höheren Stellenwert als beispielsweise eine ärztliche Standesethik.

Es ist wohl auch dieser aus ärztlicher Perspektive immer notwendigen Abwägung der Werte Freiheit und Gesundheit zuzuschreiben, dass bis heute dem Willen der Betroffenen in der psychiatrischen Behandlung zumindest in der Akutversorgung nicht mehr Beachtung geschenkt wird. Allenfalls im nichtmedizinischen Bereich der Begleitung von Menschen mit Behinderungen hat es rechtliche Konsequenzen gegeben, wie das Bundesteilhabegesetz in Deutschland (Rosemann 2018) oder das sogenannte »Berner Modell« in der Schweiz (Participia o. J.), welche sich ausdrücklich auf die UN-BRK berufen. Inwieweit damit die Situation der betroffenen Personen tatsächlich verbessert wurde, bleibt zukünftigen Evaluationen vorbehalten.

Es war aber nicht nur die konventionelle biomedizinisch ausgerichtete Psychiatrie, die Probleme mit der Forderung nach der Abschaffung von Maßnahmen gegen den Willen der betroffenen Person und insbesondere der Abschaffung von Zwangsmaßnahmen hatte. Eigentlich hätte man erwarten können, dass die Sozialpsychiatrie sich diese Forderungen und Initiativen zu eigen macht. Und wenngleich das in geringem Maße auch geschieht, sehen die Reaktionen vieler Fachpersonen dennoch anders aus. Aus meiner Perspektive ist die Ablehnung der UN-Initiativen weder psychiatrisch noch sozialpsychiatrisch zu rechtfertigen. Ich würde sogar noch einen Schritt weitergehen und sagen, dass die UN-BRK und die damit in Verbindung stehenden Initiativen wie »QualityRights« als Leitfaden für die Umsetzung einer zeitgemäßen Psychiatrie im Sinne einer psychosozialen Unterstützung gelesen werden können. Im Folgenden werden deshalb die verschiedenen für unser Thema relevanten Normen der Konvention genauer vorgestellt: Welche Menschenrechtsverletzungen sind genau gemeint und welche Folgen hätte eine konsequente Beachtung der Menschenrechte in der Psychiatrie?

Menschenrechte und das soziale Modell der Behinderung

Wichtig für das Verständnis der UN-BRK ist zunächst, dass diese nicht nur für Menschen mit psychischen oder psychosozialen Problemen gilt. Die Konvention gilt für Menschen mit jedweder Form von Behinderung, also sowohl für Menschen mit körperlichen wie auch mit anderen Problemen. Zentrale

Forderung der Konvention ist die Nichtdiskriminierung von Menschen mit Behinderungen. Menschen mit Behinderungen sollen genauso behandelt werden wie Menschen ohne Behinderungen. Sie sollen die gleichen Rechte genießen wie alle anderen Menschen auch, und dies betrifft auch ihre Rechte im Gesundheitswesen, etwa in der psychiatrischen Behandlung.

In der Einleitung habe ich schon erklärt, dass der Begriff der »Behinderung« aus meiner Sicht nicht sinnvoll ist und ein neutraler und inklusiver Begriff wie »psychosoziale Probleme« angemessener wäre. In diesem Abschnitt folge ich jedoch der offiziellen Terminologie der Konvention, um Missverständnisse zu vermeiden.

Im Artikel 1 der UN-BRK wird erklärt, wer zu den Menschen mit Behinderungen zählt, nämlich »Menschen, die langfristige körperliche, seelische, geistige oder Sinnesbeeinträchtigungen haben, welche sie in Wechselwirkung mit verschiedenen Barrieren an der vollen, wirksamen und gleichberechtigten Teilhabe an der Gesellschaft hindern können« (alle wörtlichen Zitate in diesem Abschnitt stammen aus der offiziellen deutschen Übersetzung der Konvention; Beauftragter für die Belange von Menschen mit Behinderungen 2018). Das heißt, das Konzept Behinderung folgt dem sogenannten sozialen Modell (Shakespeare 2006), bei dem die Problematik nicht mehr in erster Linie bei der Person liegt, wie es in früheren medizinischen Modellen der Fall war. Vormals hatte sich die Person einer wie auch immer gearteten Umwelt anzupassen, indem etwa die Wohnsituation nach den Möglichkeiten und Fertigkeiten der Person ausgesucht wurde. Oft war das dann eine stationäre Einrichtung und in aller Regel fand in der Folge keine weitere Besserung mehr statt. Heute stehen dagegen mit Konzepten wie Wohncoaching Unterstützungsdienste zur Verfügung, die Menschen mit Behinderung helfen, auch in einer eigenen Wohnung zurechtzukommen. Mit anderen Worten: Die Umgebung wird so an die Person angepasst, dass der Mensch idealerweise seinen Präferenzen gemäß leben kann.

Abbildung 2 (s. S. 26) fasst die zentralen Merkmale und Auswirkungen sowohl des medizinischen Modells wie auch des sozialen Modells der Behinderung zusammen (siehe auch Reynolds 2022). Das medizinische Modell der Behinderung geht von der Behinderung als eine Eigenschaft der Person aus. Die Person ist behindert. Die behinderte Person kann sich integrieren, indem sie sich den Umweltbedingungen anpasst. Sollte das nicht möglich sein, wird sie im Rahmen besonderer Institutionen wie Heimen oder Werkstätten unterstützt. Demgegenüber geht das soziale Modell von der Behinderung der Person durch die Umwelt aus. Die Person ist nicht behindert, sie wird behindert, weil die soziale Umwelt nicht flexibel genug auf ihre Bedürfnisse eingeht. Die beiden Modelle markieren den Unterschied zwischen den Begriffen »Integration« und »Inklusion«.

ABBILDUNG 2 Medizinisches und soziales Modell der Behinderung

Medizinisches Modell	**Soziales Modell**
Grund der Behinderung liegt in der Person → Die Person ist behindert	Grund der Behinderung liegt im sozialen Umfeld, das nicht flexibel genug auf die Bedürfnisse der betroffenen Person reagiert. → Die Person wird behindert
Primär Anpassung der betroffenen Person an die Umwelt bzw. Versorgung in einer Sondereinrichtung → Integration	Primär Anpassung der Umwelt an die Bedürfnisse der betroffenen Person; keine Versorgung in einer Sondereinrichtung → Inklusion

Hinter der gesamten Konvention steht der Anspruch, betroffenen Personen »eine unabhängige Lebensführung und die volle Teilhabe in allen Lebensbereichen zu ermöglichen«, wie Artikel 9 Satz 1 formuliert. Übersetzt meint dies die volle Inklusion der Menschen in die Gesellschaft und die Möglichkeit, all das zu erreichen, was Menschen ohne Behinderungen erreichen können.

Gleichheit vor dem Gesetz: Die volle Teilhabe bedeutet konsequenterweise auch eine rechtliche Gleichstellung. In dem schon angesprochenen, sehr kontrovers diskutierten, Artikel 12 wird gefordert, dass Menschen mit Behinderungen ihre Rechts- und Handlungsfähigkeit behalten und bei Bedarf Unterstützung bekommen, um diese auszuüben. Dieser Artikel wird gemeinhin so interpretiert, dass rechtliche Vertretungen gegen den Willen der Person nicht mehr zulässig sind; dies betrifft etwa bestimmte Beistandschaften in der Schweiz oder gesetzliche Betreuungen mit Einwilligungsvorbehalt in Deutschland. An deren Stelle soll die unterstützte Entscheidungsfindung treten, die Wille und Präferenzen der Person berücksichtigen soll.

Keine Behandlung ohne Zustimmung: Artikel 15 Satz 1 der UN-BRK lautet: »Niemand darf der Folter oder grausamer, unmenschlicher oder erniedrigender Behandlung oder Strafe unterworfen werden. Insbesondere darf niemand ohne seine freiwillige Zustimmung medizinischen oder wissenschaftlichen Versuchen unterworfen werden.« Mit diesem Satz werden die unfreiwillige Unterbringung und Behandlung in die Nähe von Folter und Erniedrigung gerückt. Die Behandlung in psychiatrischen Settings darf demnach ausschließlich freiwillig erfolgen. Während hier eine negative Formulierung verwendet wird, heißt es im Artikel 25 (d), der den Zugang zu Gesundheitsleistungen beschreibt, explizit, die Staaten verpflichten sich, »Menschen mit Behinderungen eine Versorgung von gleicher Qualität wie anderen Menschen angedeihen zu lassen, namentlich auf der Grundlage der freien Einwilligung nach vorheriger Aufklärung.«

Unabhängige Lebensführung und volle Teilhabe: Die unabhängige Lebensführung von Menschen mit Behinderungen wird in Artikel 19 ausgeführt. Dort heißt es unter anderem, dass »Menschen mit Behinderungen gleichberechtigt die Möglichkeit haben, ihren Aufenthaltsort zu wählen und zu entscheiden, wo und mit wem sie leben, und nicht verpflichtet sind, in besonderen Wohnformen zu leben« und dass sie Zugang zu Unterstützungsdiensten haben sollen, »einschließlich der persönlichen Assistenz, die zur Unterstützung des Lebens in der Gemeinschaft und der Einbeziehung in die Gemeinschaft sowie zur Verhinderung von Isolation und Absonderung von der Gemeinschaft notwendig ist«. Damit ist klar, dass Menschen mit Behinderungen ihre Wohnform nicht mehr vorgeschrieben werden darf; sie sollen so leben dürfen, wie sie wollen und die dafür notwendige Assistenz erhalten. Unterbringungen gegen den Willen in Wohnheimen oder ähnlichen Settings sind demnach nicht mehr zulässig. In diesem Zusammenhang fordert Artikel 25 mit Bezug auf Gesundheitsleistungen eine flächendeckende ambulante Versorgung auch im ländlichen Raum.

Zur unabhängigen Lebensführung und zur vollen Teilhabe gehört der Konvention zufolge auch der gleichberechtigte Zugang zu Bildungsangeboten. Artikel 24 regelt das inklusive Bildungsangebot, was eine Trennung von Angeboten für Menschen mit und ohne Behinderungen verhindern soll. Aufbauend auf dem Bildungsartikel wird in Artikel 27 Satz 1 bezüglich Arbeit und Beschäftigung das Recht »auf die Möglichkeit, den Lebensunterhalt durch Arbeit zu verdienen, die in einem offenen, integrativen und für Menschen mit Behinderungen zugänglichen Arbeitsmarkt und Arbeitsumfeld frei gewählt oder angenommen wird« und dies »einschließlich Chancengleichheit und gleichen Entgelts für gleichwertige Arbeit« formuliert (Artikel 27 Satz 2). Die Beschäftigung in Werkstätten ist demnach nicht gleichwertig, d. h., Menschen mit Behinderungen ist zunächst ein Zugang zum allgemeinen Arbeitsmarkt zu ermöglichen, wenn sie diesen denn haben wollen. Artikel 28 Satz 1 schließlich formuliert das Recht auf einen angemessenen Lebensstandard »für sich selbst und ihre Familien, einschließlich angemessener Ernährung, Bekleidung und Wohnung, sowie auf eine stetige Verbesserung der Lebensbedingungen«.

Aus den gerade angeführten Artikeln, die für Menschen mit psychosozialen Problemen besonders relevant sind, lassen sich klare Aufträge für die Sozialpsychiatrie ableiten. Menschen mit psychosozialen Problemen sollen so leben, arbeiten und unterstützt werden, wie sie dies wünschen. Sozialpsychiatrie in diesem Sinne würde heißen:

- ausschließlich freiwillige Behandlungen,
- unterstützte Wohnformen gemäß der Präferenz der Person,
- Sicherstellung einer Schul- und Berufsausbildung,
- Sicherstellung des Zugangs zum allgemeinen Arbeitsmarkt,
- Verhinderung von Armut,
- neue Formen der Entscheidungsfindung, welche Wille und Präferenzen der Person priorisieren.

Im Prinzip sind die meisten Professionellen in der psychiatrischen oder psychosozialen Versorgung durchaus mit den hier aus der UN-BRK abgeleiteten Aufträgen einverstanden. Anhand zweier aktueller Kontroversen möchte ich jedoch aufzeigen, dass dieses Einverständnis klare Grenzen hat und dass – wenn es hart auf hart kommt – diese Prinzipien nicht beachtet werden. Es dreht sich zum einen um die bereits angesprochene Frage von Zwang und Therapie, zum anderen um die assistierte Selbsttötung bzw. Sterbehilfe für Menschen mit psychosozialen Problemen.

Die Kontroverse um die Anwendung von Zwangsmaßnahmen in der Sozialpsychiatrie

Die Anwendung von Zwangsmaßnahmen in der psychiatrischen Versorgung ist, das wurde eingangs schon erwähnt, selbst in der Sozialpsychiatrie höchst umstritten. Unlängst wurde die Kontroverse in verschiedenen deutschsprachigen Psychiatriezeitschriften ausgetragen. Auf der einen Seite standen führende Personen der deutschen Sozialpsychiatrie-Community, auf der anderen Seite standen ebenfalls bekannte Fachpersonen, aber auch die Betroffenenbewegung. Gegenstand der Kontroverse war die Frage, ob die psychiatrische Versorgung grundsätzlich auf Zwang verzichten kann und welche Konsequenzen ein solcher Verzicht nach sich ziehen würde.

Diese Thematik und die damit einhergehenden Kontroversen sind nicht neu. Schon zu Beginn der 1960er-Jahre schlussfolgerte der US-amerikanische Psychiater und Psychoanalytiker Thomas Szasz: »Es gibt keine medizinische, moralische oder juristische Rechtfertigung für unfreiwillige psychiatrische Interventionen. Diese sind ein Verbrechen gegen die Menschlichkeit.« (Szasz 1974: 268) Der Grund für diese Schlussfolgerung war so einfach wie umstritten: Nach Szasz ist die Idee der psychischen Krankheit ein »Mythos«. Psychische Krankheiten seien »erfunden« worden, indem die Psychiatrie zentrale medizinische Kriterien aufgab. Während bei körperlichen Krankheiten Veränderungen der Körperstruktur nachweisbar sein müssen (zum Beispiel ein Tumor oder eine Fraktur), sei für psychische Krankheiten ein neues Kriterium eingeführt worden, das der funktionalen Veränderung. Funktional erklärte Krankheiten sind aber, so ist Szasz zu interpretieren, keine »wirklichen« Krankheiten, da diese nicht entdeckt, sondern eben erfunden wurden.

Was aber sollte mit Menschen geschehen, die vor dem Hintergrund einer vermeintlichen psychischen Krankheit eine gravierende Normverletzung wie beispielsweise eine Straftat begangen haben? Auch hier war Szasz' Antwort so einfach wie umstritten: Diese Menschen sollten in einem Gefängnis untergebracht werden.

> »Institutionen mit Strafcharakter (Gefängnisse) sollten diejenigen beherbergen, welche die Gesellschaft abzusondern wünscht. Der primäre Zweck dieser Institution sollte die Herstellung der öffentlichen Sicherheit sein.« (Szasz 1962: 170)

Menschen, die als psychisch krank gelten, waren nach Szasz' Überzeugung nicht anders als jüdische oder nichtweiße Menschen zu Sündenböcken gemacht worden.

Thomas Szasz, der zusammen mit dem britischen Psychiater Ronald D. Laing, dem amerikanischen Soziologen Erving Goffman und dem französischen Philosophen Michel Foucault heute zu den Begründern der »Antipsychiatrie« gezählt wird, war nicht grundsätzlich gegen eine psychiatrische Unterstützung von Menschen, sofern diese danach suchten. Diesen Menschen ging es – so seine Interpretation – primär um Fragestellungen und Unsicherheiten der Lebensführung, etwa die Verwirklichung von Lebenszielen.

Ganz ähnlich argumentieren Martin Zinkler und Sebastian von Peter in ihrem Artikel »Ohne Zwang – ein Konzept für eine ausschließlich unterstützende Psychiatrie« (Zinkler & von Peter 2019). Sie schlagen ferner vor, dass etwa Strafverfolgungsbehörden nicht mehr – wie derzeit möglich – Menschen gegen ihren Willen in eine psychiatrische Klinik bringen können. Ihre Begründung ist allerdings eine andere als bei Szasz. Die Reformüberlegungen von Zinkler und von Peter beruhen auf der bereits zitierten UN-BRK, welche die Diskriminierung von Menschen mit körperlichen oder seelischen Behinderungen gegenüber Menschen ohne Behinderungen untersagt. Demnach müssen Menschen mit und ohne Behinderungen prinzipiell gleichbehandelt werden. »Aus dem Diskriminierungsverbot folgt, dass die Person, bei der eine psychische Erkrankung vermutet wird, rechtlich nicht anders von der Polizei behandelt wird als ohne die Vermutung.« (Zinkler & von Peter 2019: 205)

Das bedeutet nicht, dass Zinkler und von Peter darauf verzichten wollen, diejenigen zu unterstützen, die eine Klinikbehandlung ablehnen. Als Alternativen werden Hilfestellungen bei sozialen Problemen wie Obdachlosigkeit und Armut genannt, aber auch Home Treatment, also die psychiatrische Akutbehandlung in der eigenen Wohnung. Diese ausschließlich als Unterstützungsangebot konzipierte Form der Psychiatrie soll aber auf die traditionelle »Doppelfunktion«, nämlich Behandlung und Kontrolle, verzichten, indem die Kontrollfunktion aufgegeben wird. Die Autoren versprechen sich dadurch eine größere Akzeptanz psychiatrischer Hilfsangebote, wenn die Nutzenden wissen, dass Zwangsmaßnahmen nicht mehr mit der Psychiatrie verbunden werden, sondern allenfalls mit Polizei und Strafrecht.

Der Artikel von Martin Zinkler und Sebastian von Peter hat harsche

Reaktionen hervorgerufen. Die Überlegungen seien »in psychiatriegeschichtlicher Hinsicht [...] ein Rückschritt um etwa 200 Jahre«, so die Psychiater Maximilian Gahr und Manfred Spitzer in einer Entgegnung (Gahr & Spitzer 2020: 136). Ihrer Meinung nach ist der Ansatz einer ausschließlich ohne Zwang operierenden Psychiatrie im Kern »patientenfeindlich, weil es dem Interesse einer Person, bei Krankheit professionelle Hilfe zu bekommen, zuwiderlaufen kann« (Gahr & Spitzer 2020: 137). Der Psychiater Peter Brieger und die Psychologin Susanne Menzel charakterisierten den Ansatz gar als »unmenschlich« (Brieger & Menzel 2020: 297). Das Prinzip einer ausschließlich ohne Zwang arbeitenden psychiatrischen Versorgung stelle den Aspekt der Selbstbestimmung unzulässigerweise über die Prinzipien der Fürsorge und des Nichtschadens.

Etwas anders argumentierte der Psychiater Tilman Steinert. Sein zentraler Einwand bezieht sich auf den Unterschied zwischen körperlichen und psychischen Erkrankungen. Dieser sei darin zu sehen, »dass psychische Erkrankungen das für die Willensentscheidungen eines Menschen verantwortliche Organ betreffen, das Gehirn. Alle psychischen Erkrankungen können – in einem relativ weiten Sinne – als Funktionsstörungen des Gehirns aufgefasst werden.« (Steinert 2021: 30) Aufgrund dieses Unterschieds folge eine Sonderstellung psychischer Erkrankungen, da diese potenziell die Fähigkeit der freien Willensentscheidung einschränken könnten. Vor diesem Hintergrund sei es grundsätzlich zu rechtfertigen, dass medizinische Fachpersonen im Interesse anderer Menschen freiheitsbeschränkende Maßnahmen anordnen dürften, ganz analog zu Infektionsschutzmaßnahmen, die eine Quarantäne für Menschen mit vorhandener Selbstbestimmung verpflichtend machen können.

Der Argumentation, Fachpersonen dürften im Interesse von Menschen mit psychischen Erkrankungen Maßnahmen anordnen, wurde anschließend in einer Stellungnahme zweier deutscher Betroffenenverbände widersprochen. Der Ansatz von Zinkler und von Peter spiegele das wider, »was Psychiatrieerfahrene seit Langem am bestehenden psychiatrischen System kritisieren. So machen Betroffene regelmäßig darauf aufmerksam, dass Psychiatriegewalt dem ärztlichen Nichtschadensprinzip zuwiderläuft und als unethisch und unmenschlich bewertet wird.« (Bundesverband Psychiatrie-Erfahrener & Bundesarbeitsgemeinschaft Psychiatrie-Erfahrener 2021: 36) Die Verbände verwahrten sich gegen die aus ihrer Sicht erfolgte Instrumentalisierung des Wohls der Betroffenen. Diese Instrumentalisierung sei Teil der von Betroffenen erlebten »Psychiatriegewalt«.

Die vorstehenden Ausführungen zusammenfassend bleibt festzustellen, dass es fundamental gegensätzliche Perspektiven auf Autonomie, Entscheidungsfreiheit und psychische Krankheit gibt. Aus konventioneller psychiatrischer und auch sozialpsychiatrischer Sicht kann eine psychische Erkrankung die Wahrnehmung der eigenen Rechte beeinträchtigen und daher unter bestimmten Umständen die stellvertretende Entscheidung durch medizinische Fachpersonen rechtfertigen. Aus Betroffenensicht wird bestritten, dass überhaupt jemand ohne Weiteres die Stellvertretung übernehmen darf, und dies unabhängig davon, ob die beeinträchtigte Person als psychisch krank gilt.

Letztere Position entspricht im Grunde der bereits vorgestellten Position der Vereinten Nationen, insbesondere dem Artikel 12 der UN-BRK, welcher ausführt, »dass Menschen mit Behinderungen in allen Lebensbereichen gleichberechtigt mit anderen Rechts- und Handlungsfähigkeit genießen« (United Nations 2006). Demnach dürfen psychische Einschränkungen nicht zu rechtlichen Einschränkungen führen. Das heißt, stellvertretende Entscheidungen, beispielsweise durch eine Fachperson oder eine rechtliche Vertretung, sind im Grunde nicht zulässig. Wie nicht anders zu erwarten, hat diese Rechtsposition große Diskussionen (Scholten & Gather 2018; Szmukler 2019) und auch massiven Widerstand (Appelbaum 2016) in der psychiatrischen Fachwelt ausgelöst.

Die Kontroverse um die Sterbehilfe von Menschen mit psychosozialen Problemen

Neben der bereits angesprochenen Kontroverse um Zwangsmaßnahmen wird wohl keine weitere Diskussion so emotional geführt wie diejenige, die sich mit der assistierten Selbsttötung von Menschen mit psychosozialen Problemen befasst. In verschiedenen europäischen Ländern ist die Unterstützung bei einer Selbsttötung durch medizinische Fachpersonen auch für Menschen mit psychischen Problemen erlaubt, so etwa in der Schweiz, in Belgien und in den Niederlanden. Im Rahmen der Neuordnung der Sterbehilferegelungen in Deutschland wird diese Frage gegenwärtig auch hier wieder diskutiert.

Aber, um es von vornherein deutlich zu sagen: Ein Verbot der assistierten Selbsttötung ist eine Variante des in der Einleitung beschriebenen sozialen Zwangs. Menschen werden entweder gezwungen, mit ihrem Leiden weiterzuleben oder einen würdelosen oder gar andere Menschen in Mitleidenschaft ziehenden Ausweg zu suchen. Selbstverständlich bin ich mir bewusst, dass viele Lesende dieser Position nicht zustimmen werden, da schon die Frage nach Sterbehilfe ethisch, medizinisch-psychiatrisch oder gar religiös konnotiert ist. Mir geht es an dieser Stelle nicht primär um die Zulässigkeit von Sterbehilfe an sich, sondern um die Anwendung von psychiatrisch legitimiertem Zwang gegenüber Menschen, die ihrem Leben ein Ende setzen wollen.

Vorab seien deshalb zwei kurze Bemerkungen gestattet. Der Transparenz halber muss hier berichtet werden, dass ich selbst an dieser Kontroverse beteiligt bin, und zwar als Befürworter der assistierten Selbsttötung von Menschen mit psychischen Problemen (Richter 2016; Richter 2021a). Im Rahmen der gründlichen Auseinandersetzung mit dieser Problematik, und das ist die zweite Bemerkung, habe ich für mich terminologische Konsequenzen gezogen, welche den »assistierten Suizid« von der »assistierten Selbsttötung« klar unterscheidet. Der US-amerikanischen Fachgesellschaft für Suizidologie (AAS 2017) und den deutschen Ethikern (Gather & Vollmann 2015) folgend, ist der Suizid eine Handlung im Rahmen einer akuten psychischen Störung, während die assistierte Selbsttötung ein wohlerwogener Schritt ist, der nicht in einer akuten Krise erfolgt. tun

Aus Sicht vieler Fachpersonen in der Psychiatrie sprechen verschiedene Gründe gegen die assistierte Selbsttötung. Besonders in Deutschland gibt es wegen der Euthanasie von Menschen mit psychischen Beeinträchtigungen während der Herrschaft des Nationalsozialismus die Sorge, dass aus einer Option eine Regel werden könnte. Auch wird die Begriffsgeschichte der deutschen Sozialpsychiatrie von den Ideen der Rassenhygiene überschattet (Schmiedebach & Priebe 2004). Umso verständlicher ist es, dass die Sozialpsychiatrie gerade im Nachkriegsdeutschland eine klare Trennlinie zu Tötungen von beeinträchtigen Menschen zu ziehen suchte. Asmus Finzen, einer der bekanntesten Reformpsychiater in Deutschland und in der Schweiz, beklagte vor diesem Hintergrund etwa, dass in Belgien und in den Niederlanden überhaupt darüber nachgedacht wurde, Sterbehilfe für Menschen mit psychischen Erkrankungen zu erlauben (Finzen 2015).

Ein weiterer Grund ist die medizinische Sicht auf die Suizidalität als pathologisches Phänomen. Was vielen psychiatrisch tätigen Fachpersonen heute im Grunde als selbstverständlich erscheint, dass nämlich Suizide überwiegend im Zusammenhang mit einer psychosozialen Problematik begangen werden, war nicht immer so und ist in Teilen der Welt auch heute noch nicht so. Der Suizid war lange eine moralisch, religiös und sogar rechtlich fragwürde Handlung, die erst in jüngster Zeit medikalisiert und pathologisiert wurde (Barbagli 2015). Bekanntermaßen ist es eine der zentralen Aufgaben der psychiatrischen Versorgung, Suizide zu verhindern; Selbstgefährdung wird deshalb in nahezu allen europäischen Ländern vom Gesetzgeber als Grund für Zwangsmaßnamen und Zwangsbehandlungen anerkannt. Dies unterscheidet die Psychiatrie von einigen anderen medizinischen Disziplinen. Wenn ein Mensch mit einem ausgeprägten Diabetes mellitus sich durch die Nichteinhaltung der Diät selbst gefährdet, so hat dies üblicherweise keine rechtlichen Folgen.

Ein explizit sozialpsychiatrisches Argument gegen die assistierte Selbsttötung lautet, es werde mit der Möglichkeit der Sterbehilfe eine »verheerende Signalwirkung« ausgesendet, weil man damit psychische Erkrankungen in die Nähe der Unheilbarkeit rücken würde, so die Soziologin Silvia Krumm in einer Pro- und Kontra-Diskussion mit dem Verfasser (Krumm 2016). Damit werde Hoffnung auf Besserung und ein Leben mit der Krankheit zunichtegemacht, was gerade dem Recoverykonzept zuwiderlaufe.

An dieser Stelle möchte ich noch mal auf die oben schon genannte Unterscheidung zwischen einem Suizid und einer assistierten Selbsttötung zurückkommen. Eine assistierte Selbsttötung setzt eine wohlerwogene Entscheidung voraus, die bei einem Suizid oftmals nicht gegeben ist. Eine autonome Entscheidung als Möglichkeit auszuschließen, führt aber zur Pathologisierung einer Handlung und in der Folge zu einem Zirkelschluss: Wer das Leben beenden will, ist suizidal, und wer suizidal ist, ist psychisch krank und kann daher nicht urteilsfähig sein, so die verkürzte Argumentation. Und ja: Wenn psychiatrische Fachpersonen die Urteilsfähigkeit begutachten müssen, wie es oftmals im Vorfeld assistierter Selbsttötungen der Fall ist, »ist die Feststellung der Urteilsfähigkeit schwierig, wenn der Wunsch zu sterben, Teil des zugrunde liegenden Syndroms ist«, so der einflussreiche und der assistierten Selbsttötung sehr kritisch gegenüberstehende Psychiater Paul Appelbaum (Appelbaum 2017: 316).

Mir geht es um das Recht auf autonome Entscheidung auch von Menschen, die psychosoziale Probleme haben. Wenn das Leben mit diesen psychosozialen Problemen als nicht mehr erträglich erlebt wird, dann wird sowohl von der konventionellen Psychiatrie wie auch von vielen Personen in der Sozialpsychiatrie-Community den betroffenen Personen das Recht abgesprochen, autonom über diesen Schritt zu entscheiden. Daran reibe ich mich. Als die Schweizerische Akademie der Medizinischen Wissenschaften vor wenigen Jahren neue Leitsätze im Zusammenhang mit der Sterbehilfe im Gesundheitswesen publizierte, welche auch Menschen mit psychischen Problemen einschloss, reagierten große Teile der medizinischen Fachwelt mit drastischer Ablehnung.

> »Jegliche Objektivität und jegliche gemeinsame Subjektivität im Hinblick auf die Frage, ob das Leiden unerträglich ist, werden somit auf dem Altar des Grundsatzes der Autonomie geopfert.« (Ducor & Kiefer 2018: 911)

Als in Deutschland das höchste Gericht, das Bundesverfassungsgericht, neue rechtliche Grundsätze im Umgang mit Sterbehilfe anmahnte, schrieb Michael Wunder in den Sozialpsychiatrischen Informationen, das Gericht habe »im Widerspruch zu den überwiegenden Erfahrungen in der psychiatrischen, psychotherapeutischen und sozialpädagogischen Praxis den Suizid als Freiheitsrecht verklärt« (Wunder 2021).

Aus der Perspektive von Menschen mit Behinderungen stellt die hier geforderte Ausklammerung psychischer Probleme als legitimes Motiv einer Selbsttötung eine grundlegende Diskriminierung dar. Menschen mit körperlichen Krankheiten wird die assistierte Selbsttötung am Ende eines ausführlichen Beratungsprozesses zugestanden, Menschen mit schweren und langwierigen psychosozialen Beeinträchtigungen nicht. Dies widerspricht dem Nichtdiskriminierungsgebot der UN-BRK eindeutig. Wenn Menschen mit schweren und unerträglichen psychosozialen Leiden dieser Schritt verwehrt wird, ist das meines Erachtens mit einer sozialen Psychiatrie nicht vereinbar.

Der Widerspruch liegt für mich klar auf der Hand: Wir fördern Recovery und Empowerment, damit Menschen mit psychosozialen Problemen ihre Angelegenheiten wieder selbst regeln und die damit verbundenen Entscheidungen selbst treffen. Recovery bedeutet auch, Risiken einzugehen und nicht von vornherein alles auszuschließen, was möglicherweise zu problematischen

Situationen führt. Als »positive Risk-Taking« wird dieser Aspekt des Recoveryprozesses im englischen Sprachraum bezeichnet (Burr & Richter 2017).

Außerdem wollen wir in der Sozialpsychiatrie weg von einer paternalistischen Haltung, die suggeriert, sie wisse, was gut für die betroffene Person ist. Das bedeutet schlussendlich jedoch, dass wir den betroffenen Personen zugestehen müssen, dass sie Entscheidungen treffen, die uns nicht gefallen – im besonderen Falle der Sterbehilfe eben auch die Entscheidung für den Tod. Es geht nicht, zu sagen: Nimm dein Leben wieder in die eigenen Hände, aber nur so lange, wie es mir passt.

Nicht zuletzt gilt es, das Krankheitskonzept des Suizids zu hinterfragen. Es ist durchaus möglich, einen Suizid aus rationalen Gründen zu begehen – der in der oben eingeführten Terminologie eine Selbsttötung ist (vgl. Stefan 2016). In jüngerer Zeit gibt es zunehmende Kritik an den sogenannten psychologischen Autopsiestudien, welche im Nachhinein nach psychischen Ursachen eines Suizids suchen und diese bei 70–90 Prozent der Fälle auch finden. Aus methodischer Sicht sind derartige retrospektive Studien höchst zweifelhaft (Hjelmeland et al. 2012); wissenschaftlich adäquate Studien, die prospektiv durchgeführt werden, finden interessanterweise bis heute keine stabilen Prädiktoren für einen Suizid (Franklin et al. 2017).

Aus epidemiologischer Sicht sind ebenfalls Zweifel an einer ausschließlich pathologisierenden Perspektive angebracht. Soziale Entwicklungen, wie beispielsweise die Finanzkrise Ende des 2000er-Jahrzehnts, haben etwa in Griechenland (Economou et al. 2011) oder in Spanien (Lopez Bernal et al. 2013) zu deutlich erhöhten Suizidraten geführt.

In der deutschen Geschichte gibt es mit der Wiedervereinigung der beiden deutschen Staaten DDR und BRD eine Vergleichsmöglichkeit, die einen umgekehrten Zusammenhang nahelegt (von den Driesch 2021). Die Suizidraten auf dem Gebiet der früheren DDR waren schon vor dem Zweiten Weltkrieg deutlich höher als im Westen und blieben dort während des sozialistischen Regimes hoch. Allerdings wurden die hohen Suizidraten geheim gehalten und auch internationalen Organisationen wie der WHO nicht gemeldet, da diese Zahlen nicht ins Bild eines funktionierenden Sozialismus passten. Mit der Wiedervereinigung nach 1990 sanken die Suizidraten auf dem Gebiet der früheren DDR dramatisch und glichen sich in den letzten Jahren den ebenfalls sinkenden Zahlen im Westen an. Angesichts der sozioökonomischen Krisenjahre nach der Wende und den bis heute anhaltenden Unterschieden zwischen Ost und West kann nicht von einer ebenfalls deutlich sinkenden psychosozialen Belastung der Menschen auf dem Gebiet der früheren DDR ausgegangen werden. Das heißt, die Senkung der Suizidraten in Ostdeutschland ist aller Wahrscheinlichkeit nach nicht auf eine dramatisch verbesserte psychische Gesundheit der dort lebenden Menschen zurückzuführen.

Im Diskurs über Behinderungen wird die pathologisierende Sicht auf Suizidalität als eine epistemische Ungerechtigkeit erlebt. Das an anderer Stelle noch näher erläuterte Konzept der epistemischen Ungerechtigkeit (s. S. 16) bedeutet, dass etwaige andere Perspektiven der betroffenen Personen keine Berücksichtigung und auch kein Gehör im wissenschaftlichen, politischen oder rechtlichen Raum finden. Analog zum Rassismus wird in diesem Diskurs eine Diskriminierung durch Nichtbehinderte (»ableism«) und Gesunde (»sanism«) beschrieben, aber eben auch durch Menschen, die nicht suizidal sind (Baril 2020). Viele Menschen mit suizidalem Erleben lehnen eine pathologisierende Sichtweise ihrer Gedanken und Gefühle ab.

Der Vollständigkeit halber muss erwähnt werden, dass die assistierte Selbsttötung in der Betroffenenbewegung durchaus umstritten ist. Immer wieder wird befürchtet, die assistierte Selbsttötung könne Menschen mit Behinderungen, die sich sorgen, ihre zu Familie belasten und Kosten zu verursachen, als Ausweg erscheinen oder sogar nahegelegt werden. Empirisch gesehen ist diese Befürchtung jedoch wenig begründet. Wenngleich einschlägige Studien im Zusammenhang mit psychosozialen Problemen nicht vorhanden sind, zeigen Daten im Zusammenhang mit körperlichen Krankheiten, dass die assistierte Selbsttötung in erster Linie von Menschen mit einem hohen Sozialstatus, ausgeprägter Individualität sowie ohne religiöse Bindung gesucht wird (Battin et al. 2007; Steck et al. 2018). Sozialer Druck, so lässt sich aus diesen Studien extrapolieren, spielt dabei offenbar keine große Rolle.

Schlussfolgerung: das Entscheidungsdilemma der Sozialpsychiatrie

Sowohl die Kontroverse um die Anwendung von Zwangsmaßnahmen wie die um die Sterbehilfe kreisen um die Frage der Autonomie von Menschen, die wir als »schwer psychisch krank« diagnostizieren. Wie viel Entscheidungsspielraum gestehen wir ihnen zu? Ist es gerechtfertigt, Menschen mit »schweren psychischen Krankheiten« anders zu behandeln als Menschen mit körperlichen Krankheiten, die ja teilweise ebenfalls Probleme haben, krankheitsbezogene Entscheidungen zu treffen?

Diese Fragen führen die Psychiatrie, aber vor allem auch die Sozialpsychiatrie in ein Dilemma: Einerseits sollen Menschen mit ausgeprägten psychosozialen Problemen möglichst selbstständig und autonom über ihre Belange entscheiden. Andererseits kann die psychische Störung zu Entscheidungen führen, die nicht im Interesse der Person sind. Im Kern geht es um die Frage, was als pathologisch gilt und ob eine »Krankheit« oder »Störung« als Legitimation für einen Eingriff in die Menschenrechte angeführt werden kann, als den die UN-BRK Zwangsmaßnahmen eingestuft hat.

Der britische Psychiater George Szmukler hat in jüngerer Zeit verschiedentlich vorgeschlagen, diese Legitimationsprobleme auf rechtlichem Wege zu lösen. Er schlug ein gemeinsames Recht (»fusion law«), das nicht zwischen psychischen und nichtpsychischen Krankheiten unterscheidet, sondern zwischen urteilsfähig und nichturteilsfähig (Dawson & Szmukler 2006; Szmukler 2018), vor. Letztlich hat sich sein – aus meiner Sicht durchaus nachvollziehbares Argument – aber vor allem in der Psychiatrie nicht durchsetzen können. Welche Legitimationsgründe in der Psychiatrie für Maßnahmen gegen den Willen einer Person im Detail angeführt wurden und immer noch werden, damit befasst sich das nachfolgende Kapitel ausführlich.

Die Legitimation von psychiatrischen Maßnahmen gegen den Willen einer Person

Der Umgang mit Menschen, die als verrückt galten, denen unangemessenes Verhalten vorgeworfen wurde oder die man als besessen ansah, ist vermutlich zu allen Zeiten mit gewissen Formen von Zwang verbunden gewesen. Diese Menschen wurden aus sozialen Beziehungen ausgeschlossen und teilweise weggeschlossen, sie wurden genauso wie Fremde als Barbaren betrachtet und manchmal auch bekämpft. Historisch gesehen kann die Einschränkung der Autonomie von Menschen, die »inadäquates« Verhalten zeigten, quasi als Konstante gelten. Jedoch ist der Zwang in Abhängigkeit von der Art der psychiatrischen Versorgung, den wissenschaftlichen Vorstellungen und den allgemeinen gesellschaftlichen Veränderungen ganz unterschiedlich legitimiert worden. Hierbei sind zwei große Phasen zu erkennen. Die erste Phase dauerte von der Entwicklung der Psychiatrie als Wissenschaft und als medizinische Disziplin bis weit in die zweite Hälfte des 20. Jahrhunderts. In dieser Phase, die wesentlich durch Institutionen wie Kliniken und Heime geprägt war, sind Menschenrechte weitgehend missachtet worden. An die institutionszentrierte Phase schloss sich ab ungefähr den 1970er-/1980er-Jahren die personenzentrierte Phase an. Nunmehr wurden Menschenrechte zwar berücksichtigt, gleichzeitig aber war die Einschränkung der Rechte aus medizinischen und ethischen Gründen möglich.

Zwang in der psychiatrischen Versorgung: die institutionszentrierte Phase

Körperlicher Zwang und andere Maßnahmen gegen den Willen einer Person gehören zur Geschichte der Psychiatrie. Bei dem antiken griechischen Dichter Aristophanes ist zu lesen, dass »Verrückte« mit Steinen beworfen wurden, bei Platon enthielten die »Gesetze« (Abschnitt 934c7) einen Passus für den Umgang mit »Raserei«, welcher nahelegte, dass solche Personen am besten von der eigenen Familie von der Öffentlichkeit ferngehalten werden und Zuwiderhandlungen mit Geldstrafen belegt werden sollten (Thumiger 2017). Einen Umgang mit »Verrücktheit« ohne Zwang hat es, zumindest im europäischen Raum, wahrscheinlich nie gegeben. Als »große Gefangenschaft« hat der Philosoph Michel Foucault die ersten Psychiatrieeinrichtungen im 17. Jahrhundert charakterisiert (Foucault 1973: 68 ff.). Die spätere Forschung hat den Aspekt der Gefangenschaft bestätigt, allerdings auf das Ende des 18. sowie den Beginn des 19. Jahrhunderts datiert und eine Verknüpfung mit der Aufklärung hergestellt.

> »[D]ie Geschichte der Psychiatrie begann als Geschichte des kustodialen Asyls, als Institutionen zur Gefangenschaft tobender Individuen, die gefährlich für sich selbst und Ärgernis für andere waren.« (Shorter 1997: 7)

In den kustodialen Asylen stand der Schutzgedanke vor der Behandlung. Schon damals jedoch, so der Historiker Edward Shorter, stand hinter der »großen Gefangenschaft« die Hoffnung, die zwangsweise Unterbringung könne eine kurative Wirkung entfalten.

Neben der Psychiatriegeschichte ist hier auch die Rechtsgeschichte von Bedeutung. Im Übergang zur frühen Neuzeit herrschte in den absolutistischen Staaten die Vorstellung eines wohlwollenden Staates, der in bestimmten Situationen Entscheidungen für seine Untertanen traf. In der angelsächsischen Rechtstradition wurde dieses Rechtsprinzip als »Parens patriae« bezeichnet (Custer 1978). Der jeweilige Herrscher war identisch mit dem Staat und trat gemäß dieser Rechtsdoktrin auch als Elternteil auf. Wie der Begriff nahelegt, wurde die Parens-patriae-Doktrin überwiegend in Rechtsangelegenheiten angewendet, welche das Kindeswohl betrafen. Das Prinzip des wohlwollenden Staates wurde jedoch auch auf Menschen angewendet, die als »geisteskrank« betrachtet wurden (Wesson 1980). Es galt in den Vereinigten Staaten bis weit in die 1970er-Jahre (Zander 1976). Auf dem europäischen Kontinent wurde das Prinzip staatliche »Fürsorge« genannt (Müller 2012). Unfreiwillige Unterbringungen werden in der Schweiz bis heute »fürsorgerische Unterbringungen« genannt. Der Begriff der Fürsorge hatte jedoch immer etwas Euphemistisches.

Doch zurück ins England des 19. Jahrhunderts. Der von Edward Shorter erwähnte Ärger über bestimmte Personen war womöglich einer der Hauptfaktoren für die Etablierung von »Madhouses«, wie man sie seinerzeit auf den Inseln nannte. Hierbei handelte es sich überwiegend um privat finanzierte Einrichtungen, in welchen begüterte Familien Angehörige unterbringen konnten, die offenbar unkonventionelles Verhalten zeigten und dadurch dem Ansehen der Familie schadeten. Solch unkonventionelles Verhalten war nicht allein damit verbunden, was heute als psychische Krankheit eingestuft wird, sondern es handelte sich auch um sozial anstößiges Verhalten wie der in der damaligen medizinischen Literatur prominente »Lanchester Case« deutlich macht. Im »British Medical Journal« wurde 1895 berichtet, dass Edith Lanchester auf Betreiben ihres Vaters und ihrer Brüder von einem Arzt in eine Anstalt eingewiesen wurde, weil sie sich auf eine Beziehung mit einem Mann unterhalb ihres Standes eingelassen hatte, den sie auch nicht heiraten wollte (BMJ 1895). Ferner sei sie immer schon exzentrisch gewesen und vertrete neuerdings sozialistisches Gedankengut. Die ärztliche Einweisung in das Asyl erfolgte aufgrund des »sozialen Suizids«, den sie begehen wolle. Sowohl der später hinzugezogene Hausarzt als auch die ärztlichen Fachpersonen in der Anstalt bestätigten die Einweisung, welche dann aber von der »Lunacy Commission«, einer öffentlichen Einrichtung, die Asyle und Madhouses in England und Wales beaufsichtigte, abgelehnt wurde.

Andere Menschen hatten weniger Glück. Dazu ein Beispiel, das für das Schicksal Hunderttausender steht, deren Namen vergessen sind: Die Schriftstellerin Elsa Asenijeff wurde auf der Basis der Diagnose »Querulantenwahn« im Leipzig der 1920er-Jahre entmündigt, zwangseingewiesen und verstarb im Jahre 1941 nach jahrzehntelangen Aufenthalten in Kliniken und Heimen. Die medizinhistorische Forschung stellte die sozialen Hintergründe als maßgeblich für ihre tragische Lebensgeschichte heraus: »[S]o lebte sie als alleinstehende Frau, die in ihrem Verhalten als nicht den sozialen und geschlechtlichen Normen angepasst erlebt werden musste und zudem keinen familiären Rückhalt besaß, bereits in der kriegsgeschädigten jungen Weimarer Republik zunehmend in Armut und Isolation.« (Kommol & Steinberg 2022: 91)

Diese Vermischung aus medizinischen und sozialen Ursachen für eine in der Regel unfreiwillige Hospitalisation ist in vielen Ländern bis weit in die zweite Hälfte des 20. Jahrhunderts hinein anzutreffen. Noch Ende der 1950er-Jahre beschrieb ein US-amerikanischer Psychiater die traditionellen Indikationen folgendermaßen:

> »(1) Verhalten, welches das Leben des Patienten in Gefahr bringt und (2) Verhalten, das die Umwelt des Patienten nicht länger toleriert. Diese klassischen Indikationen haben gemeinsame Merkmale – beide entstehen üblicherweise aus Notfallsituationen, beide sind Manifestationen schwerer Ausmaße psychischer Krankheit. In beiden Fällen will der Patient den Klinikaufenthalt nicht selbst in Anspruch nehmen – andere werden initiativ. Und in beiden Fällen wird die Einweisung üblicherweise durch die Familie, Freunde, Richter, die Polizei – und historisch interessant – selten durch einen Psychiater veranlasst. Der Psychiater widerspricht der Laien-Einweisung selten, weil die Schwere der Erkrankung des Patienten und der Bedarf für eine Klinik-Behandlung normalerweise offensichtlich sind.« (Hall 1958: 207)

Psychiatrische Anstalten oder Asyle wurden während des 19. Jahrhunderts in nahezu allen europäischen Ländern etabliert. Wer dort aufgenommen oder eingewiesen wurde, musste oftmals viele Jahre dort verbringen. Die Zustände in den meisten Anstalten waren unmenschlich und sowohl hinsichtlich sozialer wie hygienischer Aspekte katastrophal. Wenige Jahre nach Ende der institutionszentrierten Phase beschrieben zwei deutsche Psychiater diese Phase als »skandalöse Praxis der Asylierung psychisch Kranker und geistig Behinderter in gefängnisähnlichen, übergroßen und Hospitalisierungsdefekte zwangsläufig hervorbringenden Verwahreinrichtungen, deren Ausstattung zumeist unwürdig war und deren personelle Besetzung gerade noch die Beaufsichtigung, aber keine Behandlung erlaubte« (Thom & Wulff 1990: 588).

Der Historiker Edward Shorter zitiert einen Psychiater, der in den 1930er-Jahren im Maudsley Hospital in London arbeitete:

> »Für die Patienten war das Leben unangenehm, sie waren eingesperrt in geschlossenen Stationen mit einem Garten für die Freizeit. Viele Patienten, deren stürmische Krankheit nachgelassen hatte, zeigten nur Residualsymptome und verbrachten dort Jahr um Jahr, unbeschäftigt und ohne Anreize für Selbstverantwortung und Selbstbestimmung; sie gewöhnten sich an die Zwangsjacke einer unveränderten täglichen Routine.« (Shorter 1997: 65 f.)

Die meisten »Insassinnen und Insassen«, wie man seinerzeit zu sagen pflegte, hatten keine Rechte und wurden, ohne sie zu fragen, behandelt. Sie waren, so schrieb der Soziologe und Historiker Andrew Scull, »ohne Persönlichkeitsrechte und unter der Annahme, dass ihr urteilsunfähiger psychischer Zustand keine Entscheidungen zuließ und als Patienten meistens nicht fähig, denen zu widersprechen, die ihre gesamte Existenz kontrollierten« (Scull 2015: 308). Teilweise wurden brutale physische Interventionen gegen den Willen der Betroffenen durchgeführt, von Insulinschocks über operative Eingriffe im Gehirn (z.B. Lobotomien) bis hin zu Krampftherapien, welche erst später unter Anästhesie durchgeführt wurden. Die Rechtlosigkeit der Psychiatriepatientinnen und -patienten war schließlich auch eine der Voraussetzungen für die Ermordung Tausender Menschen mit psychischen, kognitiven und körperlichen Behinderungen während des Nationalsozialismus in Deutschland.

Damit einhergehende Vorstellungen über Menschen mit psychischen Problemen dominierten auch in der Nachkriegszeit, sowohl in der früheren DDR wie in der BRD. Im Jahr 1979 resümierte Ehring Lange, einer der seinerzeit führenden Psychiater Ostdeutschlands, die Auffassungen, die es noch in den 1960er-Jahre zu überwinden galt. Man habe kritisch umgehen müssen »mit der Auffassung, daß schizophrene Erkrankungen obligatorisch und irreversibel zum Defekt führen und daß man deren Kerngruppe nicht speziell-intensiv behandeln solle, mit der Auffassung, daß von einer querschnitthaft erfaßten Symptomatologie auf eine verbindliche Prognose geschlossen werden könne – die dann über Wert oder Unwert von Therapie und Rehabilitation vorentscheidet, mit der Auffassung, daß Arbeitstherapie ein Mittel zur Ausfüllung ungenutzter Tageszeit für chronische Anstaltspatienten sei, überflüssig aber bei akut Erkrankten in klinischer Behandlung, mit der Auffassung, daß der psychisch Kranke grundsätzlich unberechenbar, aus der Eigengesetzlichkeit der Erkrankung heraus selbst- und gemeingefährlich sei und deswegen im Prinzip der geschlossenen Unterbringung und der Absonderung aus der Gesellschaft bedürfe« (Lange 1979: 388).

Solche – aus heutiger Sicht – abstrusen Einschätzungen waren auch in Westdeutschland verbreitet. Psychisch Kranke würden nahezu immer unter krankhaften Einflüssen handeln, daher sei keine »innere Freiheit« gegeben und Bewegungseinschränkungen seien unproblematisch, hieß es in den 50er-Jahren in einer ärztlichen Stellungnahme zur Einführung von Unterbringungsgesetzen in den Bundesländern (Bruns 1993: 24). Dabei ergab sich auch eine Diskussion zwischen Fachpersonen aus der Rechtswissenschaft und aus der Psychiatrie. Ärztlicherseits wurde durch den Einbezug von Gerichten bei

Unterbringungsverfahren eine Einschränkung der medizinischen Therapiehoheit und eine Belastung der therapeutischen Beziehung befürchtet (Bruns 1993: 24). In der Folge waren in einzelnen deutschen Bundesländern wie dem Saarland rechtliche Unterbringungen bis 1968 nicht angemessen geregelt.

In der DDR wurden Einweisungen, nicht nur wie in anderen Ländern durch die Familie, sondern auch auf Drängen örtlicher Funktionärspersonen veranlasst (Coché 2017). Deshalb hinaus muss von politisch motivierten Zwangsbehandlungen ausgegangen werden, die zwar nicht so weitverbreitet waren wie in der Sowjetunion oder in Rumänien, aber durchaus vorkamen (Erices 2021).

Viele Anstalten in Ost- und Westeuropa, die sich im Lauf der Zeit als Kliniken verstanden, nahmen zudem an Medikamentenversuchen teil, bei denen die meisten Patientinnen und Patienten vermutlich allenfalls mündlich um Zustimmung gebeten wurden – und auch in diesen Fällen ist zumeist von informellem Zwang auszugehen. Historisch Forschende in der Schweiz haben diese Vorgehensweisen für viele psychiatrische Kliniken bis weit in die 1970er-Jahre dokumentiert (Meier et al. 2019), darunter auch für die Universitätsklinik in Bern (Manser-Egli 2019). Bei diesen Versuchen mit nicht zugelassenen Medikamenten kam es zu zahlreichen Todesfällen, deren Ursache weder entsprechend dokumentiert noch gegenüber den Angehörigen offengelegt wurde. Dass ein fahrlässiger Umgang mit Einwilligungen auch bei ärztlichen Mitarbeitenden vorkam, ist im Rahmen der LSD-Versuche in der Zürcher Universitätsklinik Burghölzli bekannt geworden. Dort wurde im Jahre 1947 Mitarbeitenden die Substanz unwissentlich im Kaffee zugeführt (Rey 2022); bei Patientinnen und Patienten, an denen das »Phantastikum«, wie es seinerzeit hieß, ebenfalls versucht wurde, vermerkt der entsprechende Artikel, dass sie oder die Angehörigen um Einwilligung gebeten worden waren (Stoll 1947).

Im Allgemeinen wurde in der institutionenzentrierten Phase der Psychiatrie fast ausschließlich auf Medikation als Behandlung gesetzt. Noch bis in die 1990er-Jahre wurde beispielsweise eine ausgeprägte antipsychotische Hochdosistherapie angewendet (Abrahamson 1994), die für viele Betroffene mit erheblichen gesundheitlichen Problemen verbunden war. Primär wurden Symptome unterdrückt, wie diese Hochdosistherapie schon impliziert. Psychodynamische und später auch biomedizinische Krankheitsmodelle dominierten das therapeutische Geschehen. Überwachung und Exklusion hatten

Priorität vor der Wiedereingliederung, eine wirkliche Rehabilitation fand nicht statt. Allenfalls wurden die Betroffenen in andere Institutionen wie Heime und Werkstätten vermittelt. Physische und psychische Bedürfnisse wurden nur im Ansatz befriedigt. In der Ausbildung sowie in der Forschung waren Menschen mit »psychischen Krankheiten« überwiegend Objekte. Erst ab den 1950er-Jahren in den USA und ab den 1960er-Jahren auch in Europa veränderten sich die Bedingungen, allerdings sehr langsam, wie ein Bericht über ein Reformprojekt in einer US-amerikanischen Klinik aus dem Jahr 1968 verdeutlicht:

> »Wände wurden gestrichen, Bilder und Kalender wurden angebracht und Patienten wurde ein wenig Privatheit im Schlafraum und im Bad zugestanden. Allerdings gab es wenig begleitende Veränderung in der psychologischen Architektur der Stationen. Patienten hatten weiterhin Angst vor den Mitarbeitern, während Mitarbeiter Angst vor den Patienten hatten; Patienten hielten sich von den Mitarbeitern fern, die oftmals sich von den Patienten zurückzogen. Die Mitarbeitenden waren hoffnungslos bezüglich der Patienten und die Patienten waren hoffnungslos bezüglich der Mitarbeitenden.« (Hirschowitz 1969: 591 f.)

Die Legitimation von Zwang in der institutionszentrierten Phase erfolgte mit zwei ineinander verschränkten Argumentationslinien, die wegen ihrer vagen Kriterien und sehr flexiblen Auslegungsmöglichkeiten erst ab den 1960er-Jahren kritisiert wurden (Livermore et al. 1968). Zuallererst ging es um die Aufrechterhaltung der öffentlichen Ordnung. Insbesondere zu Beginn wurde auf den »Geisteszustand« noch wenig abgehoben; die öffentliche Ordnung war weitaus wichtiger. Dies änderte sich mit der Entwicklung der Psychiatrie als medizinische Disziplin. Neben der Unterstellung der »Gefährlichkeit« psychisch Kranker und der daraus abgeleiteten Notwendigkeit ihrer Unterbringung wurde eine aus heutiger Sicht abstruse weitere Begründung geliefert, die in gewissen Variationen bis in die Gegenwart wirkt: Psychisch kranke Menschen seien aufgrund ihrer Erkrankung nicht wirklich frei, daher könne der Freiheitsentzug durch Unterbringung auch nicht als solcher gewertet werden (Bruns 1993). Daher verwundert es auch wenig, dass zwangsweise untergebrachten Personen in aller Regel keine Rechte zugesprochen wurden. Sie mussten ärztlichen Anordnungen folgen, bekamen keine Informationen über die Ergebnisse medizinischer Untersuchungen und wussten oftmals nicht, welche Medikamente sie einzunehmen hatten (Tolchin et al. 1970).

Von der institutionszentrierten zur personenzentrierten Phase

»Verhandeln statt behandeln«, das war das Motto der deutschen Reformpsychiatrie, die gleichzeitig als Kernaufgabe des personenzentrierten Ansatzes betrachtet werden kann. Geprägt wurde der Slogan durch den Reformpsychiater Asmus Finzen Anfang der 1990er-Jahre, der deutlich machen wollte, wodurch sich eine sozialpsychiatrisch geprägte Gemeindepsychiatrie von der Anstaltspsychiatrie unterscheidet. Es war, wie Finzen später schrieb, die greifbare »vielfach erlebte Bevormundung durch die Ärzte«, die sowohl Nutzende als auch Angehörige zu einer Ablehnung des traditionellen und mit teils erheblichem Zwang und Menschenrechtsverletzungen verbundenen Psychiatriesystems motivierte (Finzen 2010).

Was genau aber unterschied die Gemeindepsychiatrie von der früheren Anstaltspsychiatrie? Der österreichische Soziologe Rudolf Forster (1997) beschrieb Reformprojekte folgendermaßen: Statt eines rein organischen Krankheitskonzepts sollte ein multifaktorielles Modell zur Anwendung kommen, das auch psychosoziale Komponenten enthielt. Anstelle der Verwahrung solle soziale Integration das Ziel sein. Nicht nur Ärztinnen und Ärzte sollten über die Behandlung beraten, sondern ein multiprofessionelles Team. Die rechtliche Grundlage der Behandlung sollte die Freiwilligkeit sein. Ihr vorausgehen sollte eine partnerschaftliche Beratung (»auf Augenhöhe«).

Der »personenzentrierte Ansatz« war in den 1990er-Jahren, als die Psychiatrie ihn entdeckte, keinesfalls neu. Die Grundidee wurde von einer der zentralen Personen der Psychotherapiegeschichte, Carl Rogers, bereits in den 1950er-Jahren formuliert. Rogers (1979) zufolge hat die Personenzentrierung, die er Klientinnen- und Klientenzentrierung nannte, drei wesentliche Merkmale, die eine hilfreiche therapeutische Beziehung prägen:

- Echtheit, das bedeutet beispielsweise den Verzicht auf eine professionelle Fassade und die Herstellung einer kongruenten Situation, in der sich niemand verstellt;
- eine akzeptierende Haltung, die nicht wertet und dadurch Veränderung aufseiten der Klientin oder des Klienten hervorrufen kann;
- empathisches Verstehen, das etwa durch aktives Zuhören erreicht wird.

In den 1960er-Jahren prägte der Psychoanalytiker Michael Balint als Gegenentwurf zu einer »krankheitszentrierten Medizin« die »patientenzentrierte Medizin« (Balint 1969). Der zu behandelnde Mensch sollte beispielsweise nicht mehr nur als ein Mensch mit einem Knochenbruch betrachtet werden, sondern als ein »einzigartiges menschliches Wesen«, das eine »übergreifende Diagnose« (»overall diagnosis«) erhalten und entsprechend behandelt werden sollte.

Die patientenzentrierte Medizin wurde später zum zentralen Kriterium einer guten medizinischen Versorgung. Das US-amerikanische Institute of Medicine hat in seinem Bericht über Qualitätsmängel im Gesundheitswesen die Patientenzentrierung neben weiteren Merkmalen wie Gerechtigkeit, Sicherheit, Schnelligkeit, Effektivität und Effizienz zu einem der Hauptziele erklärt (Institute of Medicine Committee on Quality of Health Care in America 2001). Patientenzentrierung wiederum hat dem Bericht zufolge diese Eigenschaften:

- Respekt für Werte und Präferenzen der Patientinnen und Patienten,
- Koordination und Integration der Versorgung,
- Information, Kommunikation und Edukation,
- körperliches Wohlbefinden,
- emotionale Unterstützung und Einbezug von Angehörigen und nahestehenden Menschen.

Im Lauf der Zeit sind die genannten Merkmale einer Patienten- oder Personenzentrierung zunehmend in Kompetenzen übersetzt worden, die in der Ausbildung ärztlichen, pflegerischen oder therapeutischen Personals gelehrt werden. Zahlreiche Studien sind in diesem Zusammenhang durchgeführt worden, die zum einen gezeigt haben, dass diese Skills durchaus zu vermitteln sind und von den Fachpersonen angewendet werden können, die aber zum anderen gezeigt haben, dass die Effekte bei den Nutzenden des Gesundheitswesens doch nicht so eindeutig zu messen sind, wie etwa einer großen Übersicht aus der Cochrane-Initiative zu entnehmen ist (Dwamena et al. 2012).

Eine weitere Entwicklung, die in der »patientenzentrierten Medizin« bei Balint schon angelegt war, ist, dass nicht mehr von einer »Patientin« oder einem »Patienten« gesprochen wird, sondern von einer »Person«. Damit sollte ausgedrückt werden, dass die zu behandelnde Person »ganzheitlich« betrachtet werden sollte und nicht auf den Status einer Patientin oder eines Patienten reduziert werden kann. Personenzentrierte Versorgung, so lautet es in einem der zentralen theoretischen Beiträge, sei die »Antithese zum Reduktionismus« (Ekman et al. 2011: 249). Methodisch gehe es demnach um zwei wichtige Aspekte, zum einen um die Geschichte, welche die kranke Person zu erzählen habe, zum anderen um die geteilte Entscheidungsfindung (»shared decision-making«). Letztere rückte im Lauf der letzten Jahre immer stärker in den Mittelpunkt der Diskussion um eine personenzentrierte Behandlung. Professionelle, Betroffene sowie ihre Angehörigen, so die Idee, sollen gemeinsam zum Wohle aller entscheiden, welche Therapieverfahren anzuwenden sind. Es war jedoch bereits Rudolf Forster, der konstatierte:

> »Die Kluft zwischen Anspruch und Ankündigung auf der einen Seite und den Ergebnissen und Auswirkungen auf der anderen Seite ist bei vielen Reformprojekten auffallend groß.« (Forster 1997: 249)

Und der Grund dafür war nach Forster offensichtlich:

> »Die Psychiatrie ist vor allem zu einer relativ *konventionellen medizinischen Disziplin* geworden.« (Forster 1997: 249; Hervorhebung im Original)

Zwar habe sich die Psychiatrie in verschiedener Hinsicht gewandelt und viele Änderungen hervorgebracht, allerdings sei die medizinische Dominanz nicht grundlegend gebrochen worden, sondern sie habe sich dadurch verfestigt, dass die Psychiatrie sich der üblichen Medizin immer mehr angeglichen habe.

Die Integration der Psychiatrie in die allgemeine Medizin war jedoch kein Betriebsunfall der Reformen, sondern erklärte Absicht. Die Gleichstellung psychisch Kranker mit körperlich Kranken war eine Forderung der Psychiatrieenquete, die von der Bundesregierung übernommen wurde (Deutscher Bundestag 1979: 11). In der Folge wurden in Deutschland zahlreiche psychiatrische Stationen an Allgemeinkrankenhäusern etabliert. Ziel war es, die Sonderstellung und Stigmatisierung der psychiatrischen Behandlung über die Normalisierung in der Medizin zu erreichen. Der Preis war, dass die Medizin Leitwissenschaft der Psychiatrie blieb. Das bedeutete beispielsweise eine deutliche Favorisierung der Pharmakotherapie gegenüber gesprächstherapeutischen Angeboten (Prosser et al. 2016) und die Nutzung eines Diagnosemodells wie der Internationalen Klassifikation der Krankheiten (International Classification of Diseases, ICD).

Das Bemühen, weniger paternalistisch zu entscheiden und eher den Versuch zu unternehmen, zu einem gemeinsamen Vorgehen und gleichberechtigten Entscheidungen zu gelangen, war nun immerhin Konsens. Im Grundsatz ähnelten sich die Konzepte im deutschsprachigen wie im englischsprachigen Raum. Gefordert wurde »die konsequente Orientierung am individuellen Hilfebedarf des psychisch kranken Menschen« (Aktion Psychisch Kranke 2002: 8). Personenzentrierung bedeutete in der Frühzeit dieses Ansatzes, die Nutzenden zu fragen, welchen Hilfebedarf sie haben und diesen im Rahmen eines koordinierten Hilfesystems unter Einbezug gemeindebezogener Dienste zu decken. Man beachte, dass hier noch die Rede von »Hilfebedarf« und nicht von »Bedürfnissen« ist, geschweige denn von »Präferenzen«. Der Hilfebedarf sollte nach vorgegebenen medizinischen und/oder sozialrechtlichen Indikatoren erfasst und anschließend in Leistungen umdefiniert werden. In Deutschland wurde zu diesem Zweck der Integrierte Behandlungs- und Rehabilitationsplan (IBRP) entwickelt und die »Bedarfsorientierung« als Gegenmodell zur früheren »Angebotsorientierung« beschrieben.

Andere Konzepte sahen eine »Personenzentrierte Integrative Diagnose« (»Person-centered Integrative Diagnosis«; PID) vor (Mezzich & Salloum 2007). Die PID erfasste: positive und negative Gesundheitsaspekte im Lebenskontext der betroffenen Person, soziale Funktionen, protektive Faktoren, Lebensqualität sowie Angaben zu Würde, Werten und Motivationen. Dies alles sollte weiter im Rahmen konventioneller Klassifikationssysteme wie der ICD geschehen.

Erst im Lauf der 2010er-Jahre wurde mit der zunehmenden Rezeption des angelsächsischen Recoveryansatzes die Perspektive der Nutzenden im deutschsprachigen Raum stärker berücksichtigt. Allerdings war und ist es bis heute nicht klar, wie sich Personenzentrierung und Recoveryansatz verbinden lassen. Einige meinen, die Personenzentrierung diene dazu, Nutzende im Sinne von Recovery dabei zu unterstützen, ein sinnvolles Leben zu führen (Martinelli & Ruggeri 2020). Andere erwarten von der Personenzentrierung zusammen mit dem Recoveryansatz und dem im ersten Kapitel schon angesprochenen Menschenrechtsansatz eine konzeptionelle Erneuerung der psychiatrischen Versorgung (Rosen et al. 2020). Dritte wiederum sehen in der Personenzentrierung einen kulturell angereicherten, beziehungs- und recoveryorientierten Ansatz (Gabrielsson et al. 2015).

Je nach Perspektive sind die Unterschiede nicht trivial. Der Recoveryansatz wurde von Betroffenen und Nutzenden entwickelt. In der Folge rückten nichtmedizinische Aspekte in den Fokus. Wenn das Ziel nicht mehr die Beseitigung von Symptomen ist, sondern ein sinnvolles Leben zu führen, relativiert sich die Bedeutung psychiatrischer Therapieverfahren, insbesondere die der Pharmakotherapie. Auch werden aus Recoveryperspektive Unterstützungsverfahren favorisiert, die nicht als evidenzbasiert betrachtet werden, wie beispielsweise das Open-Dialogue-Verfahren. Nicht zuletzt sei darauf hingewiesen, dass der Recoveryansatz Unterstützungsmaßnahmen fordert, die nicht nur personenzentriert, sondern »durch die Nutzenden gesteuert sind« (»consumer-driven«; Schmolke et al. 2016: 108). Und an diesem Punkt entzünden sich dann wieder die oben genannten Kontroversen um die Autonomie von Psychiatriepatientinnen und -patienten.

Die Legitimation von Zwang in der personenzentrierten Phase

Es gehört zur Ambivalenz des Konzepts der Personenzentrierung, dass sowohl Recoveryorientierung als auch paternalistisches Verhalten damit einhergehen können. Unter dem Stichwort Adhärenz wird Personenorientierung immer noch als Therapietreue gegenüber den ärztlichen (Medikamenten-)Verordnungen verstanden (Pyne et al. 2014). Sogar Zwangsmaßnahmen werden als potenziell personenzentriert diskutiert (Rudnick 2013). Dass damit die Vorstellung gemeinsamer Entscheidungen »auf Augenhöhe« verlassen wird, irritiert vor allem nichtmedizinische Fachleute. In der konventionellen Medizinethik ist es durchaus üblich, »zum Wohl der betroffenen Person« zu entscheiden. Dies ist auch insofern verständlich, als viele der ethisch zu diskutierenden Situationen in der Akutsomatik davon ausgehen, dass die betroffenen Personen ohne Bewusstsein sind und ärztlichen Notfallmaßnahmen zustimmen würden. Juristisch wird dies als »natürlicher Wille« konzipiert (Nossek et al. 2018).

Dies ist in psychiatrischen Settings insofern anders, als die betroffenen Menschen in aller Regel nicht bewusstlos sind. Historisch gesehen wurden ihre Ansichten allerdings ähnlich gewertet. Bis zum Ende des letzten Jahrhunderts wurde kaum hinterfragt, ob Zwangsmaßnahmen dem Wohle der Person dienen können, zumal es so gut wie keine empirische Forschung dazu gab. Erst ab der Mitte der 1990er-Jahre gewann die ethische und fachliche Diskussion deutlich an Bedeutung (Lidz 1998). Nun wurde gefragt, unter welchen Bedingungen es ethisch zu legitimieren sein könne, Menschen gegen ihren Willen psychiatrisch zu behandeln. Reicht es aus, einen medizinischen Bedarf festzustellen, oder muss die Erkrankung mit einem Risiko für sich selbst einhergehen, und wie sieht es mit Risiken für andere Personen aus? Und weiter: Welche Art der Therapie darf angewendet werden? Ist etwa auch eine Elektrokrampftherapie gegen den Willen erlaubt, wie es über Jahrzehnte hinweg durchaus Usus war? All diese Dinge, die zuvor mehr oder minder unhinterfragt praktiziert wurden, wurden nunmehr ethisch und empirisch untersucht (Tannsjo 2004). In der Folge wurden in vielen Ländern ethisch-praktische Leitlinien für den Umgang mit selbst- oder fremdverletzendem Verhalten in psychiatrischen Settings entwickelt. Es gab sogar Versuche, diese im europäischen Rahmen zu harmonisieren (Kallert et al. 2007).

Dieser fachlichen und ethischen Debatte ging eine juristische Diskussion voraus. Sowohl nationale als auch internationale Gerichte befassten sich seit den 1970er-Jahren zunehmend mit der Frage, ob Zwang in psychiatrischen Einrichtungen unter gewissen Umständen legitimiert sei. Gemäß einer Umfrage in vierzig europäischen Staaten ist psychiatrischer Zwang gegenwärtig bei Vorliegen einer psychischen Erkrankung oder eines ungesunden Geists (engl. »unsound mind«) sowie eines Risikos für die eigene Gesundheit oder die Gesundheit anderer möglich (Wasserman et al. 2020). In einzelnen Ländern können allein die von ärztlichen Fachpersonen festgestellte Notwendigkeit zur Behandlung sowie eine erheblich eingeschränkte Urteilsfähigkeit Zwangsmaßnahmen rechtfertigen (Bartlett 2012). Darüber hinaus wird allgemein gefordert, dass es sich bei der Maßnahme um eine therapeutisch effektive Intervention handeln sollte, die nur als letztes Mittel (engl. »last resort«) und nur mit so wenigen Einschränkungen wie möglich (engl. »least restrictive alternative«) zur Anwendung kommt. Insgesamt wird davon ausgegangen, dass die Maßnahme im Interesse resp. zum Wohl der betroffenen Person ist.

Der Deutsche Ethikrat (2018) hat sich in einer umfangreichen Stellungnahme mit diesen Argumenten auseinandergesetzt. Die Stellungnahme umfasst nicht nur psychiatrische Zwangsmaßnahmen im engeren Sinne, sondern nimmt auch Freiheitseinschränkungen bei älteren Menschen und bei Kindern und Jugendlichen in den Blick. Der Ethikrat hält viele der in der Psychiatrie und anderen Bereichen des Gesundheitswesens angewendeten Maßnahmen für ethisch problematisch, lehnt aber einen generellen Verzicht auf Zwang in »professionellen Sorgebeziehungen« ab, wie ein Mitglied des Ethikrates begründete:

> »Eine Rechtfertigung von Zwangsmaßnahmen kommt nach Ansicht des Ethikrats nur dann in Betracht, wenn die Person zwar Wünsche und Bedürfnisse nach Handlungen oder die Verweigerung von Handlungen äußert, durch die sie sich schwer zu schädigen droht, aber nicht zu freiverantwortlichen Entscheidungen in der Lage ist. Eine generelle Ablehnung jeder Form von Zwangsmaßnahmen würde nämlich dazu führen, viele vulnerable Personen ihrem Schicksal überlassen zu müssen. Das kommt für den Deutschen Ethikrat nicht in Frage.« (Graumann 2019: 177)

Interessant an der Stellungnahme des Ethikrates ist, dass dieser sich ausschließlich mit der Frage beschäftigt hat, ob Zwang zum Schutz der Gesundheit der betroffenen Person selbst erlaubt ist. Gefahren für andere Personen sind ausdrücklich nicht betrachtet worden, wobei unklar ist, warum. Eine denkbare Begründung wäre, dass bei Fremdgefährdung nicht notwendigerweise eine medizinische Intervention notwendig ist, sondern auch polizeiliche oder justizielle Aktivitäten möglich sind. Da aber keine Begründung gegeben wurde, ist das Denkbare hier nur Spekulation.

Mit seiner Stellungnahme bewegt sich der Deutsche Ethikrat im Rahmen der international üblichen Argumentation zur Rechtfertigung von Zwang in der Psychiatrie wie eine systematische Analyse unlängst ergeben hat (Chieze et al. 2021). Die verwendeten Argumente sind stets die gleichen:

- Zwar werden Autonomie und Integrität durch Zwangsmaßnahmen bedroht, sie können jedoch auch durch eine solche Maßnahme wiederhergestellt werden. Gleiches gelte für die Menschenwürde.
- Zwang könne zum Wohl der betroffenen Person erfolgen (Benevolenz) und diene dem Vermeiden von Schaden (Non-Malefizienz).
- Zwang könne insofern fair sein, als individuelle und soziale Belange abgewogen werden.
- Zwang könne der Sicherheit anderer und auch der eigenen Person dienen und damit auch dem Wohl eines größeren Ganzen.

In der Praxis spielen diese Argumente natürlich auch eine Rolle. Wenn Zwangsmaßnahmen in der Psychiatrie ergriffen werden, werden stets die Notwendigkeit und oft auch das am Ende positive Ergebnis hervorgehoben. Darüber hinaus wird oftmals argumentiert, dass die Maßnahme gegen den Willen der Person auch therapeutische Effekte habe, etwa »Krankheitseinsicht« sowie Compliance mit der Behandlung im Allgemeinen zu fördern und damit auch den Recoveryprozess (Paradis-Gagné et al. 2021). Außerdem diene der Einsatz von Zwangsmaßnahmen der Wiederherstellung der sozialen Ordnung. Allerdings ist man sich in der Praxis durchaus bewusst, dass Zwangsmaßnahmen die therapeutische Beziehung gefährden (Gerace & Muir-Cochrane 2019; Theodoridou et al. 2012). Diese negativen Konsequenzen, die in der Versorgungspraxis auch reflektiert werden, zeugen von einer Ambivalenz im Umgang mit Zwangsmaßnahmen. Gleichwohl werden in der Praxis die Argumente der Notwendigkeit und des letztendlichen Nutzens zum Wohle der Person höher gewichtet (Morandi et al. 2021).

In der Forschungsliteratur zu dieser Thematik wird auf einen erheblichen gesellschaftlichen Wandel aufmerksam gemacht, der sich in der Versorgungspraxis niedergeschlagen hat. Sowohl in der allgemeinen psychiatrischen Versorgung wie auch und gerade in der Forensik wird in vielen Ländern der westlichen Welt Sicherheitsaspekten zunehmend mehr Bedeutung zugeschrieben. Risikoabschätzung und Risikovermeidung dominieren die therapeutischen Ziele (Doedens et al. 2020; Oosterhuis & Loughnan 2014). Insofern verwundert es nur wenig, wenn Sicherheitsaspekte bis heute eine starke Rolle in der Legitimation von Zwang in der Psychiatrie spielen.

Wenn man die zahlreichen länderspezifischen Ausprägungen im Umgang mit psychiatrischem Zwang (Wasserman et al. 2020) einmal außer Acht lässt, so ergibt sich folgender schematischer Ablauf für die Legitimation von Zwang in psychiatrischen Kontexten (Abbildung 3).

ABBILDUNG 3 Ethische Begründung von Zwangsmaßnahmen

Wenn eine psychische Störung vorliegt und eine eingeschränkte Urteilsfähigkeit vermutet wird sowie ein Schaden für die betroffene Person oder andere bereits eingetreten ist oder doch erwartet wird, dann kann als letztes Mittel eine Zwangsmaßnahme eingesetzt werden – vorausgesetzt, die Zwangsmaßnahme schränkt die Freiheitsrechte der Person nicht mehr ein als zu diesem Zwecke nötig ist. Am Ende liegt die Zwangsmaßnahme – so die Annahme – im Interesse der betroffenen Person, welche diese im gesunden Zustand auch gutheißen würde. Mit der Zwangsmaßnahme soll – so wird weiterhin angenommen – die Autonomie der betroffenen Person wiederhergestellt werden, die durch die psychische Störung erheblich beeinträchtigt ist. Dies alles setzt voraus, dass die mit Zwang verbundene Therapie wirksam ist und die erwünschten Ergebnisse hervorbringt.

Schlussfolgerung: Die Legitimation von Zwang in der Psychiatrie – das klinisch-ethisch-juristische Patt

Die Legitimation von Zwang in der Psychiatrie hat sich in den letzten Jahrhunderten erheblich gewandelt. Stand vormals das Wegschließen vermeintlich gefährlicher Menschen im Vordergrund, haben therapeutische Interventionen in Form von Medikamenten aber auch von Gesprächen im Lauf des 20. Jahrhunderts deutlich an Bedeutung gewonnen. Es wurde zunehmend auf die individuellen Merkmale und Hintergründe eingegangen, allerdings nur bedingt auf die Bedürfnisse und Wünsche der betroffenen Personen; Maßnahmen gegen ihren Willen wurden anders begründet, aber sie wurden nicht ausgeschlossen.

Möglicherweise hat die Medikalisierung und Psychologisierung genau dies bewirkt. Indem die einzelne Person in den Fokus rückte, wurden auch die Risiken sichtbarer, welche von der Person ausgehen könnten. Ähnliches gilt auch für die ethische Diskussion generell, diese hat sich in eine Sackgasse manövriert. Man kann mit den gleichen ethischen Argumenten – Menschenwürde und Wohl der Person – sowohl für die Abschaffung von Zwang als auch für die Beibehaltung plädieren. Selbst klinische Argumente können sowohl für die Beibehaltung wie für die Abschaffung von Zwang beigebracht werden. Während die eine Seite legitimerweise behaupten kann, dass psychische Probleme die Urteilsfähigkeit beeinträchtigen können, kann die andere Seite ebenso legitimerweise darauf hinweisen, dass der paternalistische Umgang, der mit Zwang einhergeht, nicht zur Stärkung von Recovery führt. Auf einer politisch-institutionellen Ebene wurde diese Sackgasse bereits als das Genfer Patt beschrieben (Martin & Gurbai 2019). Damit ist gemeint, dass innerhalb der Vereinten Nationen und der Weltgesundheitsorganisation WHO sowohl Konventionen zu finden sind, die Zwang legitimieren, als auch solche, die Maßnahmen gegen den Willen einer Person abzuschaffen versuchen. Das heißt, selbst auf der Ebene der Menschenrechte sind beide Seiten mit guten Argumenten ausgestattet. Insofern helfen ethische, juristische, menschenrechtliche, aber auch klinische Argumente am Ende nicht wirklich weiter.

Es bleibt zu schauen, welche Studien und Daten vorliegen, um beispielsweise die Frage zu beantworten, ob der Zwang tatsächlich zum Wohle der betroffenen Person ist, ob also letztlich mit Zwang verbundene Therapie wirksam sind. Diese empirischen Fragen sollen im nachfolgenden Kapitel beantwortet werden.

Psychiatrischer Zwang: ethische Bedingungen und empirische Daten

Die moderne Gesellschaft kennt verschiedene Formen von Zwang. Dies reicht von der Androhung von Bußgeldern bei Verkehrsdelikten bis hin zum Aufgebot eines Sondereinsatzkommandos der Polizei bei Geiselnahmen. Psychiatrischer Zwang ist eine Variante des allgemeinen gesellschaftlichen Zwangs, wie er von Ordnungsbehörden angewendet werden kann. Da der psychiatrische Zwang formal im Rahmen der medizinischen Versorgung stattfindet, braucht es hier eine besondere Legitimation, wie im vorherigen Kapitel beschrieben. Eines der wichtigsten ethisch-rechtlichen Argumente für die Rechtfertigung von Zwang in der Medizin im Allgemeinen und in der Psychiatrie im Besonderen ist, dass die Maßnahme letztendlich dem Wohle der betroffenen Person dienen muss. Die betroffene Person sollte – so auch das bereits erwähnte Kriterium des Deutschen Ethikrats – im Nachhinein nachvollziehen können, dass die Maßnahme gerechtfertigt war, weil das Unterbleiben der Maßnahme zu gesundheitlichen Schäden geführt hätte (Deutscher Ethikrat 2018). Die Maßnahme und auch die gesamte Behandlung müssen also wirksam sein. Zudem sollten Zwangsmaßnahmen nur als letztes Mittel eingesetzt werden, wenn alle anderen Optionen ausgeschöpft sind, und es sollten möglichst wenige Freiheitsrechte eingeschränkt werden. Außerdem wird angenommen, dass durch die Zwangsmaßnahme die Autonomie der Person wiederhergestellt wird. Aber ist das wirklich der Fall? Was sagt die empirische Forschung zu den ethischen Bedingungen? Folgende Bedingungen für die Anwendung psychiatrischen Zwangs sollen also nachfolgend betrachtet werden:

1. Zwang erfolgt zum Wohle der betroffenen Person.
2. Es wird die am wenigsten einschränkende Maßnahme gewählt und nur als letztes Mittel ergriffen.
3. Psychiatrische Therapien sind wirksam.
4. Durch die Zwangsmaßnahme wird die Autonomie der betroffenen Person wiederhergestellt.

Eine weitere fundamentale Bedingung ist das Vorliegen einer psychischen Erkrankung. Diese Thematik wird, da sie sehr komplex und facettenreich ist, im nachfolgenden Kapitel umfassend abgehandelt.

Bedingung 1: Erfolgt der Zwang zum Wohle der betroffenen Person?

Sind von Zwangsmaßnahmen betroffene Personen im Nachhinein einverstanden mit dem, was ihnen geschehen ist? Hilft ihnen der Aufenthalt oder gar die Behandlung gegen ihren Willen in gesundheitlicher Hinsicht? Und was ist mit Menschen, denen mit Hinweis auf ihre psychische Störung der Zugang zum ersten Arbeitsmarkt oder zur eigenen Wohnung verwehrt wird? Dienen geschützte Arbeitsplätze und betreute Wohngemeinschaften wirklich ihrem Wohl?

Bevor diese Fragen im Detail beantwortet werden können, ist zu klären, aus welcher Perspektive das Wohl der Person zu betrachten ist. Aus einer ethisch-rechtlichen Perspektive, so wurde schon verschiedentlich festgestellt, zählt allein die Sicht der betroffenen Person. In der Praxis, auch in der Forschung wird dies jedoch nicht immer so gesehen. Eine systematische Übersicht über Zwang im Rahmen von Essstörungen beispielsweise kommt zu dem Schluss, dass Zwangsernährung zu rechtfertigen sei, da sich der Body-Mass-Index der betroffenen Personen ähnlich wie der freiwillig behandelter Personen verbessern würde (Atti et al. 2021). Diese Sichtweise ist auch paradigmatisch für die forensische Psychiatrie. Dort wird das kriminelle Rückfallrisiko als ein Hauptparameter der Behandlungsergebnisse angesehen (Hachtel et al. 2019). Obwohl dies vermutlich auch von einem Teil der betroffenen Personen so gesehen wird, bestehen jedoch erhebliche Zweifel, ob dies für die Mehrheit gilt.

Es gibt zahlreiche Studien, die sich vor allem mit den Auswirkungen direkten Zwangs befassen, mittlerweile existieren sogar diverse systematische Literaturübersichten. Unter Letzteren hat sich ein Review explizit mit ethischen Problemen und ihren Folgen befasst. Wie bereits erwähnt, wird das Wohl der betroffenen Person als »wichtigste Rechtfertigung von Zwang« (Hem et al. 2018: 99) betrachtet. So wird beispielsweise davon ausgegangen, dass eine antipsychotische Medikation gegen den Willen der Person besser sei als gar keine Medikation. Jedoch, so heißt es in dieser Übersicht zum Schluss, »obwohl Benefizienz die Rechtfertigung sein mag, kann das im Endeffekt nicht der Fall sein.« (Hem et al. 2018: 100) In dieser ethisch motivierten Studie wird denn auch hervorgehoben, wie sehr der Zwang die therapeutische Beziehung zwischen Professionellen und Betroffenen beeinträchtigt und wie viel Misstrauen aufseiten der Betroffenen entsteht.

Eine qualitative Metasynthese hat die Erfahrungen von Menschen untersucht, die zunächst gegen ihren Willen stationär eingewiesen wurden und dann dort weitere Zwangsmaßnahmen wie Isolation und Fixation erleben mussten. Die Autoren kommen zu folgenden Schlussfolgerungen:

> »Patientinnen und Patienten berichteten in verschiedenen Studien, dass ihre unfreiwillige Aufnahme ihnen Sicherheit gegeben hat in einer Zeit, als sie die Schwere der Krankheit nicht erkannten; aber negative Erlebnisse wurden auch regelmäßig beschrieben. (...) Zusätzlich ergab diese Übersicht, dass körperliche Interventionen wie Fixation und Isolation als besonders negativ von vielen Patientinnen und Patienten erlebt wurden und dies spielte eine wichtige Rolle in den negativen Befunden in der Mehrheit der Studien. Diese Übersicht ergab zudem die langandauernden Auswirkungen der Unterbringung, indem viele Patientinnen und Patienten über verschiedene Studien hinweg Gefühle wie Scham und Marginalisierung berichteten, dies insbesondere von Patientinnen und Patienten in forensischen Settings, die eine Straftat begangen hatten.« (Akther et al. 2019: 7)

Eine weitere systematische Übersicht hat analysiert, welche Folgen Fixierung und Isolation für die betroffenen Menschen haben (Chieze et al. 2019). Da diese Analyse nach meiner Einschätzung die umfassendste ist, sei hieraus ebenfalls länger zitiert:

> »Die identifizierte Literatur legt im hohen Maße nahe, dass Isolation und Fixation schädliche physische und psychologische Konsequenzen haben. Die Inzidenz posttraumatischer Belastungsstörungen nach Isolation und Fixation beträgt zwischen 25 % und 47 %, was nicht zu vernachlässigen ist. (...) Die subjektive Wahrnehmung hat eine erhebliche interindividuelle Variabilität und kann positiv sein mit Gefühlen von Sicherheit, Hilfe, klinischer Verbesserung und der Einschätzung der Notwendigkeit. Allerdings sind Isolation und Fixation in der Regel

> mit negativen Emotionen assoziiert, insbesondere mit Gefühlen von Bestrafung und Belastung. Schlussfolgerungen über protektive oder therapeutische Effekte von Isolation und Fixation sind schwieriger zu ziehen. Unsere Ergebnisse geben nur wenige Hinweise für diese Outcomes, aber mehr Forschung ist hier sicher notwendig.« (Chieze et al. 2019: 13; Zitationen hier nicht wiedergegeben)

Es gibt eine weitere Übersichtsarbeit, die sich mit dem Erleben von Menschen, die Zwangsmaßnahmen erfahren mussten, auseinandersetzt (Aguilera-Serrano et al. 2018). Diese Autoren kommen zu einem ähnlichen Schluss: Es seien überwiegend negative Erfahrungen mit Zwangsmaßnahmen verbunden und dies unabhängig von der Art der Maßnahme. Im Einzelnen werden folgende Erfahrungen beschrieben: Angst und posttraumatische Belastungen; Machtlosigkeit, Vernachlässigung, Misstrauen und Einsamkeit; Bestrafung, Misshandlung und Schmerz; Ärger, Wut und Verbitterung; Depression, Ohnmacht und Trauer; Erniedrigung und Scham; Freiheitsverlust und Zwang. Allerdings, so die Studie, werden in einigen wenigen Originalarbeiten auch positive Erfahrungen wie Hilfe, Notwendigkeit, Beruhigung, Zeit zum Nachdenken, Sicherheit, Kontrolle sowie die Prävention von Gewalt berichtet. Ferner sollte nicht außer Acht gelassen werden, dass körperliche Zwangsmaßnahmen nicht nur psychische Folgen haben, sondern dass es auch – wenngleich selten – zu körperlichen Schäden und sogar Todesfällen kommen kann (Kersting et al. 2019; Steinberg 2021). Letztere kommen zumeist durch Herzstillstände sowie Lungen- und Thromboembolien zustande.

Die überwiegend negativen Erlebnisse gelten im Übrigen nicht nur für die Akutpsychiatrie, sondern auch und insbesondere für forensische Einrichtungen. Die zusammenfassenden Resultate einer entsprechenden Übersichtsarbeit seien hier ebenfalls zitiert:

> »In der verfügbaren Literatur wurden die restriktiven Praktiken mit schädlichen Folgen für die Nutzenden assoziiert, darunter Gefühle wie Ärger, Aggression und Angst genauso wie das Erleben von Trauma, Desorientierung und Erleben von Vernachlässigung und Missbrauch. (…) [R]estriktive Praktiken können Teil eines »Teufelskreises« werden, in dem die psychologische Instabilität und der Stress, die sie hervorbringen zu mehr Risiko-Verhalten führen, die wiederum in restriktive Praktiken münden.« (Lawrence et al. 2022: 80)

Dies korrespondiert mit einer anderen Übersichtsarbeit zum forensischen Setting, in dem viele Betroffene eine Kultur der »Repression« beklagen (Tomlin et al. 2018). Vor diesem Hintergrund wird verständlich, dass Konzepte wie Recovery es in der Forensik relativ schwer haben (Bredenoort et al. 2022). Die dort herrschenden Regeln und Normen, die Dauer der Unterbringung sowie nicht zuletzt auch die Einstellungen der Mitarbeitenden stehen offenbar der Entwicklung einer individuellen Hoffnungsperspektive oftmals entgegen.

Andere Übersichtsarbeiten zu einzelnen Aspekten des Zwangserlebens weisen überwiegend in die gleiche Richtung (Cusack et al. 2018; Modini et al. 2021; Muir-Cochrane & Oster 2021; Sugiura et al. 2020; Tingleff et al. 2017). Mehrheitlich wird der psychiatrische Zwang von den betroffenen Personen nicht als wohltätig erlebt. Es gibt jedoch offenbar eine Minderheit, welche Zwangsmaßnahmen im Nachhinein als positiv bewerten, und es gibt offenbar bestimmte Situationen, in denen Menschen eine Unterbringung als Form von Sicherheit erleben.

Diese Resultate betreffen den unmittelbaren und letztlich körperlichen Zwang. Doch bei informellem Zwang ist es ähnlich. Hinzu kommt ein Gefühl von Minderwertigkeit, wenn den Betroffenen weniger Rechte und auch weniger Wahlfreiheit als anderen Menschen eingeräumt werden (Allison & Flemming 2019).

Leider existieren keine Studien zu dem Erleben der Menschen, die mit dem Hinweis auf ihre psychische Störung nicht bei der Suche nach einem Arbeitsplatz auf dem ersten Arbeitsmarkt oder einer eigenen Wohnung unterstützt werden. Dies liegt vermutlich daran, dass das Vorenthalten solcher Lebensperspektiven bis jetzt nicht als Zwang klassifiziert wird. Es ist jedoch bekannt, welche Folgen es hat, wenn Menschen mit psychosozialen Problemen nicht im ersten Arbeitsmarkt beschäftigt werden und in Heimsettings oder Gruppensettings leben müssen.

Die Idee, Menschen mit psychosozialen Problemen seien nicht so belastbar und sollten langsam an Herausforderungen herangeführt werden, stammt aus den Anfängen der psychiatrischen Rehabilitation. Hinter dem sogenannten »Stufenleiterprinzip« (Richter et al. 2016) oder »linearem Kontinuum« (Ridgway & Zipple 1990) steckt die Erwartung, dass ein Weg von der Werkstatt über eine Sozial- oder Zuverdienstfirma in den allgemeinen Arbeitsmarkt führt oder von einem Heimsetting über eine betreute Wohngemeinschaft in die eigene Wohnung. Doch anders als in der somatischen Medizin funktioniert dieses Stufenleiterprinzip im psychiatrischen Kontext nicht. Wie empirische Studien gezeigt haben, erreichen nur 10 bis 15 Prozent der Menschen mit psychosozialen Problemen über die Stufenleiter ihre Ziele (Killaspy et al. 2020; Richter & Hoffmann 2019a). Demgegenüber ist die Erfolgsquote bei dem Prinzip der »Unterstützten Inklusion«, also dem direkten Zugang zum Arbeitsmarkt und zur eigenen Wohnung deutlich besser (Adamus et al. 2022; Dehn et al. 2022; Mötteli et al. 2021; Richter & Hoffmann 2019a; Suijkerbuijk et al. 2017).

Für viele Menschen, die im ersten Arbeitsmarkt nicht Fuß fassen können, hat dies zur Konsequenz, dass sie an oder unter der Armutsgrenze leben müssen. Dies ist in der Schweiz bei knapp der Hälfte der Menschen mit ausgeprägten psychosozialen Problemen der Fall (Richter & Hoffmann 2019b). Möglicherweise hat der soziale Ausschluss über Armut in den letzten Jahrzehnten sogar zugenommen, wie eine belgische Studie unlängst nahelegte (Smith et al. 2022). Bei Menschen, die nicht in der eigenen Wohnung leben können, sind diese »objektiven« Nachteile nicht sichtbar. Allerdings ist die Präferenz gegen ein Heim- oder WG-Setting so ausgeprägt, dass wir in einem Forschungsprojekt, an dem ich beteiligt war, die Studie quasi abbrechen mussten, da sich kaum jemand bereitfand, über eine längere Zeit freiwillig in einem solchen Setting zu leben (Mötteli et al. 2021). Aus Umfragen unter Menschen mit ausgeprägten psychosozialen Problemen ist bekannt, dass mehr als 80 Prozent der Befragten sich für die eigene Wohnung entscheiden würden (Richter & Hoffmann 2017). Das heißt zusammengefasst, auch der soziale Zwang dient nicht Wohl der betroffenen Person. Die Nachteile der sozialen Exklusion in den Bereichen Arbeit und Wohnen sind offensichtlich.

Bedingung 2: Wird die am wenigsten einschränkende Maßnahme gewählt und nur als letztes Mittel ergriffen?

Zwangsmaßnahmen in der Psychiatrie sollen möglichst vermieden werden. Falls sie angewendet werden, müssen vorher andere Optionen geprüft und verworfen worden sein. Aber ist das tatsächlich der Fall?

Um diese Fragen zu beantworten, kann nur zum Teil auf systematische Übersichten zurückgegriffen werden. Es muss zunächst einmal geschaut werden, welche alternativen Mittel in der psychiatrischen Versorgung zur Verfügung stehen.

Zwangsmaßnahmen entstehen in der Regel entweder als Reaktion auf eine eskalierende Situation außerhalb des stationären Settings oder aber als Reaktion auf einen meist aggressiven Konflikt in der Klinik. Schauen wir zunächst einmal auf die Situationen in der Klinik.

In den meisten psychiatrischen Einrichtungen im deutschsprachigen Raum, aber auch generell in der westlichen Welt, haben Mitarbeitende mittlerweile gelernt, wie sie Zwangsmaßnahmen reduzieren können. Diese Maßnahmen reichen von Deeskalationstrainings bis hin zu verbesserten individualisierten Therapie- und Pflegeplanungen. Systematische Übersichten haben festgestellt, dass diese Maßnahmen in der Tendenz positiv wirken, aber längst nicht alle Ziele erreichen (Väkiparta et al. 2019). Dies gilt etwa auch für das derzeit bekannteste Programm, »Safewards«. Safewards zielt auf die Reduktion von Konflikten in stationären Einrichtungen und damit indirekt auch auf die Reduktion von Restriktionen und Zwangsmaßnahmen ab. Zwei unlängst publizierte Übersichten haben eine Tendenz zur Reduktion dieser Maßnahmen festgestellt, jedoch war dies nicht in allen eingeschlossenen Studien der Fall (Finch et al. 2022; Mullen et al. 2022). Das heißt, es ist möglich, Interventionen wie Fixation oder Isolierung zu vermeiden, die Frage ist jedoch, wie gut dies in der alltäglichen Praxis funktioniert. Wir wissen, Studien sind das eine, die Routinepraxis ist das andere. Oftmals kommt es zu sogenannten Auswascheffekten. Das bedeutet, Intervention werden mit einem gewissen Aufwand eingeführt und auch umgesetzt, doch mit der Zeit lassen die Aufmerksamkeit und die Interventionstreue nach. Übersichtsarbeiten (Lincoln et al. 2014) und Einzelstudien (Heumann et al. 2017; Heumann et al. 2021) legen nahe, dass im Nachgang der Implementation neuer Interventionen tatsächlich noch erheblicher Verbesserungsbedarf besteht.

Viele Betroffene nehmen primär wahr, dass psychiatrisch Tätige lediglich über die Medikation und über Androhungen von Konsequenzen die formale Zwangsmaßnahme zu verhindern versuchen. Dies ist aus Sicht der Betroffenen jedoch nicht sonderlich hilfreich. Vielmehr wünschen sie sich ein Gespräch und das Erfragen aktueller Bedürfnisse.

Mitarbeitende sind in der Regel überzeugt, das letzte Mittel eingesetzt zu haben (Riahi et al. 2020). Allerdings denken sie dabei nicht ausschließlich an die unmittelbar betroffene Person. Zwangsmaßnahmen werden nach ihrer Einschätzung auch eingesetzt, um Sicherheit und Ordnung in der jeweiligen Abteilung wiederherzustellen (Doedens et al. 2020; Paradis-Gagné et al. 2021).

Eine weitere und bis heute nicht hinreichend angewendete Möglichkeit, Zwangsmaßahmen zu vermeiden, ist die Öffnung geschlossener Stationen. Geschlossene Stationstüren sollen Menschen daran hindern, die Abteilung oder die Klinik zu verlassen, damit sie keine selbst- oder fremdgefährdenden Handlungen unternehmen können. Seit Jahrzehnten ist jedoch bekannt, dass geschlossene Türen selbst zu aggressiven Konflikten auf psychiatrischen Stationen führen (Nijman et al. 1997). Zum Thema Türöffnungen existieren keine qualitativ hochwertigen Übersichten, jedoch sind gerade aus dem deutschsprachigen Raum sowohl langjährig angelegte retrospektive Beobachtungsstudien (Huber et al. 2016) wie auch prospektive quasiexperimentelle Studien bekannt (Schreiber et al. 2022). Diese Studien legen nahe, dass eine Türöffnung weder mit einem erhöhten Suizidrisiko noch mit anderen unerwünschten Ereignissen verbunden ist.

Es wäre zudem viel gewonnen, wenn schon das Risiko der stationären Aufnahme im Vorfeld reduziert werden könnte. Die Intervention der Wahl ist hier das sogenannte »Home Treatment«, das im deutschen Sozialrecht als »Stationsäquivalente Behandlung« umschrieben wird und in der britischen Versorgung als »Crisis Resolution Team« bekannt ist (Wheeler et al. 2015). Home Treatment ist in vielen Ländern eingeführt worden, allerdings mit großen Unterschieden und auch mit unterschiedlichen Erfolgen (Holgersen et al. 2022). Es gelingt den meisten Home-Treatment-Programmen zwar – wie in der Schweiz (Stulz et al. 2020) und in den Niederlanden (Cornelis et al. 2022) – die stationären Behandlungstage zu reduzieren, nicht jedoch die Aufnahmen. Dies liegt vermutlich an den Ausschlusskriterien für die Behandlung im häuslichen Umfeld, welche eine stationäre Einweisung vorsehen, wenn eine gewisse Risikoschwelle überschritten ist.

Hinzu kommt, dass die Home-Treatment-Programme außerhalb der britischen Inseln noch nicht flächendeckend verbreitet sind. In der Schweiz existieren sie nur an wenigen Standorten und auch in Deutschland, wo die Stationsäquivalente Behandlung als großer Fortschritt betrachtet wird, bleibt der Anteil der Home-Treatment-Fälle an der Gesamtheit aller Behandlungsfälle bislang im einstelligen Bereich (DKG et al. 2021).

Möglicherweise erfolgt das Home Treatment in vielen Fällen zu spät, um eine stationäre Einweisung zu verhindern, die Eskalation ist vielleicht schon zu weit fortgeschritten. Eine umfassende Studie über die Risikofaktoren einer unfreiwilligen Aufnahme in der Schweiz mit mehreren tausend Fällen konnte zeigen, wie relevant die Faktoren Aggressivität und Nichtkooperation aufseiten der Betroffenen für eine Zwangseinweisung sind (Silva et al. 2021).

Verschiedene systematische Übersichten haben die Relevanz sogenannter Vorausverfügungen und Behandlungsvereinbarungen in diesem Zusammenhang aufgezeigt (de Jong et al. 2016; Molyneaux et al. 2019). Es geht hierbei um Maßnahmen, die das Vertrauen der Betroffenen in das Hilfesystem stärken, indem ihnen zugesichert wird, im Falle einer erheblichen psychosozialen Krise den schriftlich niedergelegten Vorstellungen zu entsprechen. Gemäß den zitierten Reviews sind diese Maßnahmen tatsächlich die einzigen, welche signifikant zu weniger Zwang beitragen.

Eine Wohnbegleitung im Vorfeld könnte möglicherweise ebenfalls die Entstehung von Krisen verhindern helfen, indem durch Unterstützung bei Alltagsproblemen Vertrauen zum Hilfesystem aufgebaut wird (McPherson et al. 2018; Richter & Hoffmann 2017). In unserer von 2020 – 2022 laufenden Wohnstudie in Zürich und Bern haben wir dies explizit geprüft und konnten eine deutliche Reduktion feststellen (Mötteli et al. 2021). In einer weiteren Studie mit einer anderen Stichprobe konnten wir ebenfalls zeigen, dass das stationäre Eintrittsrisiko durch Wohncoaching – wie wir das in Bern nennen – erheblich zurückging (Adamus et al. 2022).

Das heißt, es stehen im Prinzip sowohl im stationären wie im außerstationären Setting Maßnahmen zur Verfügung, die Zwangsmaßnahmen zumindest reduzieren können. Dies werden aber aktuell nicht konsequent genug und nicht flächendeckend eingesetzt. Aus allen Bemühungen vonseiten der Professionellen kann nicht geschlussfolgert werden, dass tatsächlich in jedem Fall die am wenigsten einschränkende Maßnahme gewählt und diese nur als letztes Mittel ergriffen wurde.

Bedingung 3: Sind psychiatrische Therapien wirksam?

Zwangsmaßnahmen haben im psychiatrischen Hilfesystem das ultimative Ziel, zur Gesundheit der Personen beizutragen, die von den Maßnahmen betroffen sind. Es geht hier also nicht in erster Linie um die Abwehr eines Risikos oder einer Gefahr, sondern um die therapeutische Effektivität der Behandlung, die mit der Maßnahme verbunden ist. Aber wie effektiv sind psychiatrische Behandlungen?

Diese Frage wird hier nicht zum ersten Mal im Zusammenhang mit Zwangsmaßnahmen gestellt. Bereits im Jahr 1987 haben Mary Durham und John La Fond im Kontext des US-amerikanischen Rechtssystems und der seinerzeitigen Bestrebungen der US-Bundesregierung, die Rechte von Menschen mit psychosozialen Problemen nach Jahren der Deinstitutionalisierung wieder einzuschränken, folgende analytische Fragen bearbeitet:

> »Hilft sie [die unfreiwillige Behandlung; D. R.] tatsächlich den Individuen, denen die Regierung vorgibt, helfen zu wollen? Gibt es irgendeine Evidenz, welche zeigt, dass dies so ist? Gibt es Evidenz, dass die Personen möglicherweise eher beeinträchtigt werden als Hilfe bekommen? (…) [E]s ist zentral, dass die vorhandene empirische Evidenz sorgfältig analysiert wird, um einschätzen zu können, ob die Regierung tatsächlich die erhebliche Beweislast erbringen kann, dass der therapeutische Zweck erreicht wird, für den die Freiheit einer großen Zahl von Amerikanern eingeschränkt wird.« (Durham & La Fond 1987: 309 f.)

Die Antworten, welche die Forschenden gaben, waren ernüchternd. Anstelle eines therapeutischen Nutzens wurde seinerzeit eher ein Schaden für die von Zwang betroffenen Personen festgestellt, beispielsweise durch die erheblichen Neben- und Langzeitwirkungen der Medikamente.

Doch wie sieht es heute nach erheblichen Veränderungen in der psychiatrischen Therapie aus? In einer unlängst publizierten sogenannten »Umbrella-Review« (Leichsenring et al. 2022) findet sich eine Antwort. Bei dieser Art von Übersichtsarbeit wird eine statistische Methodik auf publizierte systematische Metaanalysen angewendet. In eine Umbrella-Review gehen also nicht die Einzelstudien ein, wie bei einer normalen Metaanalyse, sondern die bereits aggregierten Daten der Reviews. Derartige Umbrella-Reviews ergeben vor allem dann Sinn, wenn in einem Forschungsfeld bereits viele Metaanalysen publiziert wurden. Das ist bei der psychiatrischen Therapieforschung der Fall.

In die genannte Studie wurden insgesamt 3.700 randomisierte, nach 2013 publizierte Vergleichsstudien mit über 650.000 Teilnehmenden aufgenommen; die Studie besitzt also eine erhebliche Aussagekraft. Geschaut wurde, wie effektiv sowohl pharmakologische wie auch psychotherapeutische Interventionen waren, und zwar auf standardisierte Skalen zur Erfassung von Psychopathologie bezogen. Der entscheidende Indikator ist die standardisierte Mittelwertdifferenz, welche wiederum mit der Effektstärke einer Intervention korrespondiert (Cohen's d; siehe Andrade 2020). Diese gibt an, wie groß die gemessenen Unterschiede zwischen den Interventionsgruppen und den Kontrollgruppen sind. Die Interventionsgruppen erhielten das Medikament oder die Therapie, das oder die geprüft wurde, und die Kontrollgruppen erhielten das Placebomedikament oder die übliche Versorgung (TAU, »treatment as usual«).

Die standardisierte Mittelwertdifferenz, also die Effektstärke der pharmakologischen Interventionen, betrug 0,34 für die Psychotherapie und 0,36 für die Pharmakotherapie. Ab einer Effektstärke von 0,5 wird üblicherweise von einer moderaten Effektivität gesprochen, bei 0,8 von einer starken Effektivität. Das heißt, psychiatrische Therapien, ganz gleich, ob Pharmakotherapie oder Psychotherapie, waren nicht einmal moderat wirksam. Nur eine Minderheit der Personen, die behandelt wurden, profitierten tatsächlich von der Behandlung.

Wie groß diese Minderheit bei der Pharmakotherapie mit Antidepressiva ist, wurde unlängst im Rahmen einer Metaanalyse berechnet (Stone et al. 2022). Diese Analyse basierte auf Daten der US-amerikanischen Zulassungsbehörde FDA (»Food and Drug Administration«). Vorteil dieser Datenbank ist, dass es keinen Publikationsbias in den zu analysierenden Daten gibt. Bei Metaanalysen kommt es gerade in der pharmakologischen Forschung zu dem Phänomen, dass Studien ohne Erfolg für die Intervention mitunter nicht veröffentlicht werden und daher nicht in Metastudien berücksichtigt werden können, die FDA-Daten sind also näher an der Wirklichkeit. Tatsächlich zeigte eine antidepressive Monotherapie bei lediglich 15 Prozent der Behandelten eine Wirkung über den Placeboeffekt hinaus. Um nicht missverstanden zu werden: Das ist nicht nichts, ich würde im Falle einer depressiven Entwicklung als Erstes auch ein Antidepressivum versuchen. Ob diese recht geringe Wirkung aber als Rechtfertigung für eine psychiatrische Zwangsmaßnahme herangezogen werden kann, daran habe ich große Zweifel.

Außerdem ist zu beachten, dass es sich bei den Teilnehmenden an Studien zur Wirksamkeit von Therapien ausschließlich um Freiwillige handelt, denen eine gewisse Motivation zur Veränderung unterstellt werden kann. Bei unfreiwillig Behandelten ist diese Motivation deutlich geringer und daher muss hier eine noch geringere Effektivität der Therapie angenommen werden.

Da selbstgefährdendes Verhalten neben Fremdgefährdung die häufigste Indikation für psychiatrische Zwangsmaßnahmen ist, sei auch noch explizit ein Blick auf die Effektivität therapeutischer Interventionen hinsichtlich Suizidalität und Suizid geworfen. Eine umfassende Metaanalyse mit RCTs aus fünfzig Jahren mit allen möglichen Interventionen ergab eine nicht einmal als gering zu interpretierende Effektstärke (Hedges' g = 0,17; Fox et al. 2020). Genau wie bei der Effektstärke Cohen's d wird ab 0,2 von einem geringen, ab 0,5 von einem moderaten Effekt gesprochen. Zwei Dinge waren neben dem zentralen Ergebnis an dieser Studie besonders interessant: Zum einen wurde keine Intervention identifiziert, die in der Therapie von Suizidalität wesentlich effektiver war als andere. Zum zweiten gab es quasi keine Evidenz für die Wirksamkeit psychiatrischer Akutbehandlung, wie sie in der Regel mit Zwangseinweisungen aufgrund Suizidalität einhergeht.

Eine weitere Metaanalyse fokussierte sich auf pharmakologische und somatische Interventionen wie die Elektrokrampftherapie (Wilkinson et al. 2022). Diese Analyse fand signifikante Effekte in Bezug auf vollendete Suizide lediglich bei Lithium für Menschen, die mit einer Bipolaren Störung diagnostiziert wurden, sowie bei Clozapin für Menschen, die mit einer psychotischen Störung diagnostiziert wurden. Alle weiteren Antipsychotika und auch die Elektrokrampftherapie zeigten keine signifikanten Resultate.

Ebenfalls auf pharmakologische Interventionen hatte sich eine andere Metaanalyse fokussiert. Diese ergab über alle Medikationsklassen hinweg eine geringe Effektstärke von 0,21 (Huang et al. 2022). Allerdings betonten die Forschenden mögliche negative Auswirkungen bestimmter Medikamente, welche sogar das Suizidrisiko erhöhen können. Eine entsprechende Metaanalyse hatte dies beispielsweise für die SSRI-Klasse der Antidepressiva gefunden (Hengartner et al. 2021).

Der Vollständigkeit halber sei betont, dass psychotherapeutische Verfahren ebenfalls nur geringe Effekte auf Suizidalität aufweisen, wie eine neuere Übersichtsarbeit zeigte (Teismann & Gysin-Maillart 2022). Ähnliches gilt für nachsorgende Kurzkontakte nach Entlassung aus der stationären Behandlung. Diese Übergangsinterventionen konnten zwar die Suizidalität in geringem Maße reduzieren, nicht aber Suizide verhindern (Tay & Li 2022).

Nun hatte ich schon eingangs dieses Kapitels darauf hingewiesen, dass im Kontext von Zwangsunterbringung und Zwangsbehandlung nicht nur die Gesundheit der Betroffenen zählt. Entsprechende Metaanalysen aus forensischen Settings verweisen unter anderem auf weniger kriminelle Rückfälle. Allerdings berichten sie ebenfalls über eine vergleichsweise hohe Suizidmortalität bei Personen, die aus forensischer Behandlung entlassen wurden (Fazel, Fimińska et al. 2016). Im Einklang mit der oben beschriebenen Umbrella-Studie wurden auch in psycho- und pharmakotherapeutischen Reviews aus forensischen Einrichtungen lediglich schwache Effekte gefunden (Ross et al. 2013). Hier ist anzumerken, dass die Originalarbeiten oft nicht sehr aussagekräftig waren (Howner et al. 2020). Ähnliches ist auch über Übersichtsarbeiten zu psycho- und pharmakotherapeutischen Intervention bei Dissozialität oder bei Sexualstraftaten zu sagen. Für beides gibt es nach aktueller Studienlage keine therapeutisch wirksamen Verfahren (Adshead & McGauley 2020; Hoberman 2016; Khalifa et al. 2020).

Außerhalb forensischer Einrichtungen sind zwar diverse Einzelstudien zu unfreiwilligen Behandlungen durchgeführt worden, allerdings konnte ich lediglich zwei systematische Übersichten identifizieren. Davon ist eine nicht mehr ganz neu (Katsakou & Priebe 2006) und die andere fasst nur Studien aus Norwegen zusammen (Wynn 2018). Beide Arbeiten enthalten eine Vielzahl von Studien mit heterogenen Ergebnisindikatoren, die leider nicht sonderlich aufschlussreich für unsere Fragestellung sind.

Zusammenfassend ist zu sagen, dass für die Mehrzahl der von psychiatrischen Therapien Betroffenen weder im Kontext von Freiwilligkeit noch im Rahmen von Zwangsmaßnahmen ein empirischer Beleg für den Nutzen zu finden ist. Ein als gering einzuschätzender Nutzen muss vielmehr einem erwartbaren Schaden für die therapeutische Beziehung gegenübergestellt werden, wie er oben (siehe Bedingung 1) dargestellt wurde.

Bedingung 4: Kann die Autonomie der betroffenen Personen wiedergestellt werden?

Eine zentrale Annahme bei der Entscheidung für Zwangsmaßnahmen ist die verminderte Autonomie der betroffenen Personen. Die psychische Krankheit, so die Überzeugung, beeinträchtige das Vermögen zur selbstbestimmten und freien Willensbildung. Die Entscheidungen der Person gegen die Behandlung sind demnach von der Krankheit überlagert. Im Umkehrschluss zielt die mit der Maßnahme verbundene Behandlung auf die Wiederherstellung der Autonomie, was in der rechtswissenschaftlichen Literatur sowohl im deutschsprachigen Raum (Friedrich & Heinrichs 2014; Prüter-Schwarte 2012) als auch im angelsächsischen (Haydt 2015; Winick 1995) entsprechend postuliert wird. Aber ist das überhaupt möglich? Kann Autonomie durch eine Krankheit gemindert werden und kann sie durch eine Behandlung wiederhergestellt werden?

Bei der Beantwortung dieser Fragen können wir uns nicht auf empirische Daten stützen. Die Problematik der Autonomie und des freien Willens wird bekanntermaßen überwiegend in der Philosophie diskutiert, wo diese Begriffe – wie oft in der Philosophie – sehr unterschiedlich besetzt sind (Müller & Walter 2010). Aber das gilt nicht nur für die theoretische Analyse, sondern auch für die psychiatrische Praxis. Während aus medizinischer Sicht die Autonomie einer Person durch die Krankheit beeinträchtigt wird (Radoilska 2012), betonen Betroffene die Einschränkung ihrer Autonomie durch Zwangsmaßnahmen (Bennion 2013).

Die medizinische Sicht spielt vor allem in juristischen Verfahren eine Rolle, wenn die verminderte Schuldfähigkeit mit einem psychosozialen Problem begründet wird. Diese im Englischen als »insanity defence« bekannte Verteidigungsstrategie wird bemüht, um Ungerechtigkeiten zu vermeiden und Menschen mit ausgeprägten psychosozialen Problemen vor einer Gefängnisstrafe zu bewahren (Malatesti et al. 2020). Alternativ können Therapieauflagen oder auch Unterbringungen in einer forensischen Klinik erfolgen.

Aus einer menschenrechtlichen Perspektive ist die Unterscheidung zwischen Menschen, die Taten unter dem Einfluss einer psychischen Problematik begangen haben, und solchen, bei denen das nicht der Fall war, durchaus problematisch. Es gibt sogar Autoren, die dies als Diskriminierung auffassen und auch in dieser Hinsicht Gleichbehandlung fordern (Minkowitz 2014).

In der Philosophie werden Autonomie und freier Wille zumeist zusammen betrachtet. Autonome Entscheidungen werden, so eine der Sichtweisen, durch einen freien Willen bestimmt (Weissman 2018). Diese Sichtweise ist jedoch nicht unumstritten (Pereboom 2022). Da jeder Entscheidung bereits eine Kaskade von Entscheidungen vorausgegangen ist, wird ganz grundsätzlich gestritten, wie frei eine Entscheidung sein kann. Neben dieser Determinismus-Indeterminismus-Debatte existiert eine weitere Debatte zu der Frage, inwieweit Determinismus und freier Wille nicht doch kompatibel sind.

Aus einer rein naturwissenschaftlichen Betrachtung ist die Kompatibilität von Determinismus und freiem Willen zwar nicht grundsätzlich ausgeschlossen (Glannon 2015), jedoch kaum plausibel. Der Biologe Robert Sapolsky bemerkte einmal trocken, der freie Wille sei das, was die Biologie noch nicht entdeckt habe (Sapolsky 2021). Für die vorliegende Fragestellung heißt das zusammengefasst, es ist aus philosophischer Sicht und auch aus neurowissenschaftlicher Perspektive mindestens unklar, ob Menschen überhaupt über so etwas wie Autonomie und freien Willen verfügen. Wenn es aber mindestens unklar ist, dass Menschen überhaupt über eine Form von Autonomie verfügen, dann ist stark zu bezweifeln, dass eine psychiatrische Therapie diese Autonomie durch Zwangsmaßnahmen wiederherstellen kann.

Schlussfolgerung: ethische Annahmen und empirische Daten

Die vorstehenden Ausführungen sollten deutlich machen, wie wenig die ethischen Annahmen und Begründungen von der einschlägigen empirischen Forschung gestützt werden. Psychiatrischer Zwang erfolgt überwiegend nicht zum Wohle der betroffenen Person. Auch werden die Maßnahmen gegen den Willen in aller Regel nicht als letztes Mittel und als geringstmögliche Einschränkung eingesetzt. Es gibt zumeist mehr Optionen, als in den jeweiligen Versorgungssystemen umgesetzt werden. An der Wirksamkeit psychiatrischer Therapien generell, aber insbesondere im Rahmen unfreiwilliger Rahmenbedingungen, besteht erheblicher Zweifel. Und mindestens ebenso große Zweifel bestehen hinsichtlich der Annahme, mittels Zwangsmaßnahmen könne die Autonomie der Person wiederhergestellt werden.

Nun bleibt noch eine weitere wichtige Voraussetzung für die Anwendung von Zwang in psychiatrischen Settings zu klären, nämlich die Definition einer psychischen Störung. Dies geschieht im nachfolgenden Kapitel.

Psychische Krankheit: Was ist das eigentlich?

Für die Legitimation von Zwang in der psychiatrischen Versorgung braucht es aktuell die Feststellung einer psychischen Störung. Wenn Menschen als »zu krank« im psychiatrischen Sinne betrachtet werden, dann ist es nach Meinung vieler Fachpersonen unter Umständen gerechtfertigt, die ansonsten hoch gehaltene Autonomie der betroffenen Personen einzuschränken – auch wenn damit das Gebot der Gleichbehandlung von Menschen mit körperlichen und psychischen Krankheiten missachtet wird. Das heißt, bei aller Geneigtheit von Fachpersonen, den Präferenzen der betroffenen Personen zu folgen, obsiegt in der Abwägung von Autonomie vs. Krankheitskonzept oftmals Letzteres. Damit stellen sich vor allem drei Fragen, die positiv beantwortet werden müssten, um Zwang in der psychiatrischen Versorgung zu rechtfertigen:

- Was wissen wir über die menschliche Psyche?
- Kann hinreichend zwischen »psychisch gesund« und »psychisch krank« unterschieden werden?
- Wie werden gegenwärtig psychische Krankheiten oder Störungen klassifiziert bzw. voneinander abgegrenzt?

Diese Fragen werde ich nachfolgend versuchen, zu beantworten, auch wenn dazu schwieriges Terrain betreten werden muss. Das Terrain liegt irgendwo zwischen Psychologie, Neurowissenschaften, Soziologie und vor allem Philosophie.

Gibt es überhaupt eine menschliche Psyche?

Zunächst einmal soll der Aspekt einer Krankheit oder Störung außen vor bleiben. Wenn man sich die Frage stellt, was eine psychische Krankheit ist, wird man sich zunächst die Frage stellen müssen, ob es denn eine Psyche oder – wie im Englischen oder inzwischen auch im Deutschen oft gebraucht – einen menschlichen Geist gibt, die bzw. der erkranken kann.

In unserem Alltagsleben fragen wir uns eher selten, ob es eine menschliche Psyche, eine Seele oder einen Geist gibt. Wir alle erleben mehr oder minder erfreuliche emotionale Momente und für uns alle ist klar, dass wir wahrnehmen, denken und Schlüsse ziehen können, also kognitive Eigenschaften haben, die ebenfalls Teil der menschlichen Psyche sind. Das ist unser Alltagsverständnis und es ist, wenn wir als Professionelle in der Psychiatrie oder in der Psychotherapie arbeiten, in der Regel auch unser klinisches Verständnis. Und das muss – wie später noch deutlich wird – nicht gänzlich falsch sein.

Interessanterweise werden jedoch Begriffe wie »Psyche« oder »Seele« in neueren wissenschaftlichen Untersuchungen allenfalls noch historisch zitiert. Dies ist insbesondere dann der Fall, wenn neurowissenschaftliche Grundlagenforschung im Spiel ist. Über den Wert neurowissenschaftlicher Grundlagenforschung kann man durchaus unterschiedlicher Meinung sein, sie ist jedoch zentral für das aktuelle wissenschaftliche Verständnis der Psyche und damit auch der psychischen Krankheiten. Selbst wenn man – wie ich – einen sozialwissenschaftlichen Hintergrund kann, kann man diese Erkenntnisse nicht ignorieren (Richter 2003).

In der neurowissenschaftlichen Grundlagenforschung und in damit verbundenen philosophischen Denkschulen ist die Frage nach der Existenz der Psyche gewissermaßen schon zu den Akten gelegt worden, die Rede ist dort primär von »Bewusstsein« (für die Philosophie etwa Dennett 1991, für die Neurowissenschaften Koch 2004). Anders als Psyche und Seele wird das Bewusstsein als ein wissenschaftlich zugängliches Thema betrachtet, das empirisch und theoretisch durchdrungen werden kann. Schon Mitte bis Ende der 1980er-Jahre begann auch die deutschsprachige Philosophie mit Bedauern, die »Seele« als einen Begriff zu betrachten, welcher mit einem naturwissenschaftlichen Verständnis kaum kompatibel ist (Hastedt 1988). Statt von Seele und von Psyche wird auch im deutschsprachigen Raum eher von »Geist« (engl. »mind«) und eben von Bewusstsein gesprochen.

Die zentralen Fragen des Bewusstseins und vor allem die Frage nach der Entstehung eines subjektiven Bewusstseins sind bis heute jedoch ungelöst. Dieses Subjektive ist – wenn man so will – das zentrale Merkmal des Bewusstseins. In einem der wohl meist zitierten philosophischen Artikel der zweiten Hälfte des 20. Jahrhunderts fragte der US-amerikanische Philosoph Thomas Nagel in den 1970er-Jahren, wie es sei, eine Fledermaus zu sein. Seine Antwort: Wir wissen es nicht und wir werden es auch prinzipiell nicht erfahren können. Das Bewusstsein einer Fledermaus ist für Menschen nicht zugänglich, aber wir können davon ausgehen, dass Fledermäuse erleben, wie es ist, eine Fledermaus zu sein und daher können wir annehmen, sie haben ein Bewusstsein:

> »Die Tatsache, dass ein Organismus überhaupt bewusste Erfahrung hat, heißt im Wesentlichen, dass es irgendwie ist, dieser Organismus zu sein.« (Nagel 1974: 437)

Bereits Mitte der 1990er-Jahre unterschied der australische Philosoph David Chalmers zwischen den vielen einfachen Problemen und dem einen besonders schwierigen Problem der Bewusstseinsforschung (Chalmers 1995). Das besonders schwere Problem (»hard problem«), so Chalmers, ist, das subjektive Erleben zu erklären. Vereinfacht gesagt besteht das Problem darin, zu verstehen, wie aus den materiellen biologischen Abläufen des Gehirns ein Gefühl oder ein Gedanke entsteht, der nur für das Individuum erlebbar ist. Wir können, mit anderen Worten, nicht erklären, wie aus den synaptischen Verbindungen der Nervenzellen während eines Wahrnehmungsprozesses ein persönliches Erlebnis einer bestimmten Farbe entsteht. Das ist, um einen anderen viel diskutierten Begriff der Philosophie zu gebrauchen, die »Erklärungslücke« (»explanatory gap«) zwischen der Materie und den nur subjektiv erlebbaren Qualitäten von Wahrnehmungen (Levine 1983). Diese Qualitäten werden mit einem weiteren philosophischen Begriff »Qualia« genannt (Block 1994).

In den letzten zwanzig Jahren sind nun verschiedene Theorien entwickelt worden, um das »schwierige Problem« zu lösen. Der Philosoph Keith Frankish hat drei größere theoretische Lager identifiziert, die um die Dichotomie von Realismus und Antirealismus kreisen (Frankish 2016). Zu den realistischen Positionen zählen für Frankish jene, welche davon überzeugt sind, dass es einen menschlichen Geist gibt, dass dieser aber nicht den Methoden der Wissenschaft zugänglich ist. Der Philosoph Colin McGinn zum Beispiel vertritt die These, das Bewusstsein oder der menschliche Geist seien schlicht zu kompliziert für uns Menschen, um diese zu verstehen. Das Bewusstsein bleibe daher ein Mysterium (McGinn 1999). Frankish hält auch jene Positionen für realistisch, die davon ausgehen, dass die Erkenntnislücke früher oder später auf der Basis neurowissenschaftlicher Erkenntnisse überwunden werden könne. Unrealistisch erscheint Frankish jene Position, die meines Erachtens die überzeugendste ist, weil mit einem materialistischen wissenschaftlichen Konzept am besten zu vereinbaren: Das Bewusstsein ist eine Illusion, die unser Gehirn uns vormacht (Frankish 2016).

Die Idee geht zurück auf einen Vorschlag von Daniel Dennett, der in seinem Buch »Consciousness Explained« (auf Deutsch: Philosophie des menschlichen Bewusstseins) gefordert hatte, Qualia, also die subjektiv wahrgenommenen Eigenschaften von Wahrnehmungen als nicht existent zu betrachten (Dennett 1991). Das hat einen Vorteil: Wer von einer »Illusion des Bewusstseins« ausgeht, muss nicht erklären, wie Bewusstsein zustande kommt. Nachteil: Es muss erklärt werden, wie es zu der Illusion kommt, und das ist sicher noch nicht vollständig gelungen.

Ein Erklärungsansatz besteht darin, dass die Illusion, subjektive Phänomene wahrzunehmen, eine evolutionäre Funktion hat oder zumindest in der menschlichen Geschichte hatte. Der schon mehrfach zitierte Daniel Dennett hat es folgendermaßen formuliert:

> »Bewusstsein ist die Illusion von Nutzenden, eine brillante Simplifikation des lauten Tumults von Verursachung und Interaktion (beispielsweise auf molekularem und zellulärem Niveau), der umsichtig und schnell zusammengestellt werden muss, damit das Gehirn seine Arbeit im Zusammenhang mit der Kontrolle eines großen komplexen Körpers in einer herausfordernden und sich wandelnden Welt machen kann.« (Dennett 2020: 8)

Unsere Psyche oder unser Bewusstsein als eine Illusion des Gehirns zu verstehen, bedeutet nun nicht, die Existenz psychischer Krankheiten zu verneinen. Wie der Neurowissenschaftler Antonio Damasio unlängst formuliert hat, können wir nicht einfach so tun, als ob Illusionen keine Wirkungen hätten (Damasio 2019). Sie sind im Wesentlichen kulturell bedingt (Humphrey 2011). Gerade in der westlichen Kultur sind wir davon überzeugt, eine individuelle Psyche zu haben. Das unterscheidet uns von vielen nichtwestlichen Kulturen. Diese Eigenart hat der Evolutionsbiologe Joseph Henrich mit dem wunderbaren Akronym WEIRD (auf Deutsch: eigenartig, sonderbar) beschrieben (Western, Educated, Industrialized, Rich, Democratic; Henrich 2020). Kulturelle Einflüsse werden auch herangezogen, um zu erklären, warum wir davon überzeugt sind, dass erst ein Geist uns als Personen ausmacht.

Im Rahmen eines Versuchs, die verschiedenen Bewusstseinstheorien zu vereinen, hat ein Team um den Neuropsychologen Michael Graziano unlängst vorgeschlagen, zwischen einem Informationsbewusstsein und einem Mysteriumsbewusstsein zu unterscheiden (Graziano et al. 2020). Das Informationsbewusstsein (»i-consciousness«) ist kompatibel mit aktuellen neuropsychologischen Theorien, die insbesondere kognitive Prozesse erklären. Das Mysteriumsbewusstsein (»m-consciousness«) passt dagegen zu den Illusionismustheorien. Es bezieht sich beispielsweise auf das subjektive Erleben von Schmerz und anderen Qualia-Phänomenen. Obwohl wir diese Phänomene wissenschaftlich nicht erklären können, sind die meisten Kulturen und die damit verbundenen Menschen von der Existenz einer Instanz oder gar einer Essenz überzeugt, die Psyche, Seele oder Geist enthält. Solche Vorstellungen werden in der Philosophie mit dem nur schwer übersetzbaren englischen Begriff »Folk Psychology« beschrieben, der so viel meint wie »Alltagspsychologie«. Offenbar brauchen wir in unserem Alltag solche Zuschreibungen, um Menschen besser verstehen und soziale Prozesse besser einordnen zu können.

Ich erwarte nicht, dass alle Lesenden mir folgen und die Illusionismusthese für den einleuchtendsten Ansatz zur Erklärung des Bewusstseins halten. Es sollte aber deutlich geworden sein, wie sehr die Auffassungen über das Wesen und die Existenz der Psyche, des Geistes oder des Bewusstseins auseinandergehen und wo die Probleme und Erklärungslücken sind. Aus einer biologischen Perspektive – darauf kann ich mich vielleicht auch mit den Skeptikerinnen und Skeptikern einigen – ist es vollkommen unklar, ob es eine menschliche Psyche gibt. Die Zweifel daran sind recht ausgeprägt, aber wir haben bislang weder ein theoretisch hinreichendes Modell noch empirische Daten, die für mehr Klarheit sorgen. Aus meiner derzeitigen (!) Sicht kann die menschliche Psyche als eine soziokulturelle Zuschreibung charakterisiert werden, die das Erleben und das Verhaltens der eigenen und anderer Personen erklärt. Menschen im Globalen Norden und Westen (und viele darüber hinaus) sind von der Existenz einer individuellen Psyche überzeugt; und diese Überzeugung ist vermutlich eher durch soziokulturellen Wandel entstanden als durch neurobiologische Prozesse. Wenn die menschliche Psyche aber nur wenig bis gar nichts mit der Biologie zu tun hat, sondern überwiegend mit soziokulturellen Entwicklungen, dann stellt sich natürlich die Frage, ob Zwangsmaßnahmen, die mit dem Vorliegen einer Störung des Geists oder des Bewusstseins begründet werden, schon auf dieser abstrakten Ebene Argumentations- und Legitimationsprobleme bekommen könnten. Wenn wir nicht wissen, ob Menschen überhaupt eine Psyche haben, dann entfällt womöglich schon hier ein zentrales Argument für psychiatrische Zwangsmaßnahmen.

Haben psychische Störungen zugenommen?

Trotz der aufgezeigten Schwierigkeiten, eine menschliche Psyche oder ein Bewusstsein empirisch nachzuweisen oder mindestens zu definieren, sind die meisten Menschen im Globalen Norden von ihrer Existenz überzeugt. Ich möchte nun soziologisch und historisch rekonstruieren, wieso diese Überzeugungen so stark sind, dass sie kaum hinterfragt werden. Und ich möchte aufzeigen, dass auch »psychische Störungen« soziokulturelle Konstrukte sind.

Die Wahrnehmung ist, wie bereits angedeutet, jedoch eine andere. Medien, Öffentlichkeit und auch Fachöffentlichkeit sind weitgehend davon überzeugt, dass psychische Probleme zunehmen (Richter 2020). Und es gibt in der Tat zwei Indikatoren, welche dies nahelegen. Da ist zum einen die deutlich angestiegene Inanspruchnahme psychiatrischer und psychotherapeutischer Dienstleistungen. Immer mehr Menschen lassen sich wegen psychischer Probleme behandeln und bekommen entsprechende Medikamente wie z. B. Antidepressiva verschrieben. Damit zusammen hängt der zweite Indikator, dass nämlich immer mehr Menschen arbeitsbezogene Ausfallzeiten wegen psychischer Krankheiten haben. Es ist dieser Indikator, der es durch Berichte von Krankenversicherungen regelmäßig in die Schlagzeilen schafft und den Eindruck erweckt, als gäbe eine Zunahme psychischer Krankheiten.

Im Gegensatz dazu geht die psychiatrisch-epidemiologische Forschung nahezu unisono davon aus, psychische Störungen oder Krankheiten hätten bis zur Coronapandemie nicht zugenommen haben (Baxter et al. 2014; GBD Disease Injury 2018; Richter et al. 2019). Es gibt zwar einzelne Studien, die in bestimmten Regionen zu bestimmten Zeiten zu anderen Resultaten kommen, aber die systematischen Übersichtsarbeiten und Metastudien zeigen in der Zusammenschau eben auf, dass dies, insgesamt gesehen, nicht der Fall ist.

Beide Phänomene, die Nichtzunahme psychischer Krankheiten und die ansteigende Bereitschaft, sich deswegen behandeln zu lassen, sind unbestritten. Doch wie lässt sich dies erklären? Offenbar werden psychische Probleme in den letzten Jahrzehnten anders wahrgenommen, sie sind weniger tabuisiert und stigmatisiert. Das heißt nicht, dass es keine Stigmatisierung mehr gibt, aber das Ausmaß hat insgesamt abgenommen und bestimmte psychosoziale Probleme wie etwa die Depression werden heute sogar deutlich weniger stigmatisiert (Pescosolido et al. 2021; Schomerus et al. 2022).

Dahinter steckt ein Wandel von Einstellungen, aber darüber hinaus auch ein grundlegender gesellschaftlicher Wandel, der im Folgenden kurz skizziert wird. Im Hintergrund haben wir es mit einer Entwicklung zu tun, welche in der Soziologie »funktionale Differenzierung« genannt wird (Luhmann 1997). Damit ist gemeint, dass die moderne Gesellschaft massiv von der Durchsetzung sozialer Teilsysteme wie Politik, Wirtschaft, Wissenschaft, Erziehung, Recht, Intimbeziehung etc. geprägt ist. Diese Teilsysteme entwickelten sich schon im 18. Jahrhundert in den westlichen Gesellschaften, durchgesetzt haben sie sich jedoch erst gegen Ende des 19. Jahrhunderts (Richter 1996). Dies ist etwa empirisch daran zu sehen, dass Geld als Teil des Wirtschaftssystems erst zu diesem Zeitpunkt auch im letzten Dorf als Zahlungsmittel eingesetzt wurde. Gleiches gilt übrigens auch für das staatliche Gewaltmonopol und das Rechtssystem. Zuvor waren Konflikte überwiegend in lokalen Milieus geregelt worden.

Aus einer soziologisch-historischen Perspektive haben die genannten Teilsysteme erheblich zu der Auflösung traditioneller sozialer Milieus beigetragen, wie wir sie verstärkt seit der Mitte des 20. Jahrhunderts erleben. Seit Ende des Zweiten Weltkrieges verschwinden bäuerliche und bürgerliche Milieus, aber auch die sogenannte Arbeiterklasse. Noch bis in die 1960er- oder 1970er-Jahre hinein fühlten viele Menschen sich diesen Milieus zugehörig und identifizierten sich mit ihnen. Dies zeigte sich beispielsweise daran, dass Partnerinnen oder Partner überwiegend aus dem gleichen Milieu gewählt wurden und dass Berufskarrieren sich primär an denen der Eltern orientierten. In der Landwirtschaft, im Bergbau, aber auch in akademisch gebildeten Milieus folgten die Kinder oftmals den Eltern, insbesondere bei der Berufswahl (Raphael 2019).

Aus heutiger Sicht erscheinen diese Milieus vielen als gemeinschaftsstiftend. Allerdings waren diese Milieus auch geprägt durch Armut, soziale Enge und Kontrolle sowie geringe Aufstiegs-, Ausstiegs- oder Entfaltungsmöglichkeiten (Lawrence 2019). Es gab beispielsweise in vielen Ländern kaum eine Chance, aus nicht funktionierenden Ehen auszubrechen, worunter insbesondere Frauen zu leiden hatten. Scheidungen oder Schwangerschaftsabbrüche waren lange Zeit vor dem Hintergrund religiös-konfessioneller Normen unmöglich und Verhütungsmittel waren rar. Dies alles änderte sich allmählich durch die wirtschaftliche und technologische Entwicklung nach dem Zweiten Weltkrieg. Zentraler Treiber war die Umstellung von einer primär industriell und landwirtschaftlich geprägten Wirtschafts- und Sozialstruktur auf eine

Dienstleistungsgesellschaft. Diese Deindustrialisierung war mit einer erheblichen Bildungsexpansion verbunden, von der vor allem Frauen profitierten. Im Folgenden werden drei wesentliche Aspekte betrachtet, welche für den soziokulturellen Wandel der Wahrnehmung psychischer Probleme verantwortlich sind: Individualisierung, Psychologisierung und veränderte Klassifikationssysteme psychischer Störungen.

Individualisierung

Die Sozialstruktur westlicher Gesellschaften wurde zunehmend von der Individualisierung geprägt. Es waren nun nicht mehr die sozialen Milieus, welche bestimmten, wen man heiratete und welchen Beruf frau ergriff, sondern vielmehr individuelle Entscheidungen. Es standen mehr Möglichkeiten zur Verfügung, auch mehr Aufstiegsmöglichkeiten, allerdings auch mehr Risiken und mehr Entscheidungsdruck. Und mit dem Entscheidungsdruck wurde die Aufmerksamkeit auf die eigenen Wünsche und Befindlichkeiten gelenkt.

Die eigenen Wünsche und Befindlichkeiten standen nämlich in den Zeiten zuvor kaum je im Zentrum von Entscheidungen. Entschieden wurde primär nach Konvention, Sitte, Religion und Vorgaben der Familie. Nun musste sich das Individuum als Handlungszentrum der eigenen Biografie begreifen, wie der Soziologe Ulrich Beck treffend in seinem Buch »Risikogesellschaft« in den 1980er-Jahren formulierte (Beck 1986). Dies verlangte eine Innenperspektive: Was will ich aus meinem Leben machen, wie fühlen sich bestimmte Entscheidungen an und wie geht es mir mit meinem derzeitigen Leben?

> »Wenn klare Kriterien fehlen für das, was richtig oder falsch, gut oder böse ist, wird das Selbst und seine Gefühle zum einzigen moralischen Kompass.« (Bellah et al. 1985: 77).

Psychologisierung

Im Rahmen eines empirischen Vergleichs zum Hilfesuchverhalten von Menschen in den USA zwischen den 1950er- und den 1970er-Jahren kam ein Forschungsteam um den Psychologen Joseph Veroff zu folgendem Schluss:

> »Es fällt auf (...), dass Männer und Frauen in ihrem Denken über sich selbst und ihr Leben deutlich mehr psychologisch orientiert sind.« (Veroff et al. 1981: 38)

Empirische Indikatoren hierfür waren der Anstieg in der Inanspruchnahme therapeutischer Leistungen und die Abnahme der Verleugnung persönlicher Probleme.

Diese Entwicklung gefiel nicht allen. Philipp Rieff, ein konservativer amerikanischer Soziologe, beklagte schon früh den kulturellen Verfall, der seiner Ansicht nach mit dem »Triumph des Therapeutischen« (1975) verbunden war. Mit der Durchsetzung des Marktes und der Demokratie, so seine Analyse, verlören religiöse Autoritäten und Sitten ihre kulturelle Prägung.

> »Der religiöse Mensch wurde geboren, um gerettet zu werden; der psychologische Mensch wurde geboren, um zufriedengestellt zu werden.« (Rieff 2006: 19)

Rieff hielt gewissermaßen den Übergang von der Religion zur Therapie für notwendig, da das Individuum in der modernen Gesellschaft keinen inneren Frieden mit sich selbst finden könne, wie es – seiner Überzeugung nach – in religiös geprägten Kulturen der Fall war. Mit dieser Kritik stand Rieff nicht allein und sie kam auch nicht nur von konservativer Seite. Der Soziologe Christopher Lasch etwa beklagte in den 1970er-Jahren eine »Kultur des Narzissmus«, der mit einem exzessiven Individualismus und einer damit einhergehenden »Popularisierung psychiatrischer Denkweisen« verbunden sei (Lasch 1979: 25).

Dieser Komplex sich verändernder kultureller Praktiken wie der zunehmenden Inanspruchnahme von Psychotherapie und sich gleichfalls wandelnder Einstellungen wird in der Soziologie mit dem Begriff der Psychologisierung umschrieben (Madsen 2019). Die Effekte der Psychologisierung gehen jedoch weit über die genannten Aspekte hinaus. Psychologische Semantiken sind heute nahezu in jedem gesellschaftlichen Sektor zu finden. Die gesamte Pädagogik fußt auf psychologischem Denken, das Rechtssystem beleuchtet viele Fragen unter psychologischen Gesichtspunkten (etwa bei der Feststellung von Schuldfähigkeit), in den Medien kommt man an entsprechenden Artikeln oder Ratgebersendungen nicht vorbei und unser Arbeitsalltag (etwa bei der Rekrutierung von Mitarbeitenden durch Assessment-Center) oder unser Beziehungsalltag ist ohne psychologische Deutungen (»Was macht das mit dir?«) kaum vorstellbar.

Psychischen Befindlichkeiten – so ist insgesamt festzuhalten – wird heute deutlich mehr Aufmerksamkeit geschenkt als in früheren Generationen. Die erhöhte Aufmerksamkeit sowie die erhöhte Bereitschaft, therapeutische Leistungen in Anspruch zu nehmen, hat Folgen, die durchaus ambivalent zu bewerten sind. Auf der einen Seite ist es positiv, dass die Stigmatisierung psychischer Krankheiten in den letzten Jahrzehnten erheblich zurückgegangen ist. Es ist heute keine Schande mehr, wegen einer Depression oder einer Angststörung behandelt zu werden – bei Psychosen oder Abhängigkeitserkrankungen sieht das noch anders aus. Auf der anderen Seite jedoch trägt die erhöhte Aufmerksamkeit für die eigene Psyche zu einem Gefühl der seelischen Verwundbarkeit bei (Furedi 2004). Psychische oder emotionale Belastungen bestimmen unser Lebensgefühl.

Klassifizierung

Da wir wegen psychischer Probleme immer häufiger ärztliche oder therapeutische Hilfe in Anspruch nehmen, werden wir auch öfter mit entsprechenden Diagnosen konfrontiert. Diagnostische Klassifikationssysteme wie das DSM oder die ICD spielen bei der Gewährung von Hilfen, sei es Medikation oder Psychotherapie, eine zentrale Rolle. Ohne Diagnose zahlt keine Krankenversicherung. Unsere Probleme werden somit nicht nur psychologisiert, sondern auch medikalisiert, private oder soziale Probleme verwandeln sich in Behandlungsaufträge (Conrad & Bergey 2015).

Es ist exakt dieser Mechanismus, an dem das aus der Philosophie bekannte und später noch weiter erläuterte Phänomen der Reifikation, also der Verdinglichung eines Konstrukts, deutlich wird. Über die diagnostischen Klassifikationen erhalten sowohl Personen mit Fachkenntnissen als auch solche ohne Fachkenntnisse Kriterien zur Definition einzelner Störungsbilder. Diese Kriterien werden als »wahr« eingestuft und in der Folge übernehmen Medien und andere Teilsysteme der Gesellschaft wie die Pädagogik oder das Rechtssystem diese Kriterien für ihre Bereiche und für ihre Entscheidungen. Je häufiger dies geschieht, desto überzeugter sind Professionelle, Betroffene und Angehörige von der Existenz der Störungsbilder. Hinter der Medikalisierung steckt keine Verschwörung der pharmazeutischen Industrie, auch wenn diese im Detail ihren Beitrag leistet. Es ist die wiederholte Kommunikation und Anwendung bestimmter Kriterien, welche die »Realität« psychischer Störungen erzeugt.

Diese Medikalisierung trägt nicht unwesentlich dazu bei, wie wir unsere Befindlichkeiten erleben und definieren. Es werden nämlich immer mehr Bereiche des Alltags medikalisiert und – im psychiatrischen Bereich – psychologisiert. Die Sozialwissenschaftler Allan Horwitz und Jerome Wakefield machten vor einigen Jahren darauf aufmerksam, wie vormals nicht medikalisierte Sachverhalte wie eine Trauerreaktion im Lauf der Veränderungen der Klassifikationssysteme in eine Depression umetikettiert wurden. Das Buch trug den treffenden Titel »The Loss of Sadness« (»Der Verlust der Trauer«; Horwitz & Wakefield 2007). Diese Entwicklung veranlasste einige Jahre später Allen Frances, den Vorsitzenden der Arbeitsgruppe, die die vierte Revision des DSM zu verantworten hatte, zu einem kritischen Buch über den Klassifikationsprozess, das den Titel »Saving Normal« (Frances 2013) trug (Dt.: »Normal: Gegen die Inflation psychiatrischer Diagnosen«, Frances 2014).

Der Blick auf unsere Alltagsprobleme verändert sich also nicht unwesentlich durch Psychologisierung und Medikalisierung und dadurch verändert sich auch unser Erleben. In der westlichen Welt registrieren wir das kaum noch, so groß ist der gesellschaftliche Konsens. Und die Medikalisierung bringt auch durchaus positive Aspekte mit sich, man denke nur an die Entkriminalisierung des Drogenkonsums. Medikalisierung und Psychologisierung werden jedoch auch in viele nichtwestliche Regionen exportiert, indem nämlich DSM und ICD zu Standards der Diagnosestellung werden. Interessanterweise verändert sich dadurch die Wahrnehmung von Problemen. Ein besonderes Phänomen ist dabei die »Hyperintrospektion», also die massiv gesteigerte Aufmerksamkeit für das eigene Befinden. Diese Form der Psychologisierung findet sich nicht mehr nur im Globalen Norden, sondern auch in vielen Regionen des Globalen Südens (Watters 2010: 254).

Nun mag es so aussehen, dass unser Erleben psychischer Probleme ausschließlich durch den gesellschaftlichen Wandel, durch Medikalisierung, Psychologisierung und Klassifizierung geprägt wird. Dem ist aber nicht so. Es gibt auch den umgekehrten Fall, dass nämlich soziale Veränderungen die Diagnosesysteme beeinflussen. Zwei prominente Beispiele sind die Streichung der Diagnose »Homosexualität« aus dem DSM und die Aufnahme der »Post-traumatischen Belastungsstörung« (PTBS) auf massiven Druck von US-amerikanischen Vietnamkriegsveteranen. Die Aufnahme der PTBS 1980 in das DSM III hatte nicht nur therapeutische Gründe, sondern auch politische. Sie »wurde angetrieben durch die Überzeugung, dass ein unmoralischer Krieg den Kriegsteilnehmenden schweren psychologischen Schaden zugefügt hatte« (Horwitz 2021: 93). Tatsächlich erhielten Traumafolgestörungen in der Folge eine große Aufmerksamkeit, die sich auch in der Forschung niederschlug.

Damit sollte deutlich geworden sein, welche Wechselwirkungen zwischen der psychischen Befindlichkeit in der Bevölkerung und den Klassifikationssystemen bestehen. Klassifikationssysteme definieren die Details psychischer Befindlichkeiten und diese Befindlichkeiten wirken ihrerseits auf die Klassifikationssysteme zurück. Der kanadische Wissenschaftshistoriker und -theoretiker Ian Hacking hat diesen Sachverhalt als »Loopingeffekt« charakterisiert.

> »Menschen, die in einer bestimmten Weise klassifiziert werden, neigen zu einem Verhalten, das konform geht mit der Beschreibung; aber sie entwickeln sich auch auf eigene Art und Weise, sodass die Klassifikationen und Beschreibungen regelmäßig revidiert werden müssen.« (Hacking 1995: 21)

Das heißt, Klassifikationssysteme und Befindlichkeiten beeinflussen sich kontinuierlich gegenseitig. Hacking war auf diesen Umstand gestoßen, als er versuchte, zu erklären, wieso bestimmte psychische Krankheiten, wie die Hysterie, die Fugue oder die Multiple Persönlichkeitsstörung zu bestimmten Zeiten sehr prävalent waren, später aber nahezu vollkommen verschwanden. Die Krankheiten kamen und verschwanden eben nicht aus ärztlich-therapeutischer Perspektive, sondern auch aus dem realen Leben der Patientinnen und Patienten.

Hacking hat sich auch mit dem umkehrten Fall beschäftigt. Ihn bewegte die Frage, ob es vor der Beschreibung des Autismus im Jahre 1943 durch den österreichisch-amerikanischen Psychiater Leo Kanner diesen überhaupt gegeben hat. Und er beantwortet sie so: Es sei absurd, anzunehmen, dass Autismus vor 1943 nicht existiert habe. Nur hätten sich vorher Menschen nicht so erlebt. Die Betroffenen hätten mit ihren Familien, mit ihren Sozialkontakten, aber auch mit dem Hilfesystem nicht als Autistinnen und Autisten interagiert. Erst als die Diagnose in DSM und ICD verankert und bekannt war, also spätestens seit den

2000er-Jahren, sei dies anders geworden. Dann hätten sich die Menschen mit den entsprechenden psychischen Phänomenen so wahrgenommen und, wenn Probleme auftauchten, auch unter dem Label »Autismus« Hilfe gesucht. Damit wird deutlich, sowohl die Feststellung einer »Krankheit« als auch die damit assoziierte Selbstwahrnehmung sind historisch und kulturell bedingt.

Aus soziologischer Perspektive sind »psychische Krankheiten« das Resultat einer Kombination aus sozialem Wandel, Einstellungsveränderungen in der Bevölkerung und medizinischen Klassifikationen. Selbst der Einschluss oder der Ausschluss von Diagnosen in Klassifikationssysteme ist – wie im Zusammenhang mit dem Autismus, der PTBS und der Homosexualität zu sehen war – keine rein medizinische Entscheidung.

Kann zwischen psychisch krank und gesund unterschieden werden?

In der einschlägigen Forschungsliteratur wird die Frage nach der Unterscheidbarkeit von psychisch kranken und psychischen gesunden Zuständen als »Problem der Grenzziehung« (»boundary problem«, »demarcation problem«) beschrieben (Jablensky 2005; Kingma 2013). Damit zusammen hängen weitere Fragen, etwa: Welche Kriterien definieren die Grenze zwischen krank und gesund? Was ist normal?

Bis heute werden Begriffe wie »abnormal« im Zusammenhang mit psychologischen Merkmalen benutzt, obwohl die »erbliche Abnormität« zentraler Gegenstand der nationalsozialistischen Eugenik war, die zunächst zu Sterilisationen und dann zur Ermordung Hunderttausender Menschen mit intellektuellen und psychosozialen Problemen führte. Zu den »erblichen Abnormitäten« zählten unter anderem »Schizophrenie«, »manisch-depressive Psychose«, »schwere Psychopathie«, »Hysterie«, »Homosexualität«, »Drogenabhängigkeit« und »Alkoholismus« (Slater 1936). Das »Journal of Abnormal Psychology« änderte erst im Jahr 2022 seinen Namen in »Journal of Psychopathology and Clinical Science«. Auch Lehrbücher mit entsprechenden Titeln sind nach wie vor im Handel (Raskin 2019).

Zu den meines Erachtens nicht hinreichend bekannten Fakten der Wissenschaftsgeschichte gehören die unrühmlichen Beiträge der frühen Statistik und der frühen Psychologie zur Eugenik, die etwa mit den Namen Francis Galton (Normalverteilung), Karl Pearson (Korrelationskoeffizient) oder Ronald A. Fisher (Maximum-Likelihood-Schätzverfahren) verbunden sind (Yakushko 2019). Die in den Klammern genannten Konzepte und Verfahren gehören bis heute zu den Grundlagen der Statistik und werden an jeder Hochschule unterrichtet. Interessanterweise ist das Konzept des »Normalen« erst durch die Statistik entwickelt worden und hat sich erst im Lauf des 20. Jahrhunderts so weit popularisiert, dass es heute zur Alltagssprache gehört. Wie die einschlägige historische Forschung herausgearbeitet hat, entwickelte sich durch die Entdeckung der Normalverteilung erst die Vorstellung, dass das Durchschnittliche auch das Gesunde sein müsse (Cryle & Stephens 2017). Die Vorstellung des »Normalen« und des »Abnormalen« ist also ebenso durch soziokulturelle Einflüsse geprägt wie schon die Idee der »psychischen Störung«.

Auch das Konzept der Normalität prägt nicht nur Psychologie oder Psychiatrie, sondern nahezu alle Bereiche der Medizin und Gesellschaft. Doch bei vielen klinisch Tätigen herrscht bis heute die Überzeugung, bei »psychischen Störungen« handele es sich um klar abgrenzbare Krankheitsentitäten, die abnormale Zustände sind. Diese Überzeugungen entstanden in den 1970er-Jahren, wo es vor allem in der US-amerikanischen Psychiatrie erhebliche Anstrengungen gab, die Psychiatrie als ein medizinisches Fachgebiet zu etablieren. Es handelte sich zum einen um eine Reaktion auf die antipsychiatrische Bewegung, zu denen unter anderen der verschiedentlich schon angesprochene Psychiater Thomas Szasz, der Philosoph Michel Foucault oder die Soziologen Erving Goffman und Thomas Scheff gezählt wurden. Diesen Autoren gemeinsam war die Überzeugung, dass soziale und kulturelle Faktoren prägend, wenn nicht sogar entscheidend für die Wahrnehmung »psychischer Krankheiten« sind. Zum anderen sollte mit der Verortung in der Medizin der massiven Kritik an der Psychiatrie entgegengetreten werden, die vor allem nach dem sogenannten Rosenhan-Experiment aufgetreten war. Dieses Experiment, bei dem der Forscher David Rosenhan selbst und andere Personen psychiatrische Symptome spielten und in mehreren Kliniken stationär aufgenommen wurden, hatte nach der Veröffentlichung in dem Publikationsflagschiff »Science« (Rosenhan 1973) hohe Wellen geschlagen. Anschließend wurde die Fundamentalkritik Rosenhans am psychiatrischen Diagnosesystem und seine wissenschaftliche Methodik zurückgewiesen – Letzteres zu Recht, wie wir wissen heute, da höchst fragwürdige Vorgehensweisen bei seinen Experimenten angewendet wurden (Cahalan 2020). Zudem wurde diese Kritik als Ansporn genommen, wissenschaftliche Prozeduren einzuführen, welche die Reliabilität der Diagnosen verbessern (Spitzer 1976), also dafür sorgen sollten, dass Symptome von unterschiedlichen Behandelnden zuverlässig den gleichen Diagnosen zugeordnet werden.

Der Versuch, die Psychiatrie zu einem medizinischen Fachgebiet wie alle anderen zu machen, gipfelte in einer Art Manifest des seinerzeitigen Präsidenten der US-amerikanischen Behörde für Alkohol- und Drogenmissbrauch und psychische Gesundheit ADAMHA, Gerald Klerman (Klerman 1978). Er stellte unter anderem folgende Thesen auf:

> »1. Die Psychiatrie ist ein Teilgebiet der Medizin.
> 2. Die Psychiatrie sollte moderne wissenschaftliche Methoden anwenden und ihre Praxis auf wissenschaftlichem Wissen basieren.
> 3. Die Psychiatrie behandelt Menschen, die krank sind und Behandlung für die psychische Krankheit benötigen.
> 4. Es gibt eine Grenze zwischen dem Normalen und dem Krankhaften.
> 5. Es gibt unterschiedliche psychische Krankheiten. Psychische Krankheiten sind keine Mythen. Es gibt nicht eine, sondern viele psychische Krankheiten. (…)
> 6. Der Fokus der psychiatrischen Ärzteschaft sollte insbesondere auf den biologischen Aspekten der psychischen Krankheiten liegen.«
> (Klerman 1978: 104)

Am Beispiel der Schizophrenie verdeutlichte Klerman sein Krankheitskonzept. Bestimmte Erfahrungen und Verhaltensweisen seien seiner Ansicht nach als abnormal zu klassifizieren. Es gebe zwar eine gewisse Übereinstimmung mit dem emotionalen Leben der »Normalen«, aber die Intensität, die Dauer und das Ausmaß der Störung würden nahelegen, dies alles als Krankheit zu klassifizieren.

Wie schwierig und – so muss es am Ende formuliert werden – wie willkürlich die Grenzziehung ist, zeigt die Entwicklung der sogenannten Feighner-Kriterien. Diese Schwierigkeiten gehen zurück auf Studien in den 1950er-Jahren, wo – wie auch später im US-amerikanischen Diagnosemanual DSM – die Diagnose eines bestimmten Störungsbilds von der Anzahl von Symptomen abhängig gemacht wurde; so mussten beispielsweise für die Diagnose einer Depression sechs von zehn Symptomen vorhanden sein. Als Jahrzehnte später einer der Verfasser gefragt wurde, wieso denn gerade sechs von zehn, antwortete er: »It sounded about right.« (»Das klang irgendwie ganz sinnvoll«; Kendler et al. 2010: 136) Diese eher willkürliche Praxis wurde in späteren Versionen der Feighner-Kriterien beibehalten. Zentrale Kriterien wurden nach klinischer Einschätzung und nicht auf der Basis empirischer Studien gesetzt.

Die aktuelle Definition psychischer Störungen im ICD-11, der 11. Version der WHO-Klassifikationssystems, die Anfang 2022 in Kraft getreten ist, lautet folgendermaßen:

> »Psychische, Verhaltens- und Entwicklungsstörungen sind Syndrome, die durch klinisch signifikante Störungen in der Kognition, Emotionsregulation oder im Verhalten eines Individuums charakterisiert sind, welche eine Dysfunktion in psychologischen, biologischen oder Entwicklungsprozessen reflektieren, die psychischer oder verhaltensbezogener Funktionsfähigkeit zugrunde liegen. Diese Störungen hängen gewöhnlich mit Belastungen (›distress‹) oder Beeinträchtigungen im persönlichen, familiären, sozialen, Ausbildungs-, Arbeitsbereich oder anderen wichtigen Bereichen der Funktionsfähigkeit zusammen.« (WHO 2021b)

Anhand dieser doch recht komplexen Definition wird deutlich, dass die Probleme mit der Grenzziehung und den damit zusammenhängenden Kriterien auf ganz unterschiedlichen Ebenen liegen.

- Es wird auf klinische Signifikanz abgehoben, das heißt, auf die Einschätzung von Fachpersonen zum Ausmaß eines Phänomens.
- Es wird eine Dysfunktion im Denken, Fühlen und Handeln postuliert. Hier geht es also um idealerweise objektivierbare Fehlfunktionen im Gehirn oder im Verhalten, auf denen jene klinische Einschätzung beruht.
- Es geht um Belastungserleben sowie um Beeinträchtigungen, welche sich im Alltag der betroffenen Personen bemerkbar machen.

Klinische Signifikanz besteht offensichtlich aus Merkmalen, die für Fachpersonen eine deutliche Abweichung von gesunden Zuständen abbilden. Welche

Anzeichen dies sind, wird üblicherweise über Klassifikationssysteme wie der ICD definiert. Für eine schwere depressive Episode sprechen beispielsweise eine deutlich herabgesetzte Stimmung, vermindertes Interesse an Alltagsaktivitäten, Konzentrationsprobleme oder Gefühle von Wertlosigkeit. Grenzziehungsprobleme sind erkennbar, wenn es darum geht, zu beschreiben, ab welchem Stimmungsgrad von einer Herabsetzung gesprochen werden kann, ab wann ein Interesse an Alltagsaktivitäten als vermindert gelten sollte oder wie ausgeprägt Gefühle von Wertlosigkeit sein sollen, um als klinisch signifikant zu gelten. Dabei wird die klinische Signifikanz mit einem Vergleich zu »normalen« oder »gesunden« Referenzklassen festgestellt. Die Validität und Reliabilität dieser Feststellungen sind jedoch nicht sonderlich ausgeprägt, denn wir wissen nicht, was »normal« und »gesund« bedeuten.

Noch problematischer ist der Verweis auf psychische oder biologische Prozesse, die dysfunktional sein sollen. Da es keine validen Biomarker für diese Dysfunktionen gibt, ist die Fachperson auf Beobachtungen und Interviewergebnisse angewiesen, die hypothetisch Verbindungen zu mentalen Prozessen herstellen können. Selbst wenn es solche Marker irgendwann geben sollte – was aus meiner Perspektive nicht sonderlich wahrscheinlich ist –, bleibt die Frage, was der Norm entspricht und was nicht.

Nicht minder problematisch ist der Verweis auf Belastungen oder Beeinträchtigungen in sozialen Beziehungen oder anderen Bereichen des Alltagslebens. Wo ist etwa die Grenze bei der Anzahl oder der Intensität von Sozialkontakten zu ziehen? Im Arbeits- oder Ausbildungsbereich kann sicher gesagt werden, dass erhebliche Fehlzeiten zu Schwierigkeiten führen werden. Aber wo ist die Grenze zwischen zulässigen und unzulässigen Fehlzeiten zu ziehen?

Im englischsprachigen ICD-11 werden für die Diagnosen interessanterweise – im Gegensatz zum DSM-5 und auch im Gegensatz zur deutschen Übersetzung – Bedingungen beschrieben, welche als »Grenzen zur Normalität (Schwellenwert)« betitelt werden. Für die Schizophrenie (Code 6A20) wird beispielsweise angemerkt, dass psychotisches Erleben oder entsprechende Symptome in der Allgemeinbevölkerung vorkommen können, diese aber »gewöhnlich von flüchtiger Natur sind und nicht von anderen Symptomen der Schizophrenie oder einer Verschlechterung der psychosozialen Funktion begleitet werden« (http://id.who.int/icd/entity/1683919430; 10.12.2022). Bei der Depression wird beschrieben, dass diese als normale Reaktion auf bestimmte negative Lebensereignisse vorkommen kann, aber sich von diesen durch »Schwere, Ausmaß und Dauer« unterscheidet (http://id.who.int/icd/entity/76398729; 10.12.2022). Diese Abgrenzungsversuche sind auf der einen Seite sicher wichtig und lobenswert, bleiben auf der anderen Seite aber auch vage.

Wie geht die psychiatrische Forschung mit dieser Problematik um? Generell existieren wiederum zwei Lager: Im ersten werden körperliche Indikatoren gesucht, welche geeignet sind, krank und gesund zu unterscheiden. Im zweiten geht es um die gesellschaftlichen Werte oder Konstrukte, die Menschen als psychisch krank erscheinen lassen.

Biologische Unterscheidungsversuche

Innerhalb des ersten, biologischen Lagers lassen sich wiederum drei Ansätze unterscheiden:

Der »klassische« Ansatz beruht auf der biostatistischen Theorie von Christopher Boorse (Boorse 1977). Hier werden Gesundheit und Krankheit eines Individuums in Bezug zu einer vergleichbaren Gruppe von Organismen oder Menschen definiert. Gesunde Menschen verfügen demnach über die typischen Eigenschaften dieser Gruppe, die diese braucht, damit ihre Mitglieder überleben und sich reproduzieren können. Gesellschaftliche Werte spielen in diesem Ansatz keine Rolle. Das ist allerdings zu kurz gegriffen, wie die einschlägige Forschungsliteratur festgestellt hat (Kingma 2013). Mit Blick auf die sexuelle Orientierung wird dies deutlich. Homosexuelle Orientierungen zum Beispiel stehen der menschlichen Reproduktion in vielen Fällen entgegen und würden nach der biostatistischen Theorie als Störung klassifiziert werden müssen.

Der zweite Ansatz kreist um die von Jerome Wakefield (1992) postulierten »schädlichen Dysfunktionen« (»harmful dysfunctions«). Eine psychische Störung basiert demnach auf während der menschlichen Entwicklung selektierten Funktionen, die sich im Hinblick auf den Alltag als dysfunktional erweisen. Als Beispiel kann ein hoher Adrenalinspiegel dienen, der für den Moment das Individuum zu Höchstleistungen befähigt, auf Dauer aber krank macht (Stressfaktor). Wakefields Ansatz gilt heute als Quasistandard in der klinischen Definition psychischer Störungen, wie sie in den Klassifikationen DSM und ICD zu finden sind (Zachar 2021). Allerdings ist dieser Ansatz schon früh kritisiert worden (Lilienfeld & Marino 1995) und ist bis heute umstritten (Faucher & Forest 2021). Kritisiert wird zum Ersten das Postulat, die biopsychologischen Dysfunktionen seien evolutionär selektiert worden, zum Zweiten die Unterscheidung von Funktionalität und Dysfunktionalität selbst und zum Dritten die auch von Wakefield eingeräumte Schwierigkeit, hier eine klare Grenze zu ziehen. Letzteres ist aber nach seiner Ansicht kein grundlegendes Problem, da die besonders markanten Extremwerte als Störung auf einer Verteilung gelten würden (Wakefield 1999).

Für den dritten Ansatz dienen die schon angesprochenen Biomarker der Abgrenzung von Gesundheit und Krankheit. Ein Biomarker ist ein »Merkmal, das objektiv gemessen und bewertet wird als ein Indikator normaler biologischer Prozesse, pathogener Prozesse oder pharmakologischer Reaktionen auf eine therapeutische Intervention« (Biomarkers Definitions Working Group 2001: 91). Die Hoffnung ist, dass Laborbefunde oder Bildgebungsverfahren klare Belege für eine Erkrankung liefern, wie es etwa bei der Alzheimerdemenz der Fall ist. Für psychische Störungen ist es jedoch bis heute nicht gelungen, solche eindeutigen Biomarker zu finden.

Das ist auch einer der Gründe, warum die aktuell gültigen Klassifikationssysteme der Psychiatrie wie das US-amerikanische DSM oder die ICD der WHO nun von der biologischen Forschung infrage gestellt werden. Statt den in der Regel künstlich gezogenen Demarkationen zwischen Gesundheit und Krankheit favorisiert die biologische Forschung ein dimensionales Konzept, bei dem die Merkmale kontinuierlich verteilt sind (Yee et al. 2015).

Ob damit allerdings das grundlegende Problem der Grenzziehung gelöst werden kann, darf bezweifelt werden. Robert Plomin, einer der bekanntesten und bedeutendsten Verhaltensgenetiker, wies unlängst darauf hin, dass sich die Merkmale, welche für die Klassifizierung psychischer Störungen herangezogen werden, nicht qualitativ, sondern rein quantitativ unterscheiden.

> »Die genetische Forschung zeigt, dass das medizinische Modell vollkommen falsch ist in Bezug auf psychologische Probleme. Was wir als Störungen bezeichnen, sind nur die Extreme derselben Gene, die sich in einer normalen Verteilung bemerkbar machen.« (Plomin 2018: 58)

Seine Konsequenz: »Abnormal ist normal«. Das heißt, auf Basis biologischer Merkmale kann nicht sinnvoll zwischen krank und gesund unterschieden werden.

Normative Unterscheidungsversuche

Im Wertelager (Bracken & Thomas 2005; Sadler 2019) wird in der Regel versucht, normative Merkmale im Sinne sozialer Abweichung oder Devianz als »krank« zu klassifizieren und dafür zu sorgen, dass die dermaßen bezeichneten Personen – unter Umständen auch gegen ihren Willen – psychiatrisch behandelt werden. Die Geschichte der Psychiatrie ist voller Beispiele, sie reichen von dem vermeintlich krankhaften Drang der Sklavinnen und Sklaven in den Vereinigten Staaten, aus ihrer Situation zu fliehen (»Drapetomanie«) bis hin zum schon vom zitierten Umgang mit gleichgeschlechtlichen Beziehungen, die noch bis 1980 im DSM als krank beschrieben wurden.

Zwar werden heute ausschließliche moralische Wertungen als nicht hinreichend für eine psychiatrische Diagnose betrachtet, dennoch sind sie nicht gänzlich verschwunden, wie beispielsweise die nachfolgende Beschreibung der »Störung mit zwanghaftem Sexualverhalten (Code 6C72)« im ICD-11 zeigt:

> »Zu den Symptomen gehören u. a., dass wiederholte sexuelle Aktivitäten so sehr in den Mittelpunkt des Lebens der Person rücken, dass Gesundheit und Körperpflege oder andere Interessen, Aktivitäten und Verantwortlichkeiten vernachlässigt werden, dass zahlreiche erfolglose Bemühungen unternommen werden, um das wiederholte Sexualverhalten deutlich zu reduzieren, und dass das wiederholte Sexualverhalten trotz nachteiliger Folgen fortgesetzt wird oder wenig oder keine Befriedigung findet.«

In den Klassifikationssystemen ICD und DSM wird offiziell nicht von Abweichung oder Devianz gesprochen. Gesellschaftliche Normen gehören schon aus formalen Gründen nicht in ein Krankheitskonzept. Die Rede ist aber von Dysfunktionen – nicht im Sinne von Wakefields Modell der schadensbezogenen Dysfunktion, die auf evolutionären Selektionsmechanismen beruht, sondern Sinne einer Belastung oder Behinderung (Rashed & Bingham 2014). Dann heißt es zum Beispiel, dass sich zu viel Alkoholkonsum dysfunktional auf die Gesundheit auswirkt, dass eine depressive Stimmung sowohl die körperliche Gesundheit wie soziale Beziehungen beeinträchtigt, oder dass, wie im Zitat oben, »zwanghaftes Sexualverhalten« zur Vernachlässigung der Körperpflege führen kann.

Durch die Hintertür werden auf diese Weise dann doch soziale und normative Wertungen aufgerufen. Was einen Menschen stresst und behindert, ist eben nicht allein von psychischen Phänomenen abhängig, sondern auch davon, wie die soziale Umwelt dies sieht und darauf reagiert. Warum sollte ein junger Mann seine Körperpflege nicht vernachlässigen dürfen, beispielsweise zugunsten permanenten Pornokonsums und andauernder Masturbation? Selbst wenn dies von seiner Umwelt nicht toleriert werden sollte und er Pflichten vernachlässigt, etwa nicht mehr zur Schule oder zur Arbeit geht, was macht dieses Verhalten zu einem pathologischem, wenn er selbst nicht darunter leidet und anderen nicht schadet?

Bewertungen aus der sozialen Umwelt sind im Übrigen nicht nur für psychische Phänomene relevant. Um im Feld der Sexualität zu bleiben: Die sogenannte erektile Dysfunktion ist ein recht weitverbreitetes Phänomen, das nicht nur mit zunehmendem Alter auftritt. Rein biologisch betrachtet könnte allein die nicht oder nicht ausreichend vorhandene Erektion unter sexueller Stimulation als Dysfunktion definiert werden. In einer sexuellen Beziehung wird aber aus therapeutischer Sicht die nicht vorhandene Erektion erst dann zu einer Dysfunktion, wenn sie sich negativ auf diese Beziehung auswirkt und Leidensdruck erzeugt. Wenn jedoch zufriedenstellende erotische Umgangsformen für alle Beteiligten entwickelt werden oder aber einvernehmlich auf bestimmte Formen von Sexualität ganz verzichtet wird, dann handelt es sich nicht mehr um eine Dysfunktion.

Und so ist es auch bei psychischen Phänomenen. Selbst aus einer neurowissenschaftlichen Perspektive wird mittlerweile anerkannt, dass psychische Probleme aus einer Kombination von dimensionalen Ausprägungen einer bestimmten Eigenschaft und Behinderungen durch die jeweilige Umwelt entstehen:

> »Manchmal haben wir vielleicht extreme Werte in einer Dimension, aber das Ausmaß der Problematik hängt von vielen Faktoren ab, unter anderem von den Umwelten.« (Prat 2022: 15)

»Normalität« ist gemäß dieser Perspektive eine Mischung aus typischen und funktionalen Eigenschaften. Und beides, das Typische und das Funktionale, ist mit normativen sozialen Wertungen durchsetzt.

In einer sozialen Umgebung, die deutlich toleranter auf Substanzkonsum, Halluzinationen oder Stimmungsschwankungen reagiert, würden sich Menschen mit diesen Phänomenen weniger belastet oder gar behindert fühlen. Gesellschaftliche normative Wertungen lassen sich in diesem Zusammenhang gar nicht vermeiden (Martin 2006): Warum soll ich nicht mehr trinken als mir meine Umwelt zugesteht? Warum soll ich keine schlechte Stimmung haben dürfen? Warum soll ich nicht mehr Sex oder weniger Sex haben als gemeinhin für normal betrachtet wird? Bei den Dysfunktionen oder Defiziten handelt es sich, wie unlängst im Rahmen einer entsprechenden Analyse aus dem Autismusbereich festgestellt wurde, um »[n]eurokognitive Unterschiede in neurotypischen Umgebungen« (Legault et al. 2019). Es sind eben die »typischen« sozialen Umgebungen, welche festlegen, was denn ein Defizit oder eine Dysfunktion ist.

Insbesondere der Begriff der Behinderung wird in jüngerer Zeit primär sozial definiert. Der bereits mehrfach angesprochenen UN-BRK liegt – wie im ersten Kapitel beschrieben – explizit ein soziales Modell zugrunde, das den Grund für die Behinderung nicht mehr in der Person sieht, sondern in der Umwelt (Palacios 2015). Deshalb wird die Umwelt bereits heute vielerorts so gestaltet, dass etwa Menschen mit Rollstühlen den öffentlichen Verkehr besser nutzen können oder Menschen mit Sehbehinderungen akustische Signale an Ampeln erhalten. Wie bei psychosozialen Problemen soziale Umwelten zu gestalten wären, sodass die davon betroffenen Menschen besser inkludiert werden, ist nicht so offensichtlich, aber möglich. Rehabilitationsprogramme wie Supported Employment oder Supported Housing sehen genau dies vor (Richter et al. 2016). Aber wenn die Umwelten optimiert sind, dann stellt sich natürlich die Frage, ob die betroffene Person noch behindert ist. Und was bedeutet das für die Diagnose einer psychischen Störung? Können wir zwischen »psychisch gesund« und »psychisch krank« wirklich sauber unterscheiden?

In neueren Publikationen zu diesem Themenkreis werden inzwischen Begriffe wie »vage« oder »fuzzy« benutzt, um die mangelnde Grenzziehung zwischen krank und gesund in der Psychiatrie zu beschreiben (Keil et al. 2017). Der frühere Präsident des größten US-amerikanischen Forschungsinstituts in der Psychiatrie, Steve Hyman, hat das Problem auf dem Punkt gebracht:

»Die Grenze zwischen krank und gesund erfordert soziale Entscheidungen (›policy decisions‹) bezüglich des Setzens der Schwellenwerte, genauso wie es in allen Fällen der Medizin ist, bei denen Störungen quantitative Abweichungen von der Gesundheit repräsentieren.« (Hyman 2021: 23)

Diese Problematik betrifft nicht die Psychiatrie allein, sondern findet sich in vielen medizinischen Fachgebieten (Hofmann 2021). Das Besondere an der Psychiatrie ist, dass Menschen mit psychosozialen Problemen unter Umständen gegen ihren Willen mit einer Diagnose versehen, in einer Einrichtung untergebracht und sogar behandelt werden können. Deshalb ist die Frage nach der Grenze zwischen psychisch krank und psychisch gesund fachlich und ethisch weit herausfordernder als die Frage, wo die Grenze der Hypertonie oder des Diabetes mellitus zu ziehen ist. Eine gesundheitliche Selbstgefährdung im Rahmen eines Diabetes hat keine Zwangsmaßnahme zur Folge, eine Selbstgefährdung im Rahmen einer diagnostizierten depressiven Störung hingegen schon.

Kann zwischen verschiedenen psychischen Störungen unterschieden werden?

Klassifikationssysteme und darin beschriebenen Diagnosen haben verschiedene Zwecke. In praktischer Hinsicht sollen sie dazu dienen, sich Klarheit über die verschiedenen Krankheitsbilder zu verschaffen, die Kommunikation zwischen allen Akteuren zu erleichtern sowie die Abrechnung mit Kostenträgern zu ermöglichen. Für die Wissenschaft sollen Diagnosen eindeutige Definitionen und Kriterien liefern, die es erlauben, Forschung zu Ursachen oder Therapiemöglichkeiten durchzuführen. Alle diese Funktionen setzen voraus, dass unterschiedliche Krankheitsbilder voneinander abgegrenzt werden können.

In der Medizin generell werden die entsprechenden Klassifikationssysteme regelmäßig revidiert, um neue wissenschaftliche Erkenntnisse in die Krankheitsbeschreibungen einfließen zu lassen. Dies gilt selbstverständlich auch für das DSM und die ICD. Mit der Revision des DSM-IV hofften viele Fachpersonen wie auch Forschende, die im vorherigen Abschnitt angesprochene Schwierigkeit der Unterscheidung von krank und nicht krank überwinden zu können. Grundsätzlich war man sich einig, dass ein kategoriales System wenig taugt, um der Komplexität psychischer Probleme gerecht zu werden. Stattdessen sollte ein kontinuierliches und dimensionales System entwickelt werden (Lilienfeld & Treadway 2016). Am Ende allerdings wurde dann doch nur das das bestehende kategoriale System nachgebessert, aber nicht ersetzt, weil dies praktikabler erschien.

Neben der Kategorialität war vor allem die Validität der Krankheitsbilder und ihrer Kriterien ein großes Diskussionsthema. Die Validität meint hier, ob die Beschreibungsmerkmale tatsächlich für das zugrunde liegende Krankheitsbild zutreffen. Als Reaktion auf das Rosenhan-Experiment wurde die Interraterreliabilität verbessert. Die Interraterreliabilität ist in diesem Zusammenhang ein Maß für die Übereinstimmung verschiedener Fachpersonen hinsichtlich der Diagnosen. Das heißt, psychiatrische Fachpersonen konnten sich auf Merkmale einigen, die eine Diagnose ausmachten. Ob die Diagnosen jedoch bestimmte biopsychologische Einschränkungen repräsentierten, darüber konnten keine Aussagen gemacht werden.

Nicht zuletzt aus diesem Grund hat sich vor einigen Jahren eine Initiative gegründet, die neue Kriterien für die Psychopathologie entwickeln will. Gefördert vom US-amerikanischen Nationalen Forschungsinstitut für psychische Gesundheit (NIMH) versucht die Research-Domain-Criteria-Forschung (RDoC) anstelle der üblichen Verhaltensmuster und Beobachtungen nunmehr sogenannte Endophänotypen zu etablieren. Voraussetzung dafür ist es, Marker zu identifizieren, die idealerweise biologische oder neuropsychologische Dysfunktionen repräsentieren. In der Folge wurden sechs Domänen für die gesamte Psychopathologie definiert – negative Valenz, positive Valenz, kognitive Systeme, Systeme für soziale Prozesse, Systeme der Erregung und Regulation und sensomotorische Systeme (Michelini et al. 2021) –, die neue Impulse für die – primär biologische – Ursachenforschung psychischer Erkrankungen schaffen sollen.

Ein ähnliches Ziel verfolgt die HiTOP-Systematik. HiTOP steht für »Hierarchische Taxonomie der Psychopathologie« (Kotov et al. 2017). Basierend auf statistischen Analysen von Symptomen und Syndromen sind sechs Spektren definiert worden: Somatoform, Internalisierung, Denkstörung, Distanziertheit/Sozialer Rückzug (»Detachment«), Enthemmte Externalisierung, Antagonistische Externalisierung (Kotov et al. 2021). Die Autorinnen und Autoren des HiTOP-Ansatzes versprechen sich von diesem vergleichsweise reduzierten Rahmen sowohl eine bessere Ursachenbezogenheit als auch einen besseren klinischen Nutzen.

Noch reduzierter ist der P-Faktor-Ansatz. Analog zum G-Faktor der allgemeinen Intelligenz (»General Intelligence«) beschreibt dieser Faktor die allgemeine Psychopathologie. Empirisch basiert der P-Faktor auf der vor allem in der Entwicklungspsychologie sehr bekannten Dunedin-Studie. Dabei handelt es sich um eine Längsschnittkohortenstudie aus Neuseeland, bei der eine Geburtskohorte über mehrere Jahrzehnte begleitet und immer wieder neu untersucht wurde (Caspi et al. 2014). Im Lebensverlauf der von psychischen Problemen betroffenen Personen ergab sich eine recht hohe Komorbidität verschiedener Störungsbilder, sodass erhebliche Zweifel an der Unterschiedlichkeit der Problemlagen auftauchten. Die Forschenden vermuten eine allgemeine Anfälligkeit (»liability«), die letztlich unspezifisch ist, aber insbesondere kognitive Schwierigkeiten auslösen kann (Caspi & Moffitt 2018).

In der Zusammenschau zeigt sich, dass die Forschung bis heute keine validen und reliablen Kriterien für die Krankheitsbilder benennen kann, die wir seit Langem zu kennen meinen und von deren Existenz viele Menschen überzeugt sind. Weder kann eindeutig zwischen verschiedenen Störungsbildern noch zwischen krank und nicht krank unterschieden werden. Die Diagnosen der Klassifikationssysteme DSM und ICD haben sich gewissermaßen verselbstständigt: Fachpersonen haben über Jahrzehnte hinweg bestimmte Symptome einzelnen Diagnosen zugeordnet, sodass ihnen eine Depression so real erscheint wie ein Tumor. Die Forschungsdaten geben das aber nicht her: Psychische Störungen sind nicht wie Tumore, sie sind keine natürlichen Krankheitsentitäten, sondern pragmatisch gewählte Kategorien, die aus klinischer Sicht nützlich erscheinen (Zachar 2015).

Schlussfolgerung: Menschenrechte und das reale Konstrukt der psychischen Störung

Wie schon im ersten Kapitel beschrieben, wurde Thomas Szasz Anfang der 1960er-Jahre mit der These bekannt, psychische Erkrankungen seien ein Mythos, weil sie biologisch nicht nachweisbar seien (Szasz 1974). Aus heutiger Sicht muss man konstatieren, dass die Grundlagenforschung vieles aufklären konnte, was für die Pathologie der Psyche relevant ist. Wir wissen heute viel mehr über die Ursachen, welche zu unterschiedlichem Erleben und Verhalten von Menschen führen. Allerdings können wir nicht eindeutig sagen, was denn die »Psyche« eigentlich ist und wir können genauso wenig sagen, was »pathologisch« bedeutet.

Heißt das, psychische Krankheiten ein Mythos im Sinne von Thomas Szasz sind? Aus meiner Sicht ist das nicht korrekt. Nach meiner festen Überzeugung gibt es psychische Krankheiten, aber vermutlich nicht in dem Sinne, wie sie von den Diagnosesystemen des DSM und ICD klassifiziert werden. Was wir mit psychischen Phänomenen verbinden, sind vor allem soziokulturelle Konstrukte. Dies beginnt schon mit dem Konstrukt der Emotion. Lange war man der Überzeugung, es gebe universelle Emotionen wie Angst oder Ärger, welche in jeder Kultur ähnlich Ausdruck finden. Heute hingegen wird von der aktuellen neurowissenschaftlichen Forschung die Emotion als ein kulturell abhängiges Konstrukt gesehen, das keine Reaktion, sondern eine Art Vorhersage- und Erwartungsfunktion des Gehirns ist. Das bedeute jedoch nicht, so die Emotionsforscherin Lisa Feldman Barrett in ihrem Grundlagenwerk zum Thema, dass Emotionen nicht »real« seien:

> »Die Unterscheidung zwischen »real in der Natur« und »illusorisch« ist eine falsche Dichotomie. Angst und Ärger sind real für eine Gruppe von Menschen, welche übereinstimmen, dass gewisse Veränderungen im Körper, im Gesicht und so weiter Bedeutung als Emotionen haben. Mit anderen Worten, Emotionskonzepte haben eine soziale Realität.« (Barrett 2017: 133)

Ganz ähnlich finden wir auf der biologischen Ebene keine harte Evidenz für psychische Krankheiten im Sinne valider Definitionen von »Gesundheit« und von »Krankheit«. Allerdings sind die meisten Menschen von der Existenz psychischer Krankheiten überzeugt, und dies legt nahe, das Konzept als ein soziales Konstrukt zu betrachten. Und um Lisa Feldman Barretts Argument aufzunehmen: Soziale Konstrukte sind absolut real und haben sehr reale Konsequenzen, wenn die beteiligten Menschen diese Vorstellung teilen. Muss man aber nicht. Es gibt keine validen Diagnosekriterien. Bei näherem Hinsehen verschwinden die als sicher angenommenen Eigenschaften der »psychischen Störung«, eine klare Grenze zwischen »gesund« und »krank« lässt sich nicht ziehen und soziale Normen lassen sich nicht ausschließen.

Diese Unsicherheiten sind es, die es meiner Ansicht nach nicht rechtfertigen, Menschen gegen ihren Willen aus medizinischen Gründen psychiatrisch zu behandeln. Wenn wir nicht wissen, was genau eine psychische Störung ist, wenn soziokulturelle Aspekte wichtiger sind als medizinische Kriterien und wenn wir noch nicht einmal die Existenz der menschlichen Psyche nachweisen können, dann entfällt nach meiner Überzeugung ein wesentliches Argument für die Rechtfertigung für die Anwendung von Zwang.

Psychosoziale Probleme anders betrachten: das Spektrenmodell

Welche Konsequenzen hätte es, wenn Zwangsmaßnahmen in der psychiatrischen Versorgung nicht länger zu rechtfertigen wären? Was würde daraus folgen? Eine neue Legitimationsstrategie wäre ein Ausweg, ist jedoch derzeit nicht in Sicht. Ein weiterer Ausweg könnte eine juristische Regelung sein, wie sie von George Szmukler vorgeschlagen wurde, dass nämlich Menschen mit psychischen und nichtpsychischen Krankheiten gleichbehandelt werden sollen (»fusion law«), um Diskriminierungen zu vermeiden (Szmukler 2018). Dann wäre allein die Feststellung der Urteilsunfähigkeit ausschlaggebend. Allerdings bringt dies neue Schwierigkeiten mit sich. Zum einen müsste eine klare Grenzziehung bei der Urteilsfähigkeit bestehen. Aber auch hier läuft man in die gleichen methodischen Probleme dimensionaler psychischer Eigenschaften hinein, wie sie im vorherigen Kapitel skizziert wurden; auch die Grenze zwischen »urteilsfähig« und »nicht urteilsfähig« dürfte nicht sauber zu ziehen sein. Zum anderen würde man auch hier eine Zwangsbehandlung nicht in jedem Fall mit dem Wohl der betroffenen Person begründen können. Deshalb möchte ich vorschlagen, dass ausschließlich die betroffene Person selbst für sich feststellen kann, ob sie unter einer psychischen Störung leidet und ob sie therapeutische, nichttherapeutische oder gar keine Hilfe in Anspruch nehmen will. Dafür brauchen wir ein Modell psychischer Krankheit, welches sowohl die Akzeptanz als auch die Ablehnung dieses Modells erlaubt. Menschen mit psychosozialen Problemen hätten demnach die Wahl zwischen einer Selbstdeklaration, krank zu sein, und einer Selbstdeklaration, nicht krank zu sein.

Sollte sich eine derartige Sichtweise durchsetzen, wären den Menschenrechtsverletzungen in der psychiatrischen Versorgung die Grundlage entzogen. Niemand würde mehr gegen seinen oder ihren Willen in der Psychiatrie aufgenommen oder behandelt werden. Psychiatrische Interventionen wären auf diejenigen Menschen beschränkt, die sich als krank erleben und auf dieser Basis medizinische oder therapeutische Hilfe suchen. Die Attestierung einer »psychischen Störung« von außen wäre nicht mehr zulässig.

Von der Neurodiversität zur neurokognitiven Diversität

In den nachfolgenden Abschnitten versuche ich, zu skizzieren, wie man aus sozialpsychiatrischer Perspektive ein Verständnis psychischer Störungen oder Krankheiten schaffen kann, das für Betroffene, die sich nicht als krank erleben, anschlussfähig ist.

Es mag den einen Leser oder die andere Leserin überraschen, wenn ich nun mit biologischen und psychologischen Prozessen argumentiere. Ich bin allerdings von der Relevanz biopsychologischer Mechanismen für Entstehung und Erleben psychosozialer Probleme überzeugt. Ohne synaptische Verbindungen kann kein Gedanke und kein Gefühl entstehen, selbst wenn wir die Übersetzung in ein subjektives Erleben noch nicht aufklären konnten und vielleicht auch nie aufklären können. Und daran, dass Gefühle und Gedanken sich auf weiteres Erleben auswirken, kann ebenfalls kein Zweifel bestehen (Borsboom et al. 2018), auch wenn wir nicht wirklich wissen, wie diese zustande kommen. Es sind, wie der Neurowissenschaftler Antonio Damasio in einem unlängst erschienenen Buch formuliert hat »funktionale Mechanismen, die es uns erlauben, einen Prozess mental zu erleben, der eindeutig im körperlichen Bereich stattfindet« (Damasio 2021: 6).

Ich beziehe mich im Folgenden auf die neuere neurowissenschaftliche und taxonomische Forschung, welche grundsätzlich von der Dimensionalität biopsychologischer Sachverhalte ausgeht., Das heißt: Gefühle, Gedanken und Erleben folgen nahezu immer einer statistischen Verteilung, bei der Grenzen und Unterschiede nicht klar auszumachen sind. Bei den konventionellen Klassifikationssystemen des DSM und ICD ist Komorbidität eines der zentralen Probleme. Wir wissen, dass verschiedene »Störungsbilder« recht hoch miteinander korrelieren, beispielsweise Angst und Depression. Dieser Umstand hat – wie bereits im vorherigen Kapitel beschrieben – in den letzten Jahren zu neuen taxonomischen Vorschlägen bezüglich der Einteilung psychischer Störungen geführt.

Ein sehr weitgehender Vorschlag ist, wie erwähnt, der P-Faktor, also der Faktor für eine allgemeine Psychopathologie (Caspi & Moffitt 2018). Folgt man diesem Vorschlag, so ist davon auszugehen, dass dieser in der Bevölkerung einer gewissen Verteilung vorliegt. Neurotizismus, emotionale Dysregulation, intellektuelle Beeinträchtigungen und Denkstörungen wären in diesem Sinne Extremmerkmale, welche pathologisiert werden, dazwischen liegt ein Raum möglicher Merkmalsausprägungen, die unterschiedlich wahrscheinlich sind. Man kann dieses Risiko für das Individuum auch biopsychologische Vulnerabilität oder Verletzlichkeit nennen.

Ein in diesem Zusammenhang häufig gebrauchter Begriff ist die »Neurodiversität«. Er stammt aus der Asperger-Autismus-Bewegung und beschreibt die Unterschiedlichkeit und das Anderssein von Menschen, die sich selbst als »neurodivergent« sehen (Silberman 2015; Singer 2017). Ihre Neurodivergenz beruht auf einer biologischen Unterschiedlichkeit, welche sie von Menschen unterscheidet, die als »neurotypisch« betrachtet werden. Bei aller Unterschiedlichkeit wird in der Bewegung größter Wert darauf gelegt, nicht als krank oder behindert etikettiert zu werden. Eher schon sehen sich Menschen mit Autismus als eine »neurologische Minderheit« (Singer 2017: 15) und beanspruchen entsprechende Minderheitenrechte.

Anders zu sein, aber nicht krank, diese Sichtweise hat sich auf weitere psychosoziale Phänomene wie ADHS oder Psychosen übertragen, die in der konventionellen Psychopathologie als Störung etikettiert werden. Dieses Selbstverständnis wird auch in der Selbsthilfe als ein Ansatz gesehen, von dem gelernt werden kann (Graby 2015). Gleichzeitig wird Neurodiversität in der klinischen Psychiatrie als eine Möglichkeit gesehen, einerseits die Stigmatisierung zu vermindern und andererseits Anpassungen in der sozialen Umwelt der Betroffenen zu erreichen (Sonuga-Barke & Thapar 2021). Insofern steht der Neurodiversitätsansatz dem sozialen Modell der Behinderung nahe, das nicht auf die Person fokussiert, die behindert ist, sondern auf die Umwelt, die eine Person behindert, die anders ist als viele andere Menschen.

Wie der Begriff der Neurodiversität schon vermuten lässt, wird die Unterschiedlichkeit von Individuen biologisch begründet. Es sind demnach die Gehirne, die anders verschaltet sind als bei den Neurotypischen. Auch wenn im Neurodiversitätsansatz explizit dem Label der Krankheit widersprochen wird, legt dies eine gewisse Nähe zu reduktionistischen biologischen Ansätzen der Psychiatrie nahe, welche die Frage nach dem Wesen psychischer Störungen so beantworten: »Hirnerkrankungen? Ganz genau« (Insel & Cuthbert 2015). Diesem – zumindest terminologisch vorhandenem – Reduktionismus wird daher auch innerhalb der Neurodiversitätsbewegung in Teilen mit deutlicher

Skepsis begegnet (Russel 2020). Andere sehen hier ein fundamentales Missverständnis:

> »Neurodiversität ist die Variation des Geists (›mind‹). Jedes menschliche Wesen unterscheidet sich in gewisser Weise von jedem anderen menschlichen Wesen bezüglich ihrer neurokognitiven Funktionsweisen – wie sie denken, wahrnehmen, wissen, und sich entwickeln, wie ihre Psychen Informationen verarbeiten und mit der Welt interagieren.« (Walker 2021: 53)

Dies entspricht auch dem Erkenntnisstand in der allgemeinen taxonomischen und psychologischen Forschung. Danach werden psychische Probleme primär durch andere psychische Phänomene getriggert, die allerdings nicht unabhängig von biologischen Einflüssen sind. Grübeln fördert Schlafstörungen und diese wiederum tragen zu einer niedergeschlagenen Stimmung bei, welche dann erneut die Schlafstörungen verschlimmern kann und so weiter.

Dabei sind psychische Phänomene wie Grübeln oder Niedergeschlagenheit in einer Population statistisch graduell verteilt, aber nicht scharf abgegrenzt. Manche Menschen haben eher eine Tendenz zu Niedergeschlagenheit als andere, aber die Niedergeschlagenheit als Phänomen kann nicht aus sich selbst heraus als »krank« oder als »gestört« klassifiziert werden:

> »Menschen mit einer Diagnose einer psychischen Störung unterscheiden sich nicht qualitativ von »gesunden« Menschen. Über das gesamte menschliche Erleben hinweg, das psychische Gesundheit und psychische Krankheit definiert, unterscheiden sich Menschen graduell, nicht substanziell« (Conway & Krueger 2021: 152).

Gleiches gilt etwa für Halluzinationen. Im Rahmen einer umfangreicheren Bevölkerungsstudie in Großbritannien wurde etwa eine Zwölf-Monats-Prävalenz von Halluzinationen von mehr als 4 Prozent gefunden. Jüngere Menschen zeigten dabei eine deutlich höhere Rate als ältere (Yates et al. 2021). Auch Wahnvorstellungen, die konventionell mit Halluzinationen zu den Kernsymptomen einer Psychose gezählt werden, kommen nicht selten in der Allgemeinbevölkerung vor. Solche Studienergebnisse werden bereits als mögliches Korrektiv gegen eine »klinisch verzerrte Sichtweise« betrachtet (Harper 2021), welche dadurch entsteht, dass klinisch Tätige nur Menschen zu Gesicht bekommen, die erhebliche Probleme aufweisen. Es gibt es aber zahlreiche Menschen mit den gleichen Phänomenen, die diese bestens in ihren Alltag integrieren können.

Das heißt zusammengefasst, neben der Neurodiversität, also der Unterschiedlichkeit biologischer Merkmale in der Bevölkerung, existiert auch eine kognitive Diversität. Letzteres bedeutet graduell unterschiedliches Erleben und Verhalten der Menschen, das nicht von sich heraus als pathologisch klassifiziert werden kann. Dies bedeutet jedoch nicht, dass Menschen nicht unter diesen Phänomenen leiden können. Unter Umständen kann eine melancholische Befindlichkeit so gravierend sein, dass ein Suizid nicht nur erwogen, sondern auch ausgeführt wird. Und ebenso können manche Stimmen so bedrohlich sein, dass die davon betroffenen Menschen sie nicht mehr ertragen. Etwas nicht auszuhalten zu können, ist allerdings nicht zwingend pathologisch, wie die Diskussion um die Trauerreaktion als mögliche psychische Störung gezeigt hat (Horwitz & Wakefield 2007). Der Verlust eines geliebten Menschen kann eine kaum aushaltbare Belastung darstellen und zu Verhaltens- und Erlebnisweisen führen, die mit dem DSM oder ICD als Depression eingestuft werden können – aber nicht zwingend müssen.

Am Ende dieser Überlegungen muss daher festgehalten werden, dass wir über zwei fundamentale Sachverhalte nicht genau wissen, ob und wie sie zu trennen sind. Erstens können wir biologische und psychische Phänomene nicht konsequent trennen. Da wir nicht genau sagen können, wie aus einem neuronalen Impuls ein Gedanke oder ein Gefühl entsteht, empfiehlt es sich hier, von neurokognitiven Phänomenen zu sprechen. Und zweitens können wir gesund und krank nicht klar voneinander unterscheiden, da neurokognitive Phänomene als Dimensionen anzuschauen sind. Aus diesen Gründen schlage ich vor, diese Dimensionalität als »neurokognitive Diversität« zu charakterisieren.

Von der neurokognitiven Diversität zur Soziodiversität

Die biologischen Eigenschaften einer Population, etwa ihre genetische oder neurobiologische Disposition, folgen einer gewissen Verteilung. Gleiches gilt für die psychische Befindlichkeit, das kognitive Erleben und Verhalten. Aus bestimmten biologischen Eigenschaften folgt aber keine spezifische psychische Reaktion. Diese Systemebenen haben ihre eigenen Spielregeln, sie »irritieren«

einander, indem sie jeweils Umwelten für die andere Ebene darstellen (Richter 2003).

Für die psychische Befindlichkeit ist jedoch noch eine weitere Ebene wichtig, die des Sozialen. Soziale Aspekte tragen im Sinne einer kausalen Irritation nicht unwesentlich zu dem bei, was als psychische Störung bezeichnet wird und was ich als psychosoziales Problem beschreibe. Insbesondere die nachfolgenden Sachlagen sind für das psychische Befinden relevant: Demografie (u. a. Alters- und Geschlechtsfaktoren), Wirtschaft (u. a. soziale Ungleichheit und Armut), das Quartier oder die Nachbarschaft, in der man lebt (u. a. Bevölkerungsdichte und Wohnbebauung), die Umwelt (u. a. Kriege und Konflikte sowie der Klimawandel) und soziokulturelle Bedingungen (u. a. soziales Kapital und Bildung; Lund et al. 2018).

All diese Faktoren sind bedeutsam für die Entstehung und das Aufrechterhalten psychosozialer Probleme, sie bilden wichtige Elemente der sozialen Umwelt ab. Vor allem die soziokulturellen Faktoren sind für den Stellenwert psychosozialer Probleme in einer Gesellschaft entscheidend. Oben wurde bereits der Begriff des Loopings gebraucht, den der Philosoph Ian Hacking für das Wechselspiel zwischen der soziokulturell geprägten Klassifikation psychischer Störungen und dem psychischen Erleben der betroffenen Personen geprägt hat. Um diese Wechselwirkungen zwischen psychischer Befindlichkeit und sozialer Umwelt soll es nun gehen.

Die gegenseitige Beeinflussung von psychischem Erleben und sozialer Sphäre zeigt sich nicht nur bei der Diagnostik. Viele psychische Probleme haben soziale Folgen: Wenn unter Niedergeschlagenheit die Arbeitsfähigkeit leidet oder gar Arbeitsunfähigkeit attestiert wird, wenn Wahnvorstellungen eine Bedrohungslage suggerieren, dann hat das Auswirkungen auf die Menschen, mit denen man zusammenlebt und arbeitet. Von psychosozialen Problemlagen zu sprechen, ist also nur konsequent.

Von Bedeutung ist in diesem Zusammenhang, wie tolerant die soziale Umwelt auf das Erleben und Verhalten reagiert. Insgesamt ist in den vergangenen Jahrzehnten eine deutliche Liberalisierung in Bezug auf vormals verachtete, geächtete oder gar kriminalisierte Verhaltensweisen zu beobachten (Inglehart 2018). Diese Liberalisierung hängt mit der bereits beschriebenen Individualisierung zusammen. Homosexualität ist heute in den westlichen Ländern weder eine Krankheit noch ein kriminelles Vergehen mehr, selbst in den religiös und konservativ geprägten Regionen der Schweiz ist die gleichgeschlechtliche Ehe mittlerweile in einer Volksabstimmung gutgeheißen worden. Drogenkonsum, zumindest in der Form von Cannabis, wird faktisch ebenfalls nicht mehr pathologisiert oder kriminalisiert, wenn er sich denn in Grenzen hält.

Sicher könnte noch viel mehr geschehen. Nach wie vor sind zahlreiche Verhaltensweisen, die als psychisch krank etikettiert werden, stigmatisiert, etwa psychotisches Erleben oder die Abhängigkeit von Alkohol. Mir geht es hier aber um etwas anderes: Die sozialen Folgen psychischer Probleme können ähnlich dimensional betrachtet werden wie die Neuro- oder die kognitive Diversität, nämlich als Soziodiversität. Identische psychische Probleme können unterschiedliche soziale Konsequenzen haben. Es hängt primär von der sozialen Umwelt ab, wie gut oder wie schlecht eine Person mit psychischen Problemen zurechtkommt. Um nur ein Beispiel zu nennen: In einer westlichen Großstadt mit einem differenzierten psychosozialen Angebot, wird es eher gelingen, im Rahmen eines Supported-Employment-Programms nach einer psychischen Krise zurück in den ersten Arbeitsmarkt zu gelangen (Richter et al. 2019). Lebt man jedoch in einer verarmten ländlichen Region Osteuropas, in der solche Programme unbekannt sind, sieht es anders aus.

Soziodiversität entsteht also, wenn psychische Phänomene auf unterschiedliche soziale Umwelten treffen. Toleranz, Stigmatisierung und das psychosoziale Unterstützungsangebot gehören zu den zentralen Merkmalen, welche Soziodiversität im Zusammenhang mit psychosozialen Problemen ausmachen. Die sozialen Folgen sind vor allem bei ausgeprägten Beeinträchtigungen gravierend. Neben der Stigmatisierung ist hier die soziale Exklusion zu nennen, die viele Menschen mit psychosozialen Problemen erfahren (Richter & Hoffmann 2019b). Sie erleben Benachteiligungen am Arbeitsmarkt, erzielen weniger Einkommen, haben weniger soziale Beziehungen und Intimbeziehungen und können manche Freizeitaktivitäten nicht ausüben. Hinzu kommt eine – im Durchschnitt – schlechtere körperliche Gesundheit. Viele Menschen mit ausgeprägten psychosozialen Problemen leben sozial isoliert, fühlen sich einsam und abgeschnitten vom Rest der Gesellschaft (Cogan et al. 2021).

Zur Soziodiversität trägt aber noch etwas anderes bei. Die moderne Gesellschaft ist kein monolithisches Gebilde, sondern ein komplexes kommunikatives Mit- und Gegeneinander von Gruppen und Individuen, die einzelne Sachverhalte sehr unterschiedlich wahrnehmen und bewerten. Die Flüchtlingskrise, die Klimakrise und die Coronapandemie haben nicht nur zu teils drastischen öffentlichen Kontroversen geführt, sondern auch zu tätlichen Angriffen auf einzelne Menschen. Die heutige Gesellschaft ist polarisiert und emotionalisiert. Selbst wenn die Wissenschaft zu einem weitreichenden Fast-Konsens kommt, wie etwa in der Klimafrage oder in der Pandemiebekämpfung, bedeutet dies keineswegs, dass alle Personen die wissenschaftlichen Erkenntnisse respektieren und den daraus abgeleiteten Verhaltensvorschlägen folgen.

Anhand der Coronapandemie kann recht plausibel demonstriert werden, wie die moderne Gesellschaft funktioniert, nämlich als funktionale Differenzierung. Eine wesentliche Erkenntnis der Soziologie moderner Gesellschaften ist, dass es keine Autorität oder Wahrheit mehr gibt. Für alle Menschen verbindliche Wahrheiten und andere Gewissheiten wie die Religion sind mit dem Übergang zur modernen Gesellschaft untergegangen. Die moderne Gesellschaft zeichnet sich dadurch aus, dass ihre verschiedenen Teilsysteme wie Politik, Recht, Wissenschaft oder Wirtschaft sich gegenseitig beobachten und beeinflussen, ohne dass eines der Teilsysteme die anderen dominiert. Wenn die Politik während der Pandemie behauptete, sie folge der Wissenschaft, galt dies nur so lange, wie nicht massive Verluste bei den nächsten Wahlen zu befürchten waren (Richter & Zuercher 2021). Gesellschaftliche Teilsysteme folgen ihren eigenen Gesetzmäßigkeiten und lassen sich allenfalls irritieren, aber nicht von außen steuern (Luhmann 1997).

Selbstverständlich kann das Wissenschaftssystem nicht darauf verzichten, seine Forschungsergebnisse als »wahr« zu publizieren – Forschungsergebnisse, die von vornherein als »falsch« deklariert würden, hätten keine Chance auf Veröffentlichung. Es sind aber keine absoluten Wahrheiten, die dort verkündet werden, sondern eben nur wissenschaftliche Wahrheiten, also Beobachtungen eines Teilsystems der Gesellschaft. Die Wissenschaft »kann nicht für sich selbst eine Ausnahmestellung beanspruchen und sich selbst in der Rolle eines externen Beobachters sehen, der die Wirklichkeit (auf wie immer unvollkommene Weise) so beschreibt, wie sie ist.« (Luhmann 1990: 667) Wenn sie dies dennoch versucht, wie zuweilen zu beobachten ist, wird sie von politischen, wirtschaftlichen oder medialen Realitäten schnell der Naivität überführt. Eine differenzierte Gesellschaft produziert kontextabhängige Beobachtungen, und der wissenschaftliche Kontext ist nur einer unter vielen. Die moderne Gesellschaft ist polykontextural.

Es kann daher nicht verwundern, wenn andere Teilsysteme wie das Rechtssystem oder das politische System »psychische Krankheiten« anders beurteilen als der wissenschaftliche Mainstream. Es wurde in diesem Buch schon verschiedentlich auf die Vereinten Nationen und deren Unterorganisationen hingewiesen, die in den letzten Jahren psychiatrische Zwangsmaßnahmen ganz anders beurteilt haben als psychiatrisch Tätige.

In einer polykontexturalen Gesellschaft kann nun nicht für alle verbindlich festgestellt werden, wer in dieser Angelegenheit Recht hat. Aus Sicht der meisten psychiatrisch Tätigen und Forschenden handelt es sich bei Zwangsmaßnahmen um Interventionen, die Therapien ermöglichen, wenn nicht sogar selbst therapeutisch sind. Mit Blick auf die UN-BRK sprechen dagegen Betroffene von Menschenrechtsverletzungen, wenn nicht gar von Folter.

Im Kontext der UN-BRK wird auch nicht von Krankheit, sondern von »psychosozialer Behinderung« gesprochen. In der rechtswissenschaftlichen Forschung wird dies als Paradigmenwechsel zugunsten eines sozialen Modells der Behinderung gesehen. Ziel der UN-BRK ist die vollständige Gleichstellung und Inklusion von Menschen mit Behinderungen (Doyle Guilloud 2019).

Der Begriff der »psychosozialen Behinderung« wurde vom »Weltnetzwerk der Nutzenden und Überlebenden der Psychiatrie« (engl. World Network of Users and Survivors of Psychiatry, WNUSP) geprägt. Für die Mitglieder ist »psychosoziale Behinderung« die präferierte Bezeichnung für Menschen, die sich folgendermaßen definieren: »als Nutzende oder Konsumierende psychiatrischer Versorgung; Überlebende der Psychiatrie; Menschen, die Stimmungsschwankungen, Angst, Stimmen oder Visionen erleben, verrückt (mad) sind; Menschen, die psychische Gesundheitsprobleme oder Krisen erleben.« (WNUSP 2008)

Auffälligerweise wird die Nutzung psychiatrischer Unterstützungsangebote nicht ausgeschlossen. Die Nutzenden wollen entscheiden, ob sie Hilfe suchen und annehmen. Viele begegnen dem Krankheitskonzept mit einer gewissen Skepsis, und diese Skepsis ist verständlich, denn gerade die institutionelle Psychiatrie ist nicht immer sehr einladend und empathisch mit den Anliegen vieler Nutzender umgegangen.

Viele andere Menschen hingegen sind von der Existenz psychischer Störungen und Krankheiten vollkommen überzeugt. Und die Bereitschaft, sich behandeln zu lassen, steigt deutlich an, wie nahezu alle relevanten empirischen Indikatoren nahelegen. Besonders bemerkenswert ist die Zunahme bei der Verschreibung und wohl auch bei der Einnahme psychotroper Medikamente. In den gesamten OECD-Staaten, also primär westlichen und entwickelten Ländern, verdoppelte sich der Konsum von Antidepressiva etwa zwischen 2000 und 2017 (OECD 2019). In der Schweiz stieg der Konsum von Antidepressiva zwischen 2007 und 2017 um knapp 50 Prozent und die Inanspruchnahme psychiatrischer resp. psychotherapeutischer Praxen um ungefähr 20 Prozent (Schuler et al. 2020).

Vor dem Hintergrund dieses diversen Umgangs mit psychischer Krankheit und Nichtkrankheit stellt sich daher die Frage: Kann ein Erklärungsmodell psychosozialer Probleme entwickelt werden, das für die gesamte Diversität des Umgangs anschlussfähig ist?

Von der Krankheit zum Spektrum

Wenn man die Unterscheidung von Krankheit und Gesundheit aufgeben und der biologischen und psychischen Diversität Rechnung tragen will, bietet sich das Spektrenmodell an. Vor dem Hintergrund des aktuellen Forschungsstands kann beschrieben werden, auf welchen Ebenen sich die biologischen, psychologischen und soziokulturellen Faktoren bemerkbar machen.

Aus Abbildung 4 geht hervor, dass sämtliche dieser Einflüsse ihrerseits als Spektren aufgefasst werden können. Wichtig in dem Zusammenhang ist die Betonung der überwiegend nichtdeterministischen Zusammenhänge zwischen den verschiedenen Ebenen. In der biologischen Forschung wird aktuell von verschiedenen Genotyp-Phänotyp-Prozessen ausgegangen, die Variabilität in einer Population herstellen. Die Rede ist dort von stochastischen (also zufälligen) Zusammenhängen genauso wie von nichtdeterministischen, nur in bestimmten Fällen besteht ein Kausalzusammenhang (Hiesinger, Hassan 2018). Da hier nur eine zweidimensionale Abbildung der Verhältnisse möglich ist, sollen die unterbrochenen Linien diesen Sachverhalt indizieren.

ABBILDUNG 4 Das Spektren-Modell psychosozialer Probleme

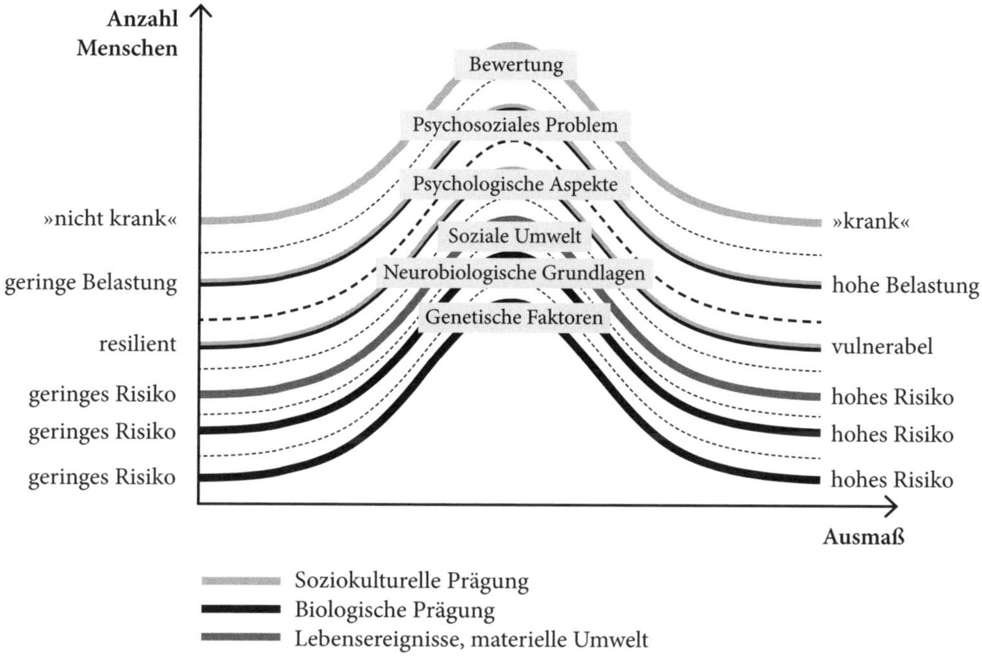

Auf der genetischen Ebene existiert eine Diversität, die zu entsprechenden Risiken führt, bestimmte biologische oder psychische Eigenschaften zu entwickeln – oder nicht (Moreno-De-Luca & Martin 2021). Mit einem gewissen genetischen Profil erhöht sich demnach das Risiko, Stimmen zu hören (oder nicht) oder eine eher depressive Weltsicht zu haben (oder eben nicht). Gleiches gilt auch für die neurobiologische Variabilität (Bethlehem et al. 2022) oder, mit der hier gebrauchten Terminologie, der neurobiologischen Diversität. Auch hier gilt, dass bestimmte Eigenschaften das Risiko für die genannten (und viele andere) Merkmale erhöhen oder vermindern können.

Etwas komplizierter ist die psychologische Ebene. Auch hier wird von einer psychischen Diversität ausgegangen, doch ist hier die Variation die Norm. An dieser Stelle stoßen, wie in Abbildung 4 angedeutet, biologische und soziokulturelle Faktoren zusammen.

Mittlerweile existiert eine umfangreiche Evidenz der soziokulturellen Einflüsse auf psychische Phänomene wie Emotionen (Barrett 2016, 2017). Es ist auch durch viele Studien belegt, dass diese in unterschiedlichen Kulturen unterschiedlich ausgeprägt sind (Mesquita 2022). Auch dieses Zusammenspiel von Biologie und Soziokultur wirkt sich auf die psychische Vulnerabilität bzw. Resilienz aus (Shaffer et al. 2022).

Zur sozialen Umwelt bzw. Lebenssituation gehören Merkmale wie Einkommen oder soziale Kontakte. Die Verteilung oder aber Veränderungen bei diesen Merkmalen haben einen Risikozusammenhang mit psychosozialen Problemen. Soziale Umweltfaktoren sind dabei genauso bedeutsam wie genetische oder neurobiologische Faktoren (Thomson et al. 2022).

Die etwas dickere gestrichelte Linie trennt die psychischen Phänomene und die auf diese wirkenden biologischen, psychologischen und sozialen Einflüsse von den psychosozialen Problemen und ihrer Bewertung. Psychosoziale Probleme sind als Kombination aus biologischen, psychologischen und sozialen Eigenschaften zu denken, daher auch hier die schwarz-grau kombinierte Linie. Diese Probleme liegen wiederum auf einem Spektrum, das die Belastung beschreibt.

Vom psychischen Phänomen zum psychosozialen Problem

Doch wie kommt es, dass psychische Phänomene oder Zustände zu psychosozialen Problemen werden? Um diese Frage zu beantworten, muss noch einmal etwas ausgeholt und auf die aktuelle Neurowissenschaft Bezug genommen werden. Eine der vielversprechendsten Theorien derzeit ist der »Active Inference«-Ansatz (Friston et al. 2017; Parr et al. 2022). Dieser Ansatz, den man am besten mit »Aktive Schlussfolgerung« oder »Aktive Inferenz« übersetzen kann, geht auf ein Forschungsprogramm aus der mathematischen Psychiatrie zurück (»Computational Psychiatry«; Friston et al. 2014), welches mit der These arbeitet, dass die zentrale Funktion des menschlichen Gehirns die Vorhersage ist. Das menschliche Gehirn, so die derzeitige Forschungssicht, verarbeitet Informationen nicht, sondern konstruiert diese. Das heißt, der Informationsfluss geht nicht von außen nach innen, von der Umwelt ins Gehirn, wie wir intuitiv annehmen. Gegen die menschliche Intuition ist es genau umgekehrt, vom Gehirn aktiv in die jeweilige Umwelt (Buzsáki 2019).

Die Aktive Inferenz geht zurück auf die mathematischen Theorien Thomas Bayes', einen englischen Theologen des 18. Jahrhunderts, der jedoch weniger durch die Theologie als vielmehr durch Arbeiten zur Statistik und zur Wahrscheinlichkeitstheorie bekannt wurde und dessen Theorie heute große Popularität in der Statistik (Lee 2012) sowie in der Wissenschaftstheorie (Sprenger & Hartmann 2019) genießt. Bayes' Problem war – sehr vereinfacht formuliert – die Frage, wie wahrscheinlich ein Ereignis eintreten wird, wenn wir bestimmte Vorinformationen bei der Vorhersage berücksichtigen.

Das Verhältnis von vorherigen Zuständen, Annahmen und Erwartungen sowie nachfolgenden Wahrnehmungen ist denn auch zentral für die Aktive Inferenz. Im Kern geht es dabei um die Minimierung von Unsicherheit und Überraschungen. Dieser Ansatz ist an neuere Theorien über das Bewusstsein, die im Kapitel »Psychische Krankheit: Was ist das eigentlich?« beschrieben wurden, anschlussfähig und berücksichtigt die soziale Umwelt, in der sich die Auswirkungen psychischer Probleme so deutlich zeigen (s. S. 104 f.). Wahrnehmung, so eine der Grundannahmen der Theorie der Aktiven Inferenz, entsteht aus Vorhersagen über die Umwelt und den subjektiven Informationen, die eine Person aus ihrer Umwelt herausfiltert. Wir haben demnach keinen direkten Zugang zu unserer Umwelt, sondern konstruieren unsere Wahrnehmung, indem wir permanent unsere Erwartungen mit sensorischen Informationen abgleichen. Letztlich, so sehen es diverse Theorien aus Psychologie (Seth 2021) und Philosophie (Clark 2016), »halluzinieren« wir ohne Unterlass. Die entscheidende Frage dabei ist, wie gut unsere Halluzinationen zu dem passen, was wir als Umwelt wahrnehmen, wie gut wir also unsere Halluzinationen kontrollieren können.

Probleme entstehen dann, wenn unsere Halluzinationen unkontrollierbar werden in dem Sinne, dass Annahmen und Erwartungen nicht mit den Informationen aus der Umwelt korrespondieren. Das heißt, Probleme treten auf, wenn wir nicht in der Lage sind, unsere Annahmen an die Umwelt anzupassen oder umgekehrt. Der nicht angepasste Umgang mit Unsicherheit in der sozialen Umwelt kann beispielsweise ängstliche oder depressive Zustände hervorbringen. Zu den relevanten Umwelten zählt aber interessanterweise auch der eigene Körper. Die Wahrnehmung des eigenen Körpers und seiner Funktionen (Interozeption) spielt bei der Entstehung emotionaler Zustände und Problemlagen eine zentrale Rolle (Barrett 2016; Clark et al. 2018).

Damit ist die Aktive Inferenz auch an die neurokognitive Diversität anschlussfähig (Barrett 2017). Unsere konstruierten Wahrnehmungen und Emotionen liegen ebenfalls auf einem Spektrum. Dieses Spektrum umfasst »neurotypische« Konstrukte, die von der Mehrheit geteilt werden, aber auch weniger typische Konstrukte, die als divergent wahrgenommen werden. Für die Diagnose der Anorexia nervosa (AN) bedeutet das beispielsweise, »dass AN-Patientinnen und -Patienten ein Modell ihres basalen homöostatischen Zustands haben, das dramatisch von den Erwartungen abweicht, welches den typischen menschlichen Phänotyp definiert« (Gadsby & Hohwy 2021: 223).

Anders als in der konventionellen psychiatrischen Forschung angenommen ist die Heterogenität von Phänomenen kein Ärgernis – wenn wir keine klar unterscheidbaren Symptome erwarten. Lisa Feldmann Barrett, eine der führenden Emotionsforscherinnen, stellte diesbezüglich fest:

> »Wir müssen Variabilität als Norm annehmen und nicht als Störfaktor, den wir nach der Feststellung erklären.« (Barrett 2016: 16)

Neurokognitive Diversität ist also demnach die Norm und gewissermaßen die Normalität. Alle Varianten existieren nebeneinander, ohne als krank oder gesund bewertet zu werden.

Doch die Normalität der Diversität verhindert in bestimmten Situationen und psychosozialen Konstellationen nicht, dass Zustände zu Problemen werden können. Psychosoziale Probleme entstehen dann, wenn die Konstrukte unserer Wahrnehmung, also unsere psychischen Zustände, negative Folgen haben. Diese Folgen treten überwiegend dann auf, wenn Menschen mit bestimmten Varianten ihrer Zustände in einen Konflikt mit ihrer sozialen Umwelt kommen, wenn sie sich selbst so wahrnehmen oder andere Menschen ihnen diese Veränderung spiegeln.

> »Keine Form eines Geistes ist grundsätzlich besser oder schlechter als jede andere. Manche Variationen passen einfach besser in ihre Umwelten.« (Barrett 2020: 109)

Das heißt im Umkehrschluss, es gibt Varianten psychischer Befindlichkeiten, die nicht so gut in ihre jeweiligen Umwelten passen. Dazu gehört beispielsweise das Leiden unter dem individuellen oder sozialen Zustand (wie häufig bei depressiven Zuständen). Es können jedoch auch soziale Folgen sein (wenn etwa das soziale Umfeld den Zustand oder das Verhalten nicht mehr akzeptiert). Die Probleme können unterschiedliche Ausprägungen annehmen. Sie können kurzfristig und krisenhaft sein, sie können eine längere Zeit andauern und sie können auch die Form einer Behinderung im Sinne der UN-BRK annehmen. Alle diese Formen psychosozialer Probleme implizieren jedoch noch nicht zwingend, dass sie als »Krankheit« oder »Störung« betrachtet werden müssen.

Es ist aber natürlich nicht ausgeschlossen, ein psychosoziales Problem als »Störung« zu sehen. Die niederländische Philosophin Sanneke de Haan teilt in ihrem Buch über »Enaktive Psychiatrie« viele der hier vorgebrachten Argumente, präferiert jedoch den Begriff »Störung«. Ihre Begründung:

> »Weil die Normalisierung denjenigen Unrecht widerfahren lassen kann, die unter den psychischen Störungen leiden: ihr Leiden, ihr Gefühl, nicht am richtigen Ort zu sein oder dass etwas mit ihnen nicht stimmt.« (de Haan 2020: 205)

Und in diesem Punkt würde ich de Haan selbstverständlich zustimmen, wir müssen denen, die unter bestimmten Problemen leiden, die Unterstützung zuteilwerden lassen, die sie benötigen. Für mich muss dieses Leiden jedoch nicht zwingend als Störung klassifiziert werden, bei der de Haan nach eigenem Bekunden die Problematik sieht, dass dann weiter die Grenze zwischen Störung und Nichtstörung zu ziehen ist.

Aus meiner Sicht lassen sich diese Schwierigkeiten und vermeintlichen Widersprüche relativ einfach auflösen. Die Bewertung eines psychosozialen Problems im Sinne von »krank« oder »nicht krank« liegt ebenfalls auf einem Spektrum. Das heißt, ob ein psychosoziales Problem als Krankheit oder Störung betrachtet werden soll, kann und wird ganz unterschiedlich eingeschätzt. Diese Perspektive teilen viele psychiatrisch Tätige. Ich würde jedoch noch einen Schritt weiter gehen und die Einschätzung den betroffenen Menschen selbst überlassen.

Im Falle eines Selbstverständnisses, krank zu sein, ist wahrscheinlich, dass die Betroffenen biologische, psychische oder soziale Einflussfaktoren für die Erklärung ihrer psychosozialen Probleme als relevant ansehen. Diese können nach individuellen Erfahrungen und Einschätzungen beispielsweise genetisch bedingt sein, wenn etwa andere Familienmitglieder von der gleichen Problematik betroffen sind oder waren. Die betroffenen Personen können aber auch im psychologischen Sinne einen intrapsychischen Konflikt geltend machen, beispielsweise Abhängigkeit versus Autonomie. Oder sie könnten ein soziales Ereignis als besonders belastend betrachten, beispielsweise ein Psychotrauma oder den Verlust einer geliebten Person.

Im Falle eines Selbstverständnisses, anders zu sein, könnte es vorkommen, dass die Person selbst die von außen gesehenen Probleme gar nicht als solche erlebt. Dies kann beispielsweise im Zusammenhang mit dem Konsum psychotroper Substanzen geschehen, wenn nahestehende Menschen sich Sorgen machen, während die Person, um die es geht, sich nicht akzeptiert fühlt. Und schließlich – das zeigt die Erfahrung in der Begleitung von Menschen in ambulanten Wohnsettings – nehmen viele Personen mit einem psychosozialen Problem gerne eine Unterstützung in Anspruch, ohne dass sie sich als krank erleben. Es ist möglich, unter bestimmten sozialen Konstellationen oder psychischen Phänomenen zu leiden, ohne dies gleich als »krank« zu betrachten.

So überraschend es erscheinen mag, sich am Selbstverständnis der Betroffenen zu orientieren, so akzeptiert ist dieser Sachverhalt schon jetzt in gewissen Teilen der psychiatrischen Versorgung, wie sich am Umgang mit Stimmenhörenden zeigen lässt. Als ich in den 1980er-Jahren meine Ausbildung in der psychiatrischen Pflege begann, waren »akustische Halluzinationen« ausschließlich negativ im Sinne eines psychotischen Symptoms konnotiert, die es mittels Antipsychotika zu behandeln galt. Dies hat sich dank des Engagements Betroffener und klinisch Tätiger in verschiedener Hinsicht gewandelt. Ohne dass der durchaus belastende bis bedrohliche Anteil an Stimmen ausgeblendet wurde, ist vielfach demonstriert worden, wie auch ein anderer Umgang mit den Stimmen möglich ist (Woods et al. 2013). Stimmenhören wurde fortan als ein neutrales psychisches Phänomen verstanden, dem ein subjektiver Sinn oder eine biografische Bedeutung zugewiesen werden kann, beispielsweise im Zusammenhang mit einem Trauma oder anderen Problemlagen (McCarthy-Jones et al. 2015). Stimmenhören hat sogar für einige davon betroffene Menschen positive Aspekte, insofern diese Stimmen Teil ihrer individuellen Identität sind. Dies hat auch Konsequenzen für unterstützende Ansätze sowie für das Konzept der Psychose. Hier gibt es sowohl Unterstützung durch die Selbsthilfe in Form der Stimmenhörendenbewegung (Longden et al. 2018) als auch gesprächsbasierte Ansätze, die Professionelle anbieten (Burr et al. 2022). Wird das Stimmenhören als neutrales Phänomen betrachtet, kann damit auch die Psychose als Krankheit re-konzeptualisiert werden (Higgs 2020), indem sie entmedikalisiert und entpsychiatrisiert wird.

Ein weiteres psychotischen Phänomen, der Wahn, wird neuerdings ebenfalls nicht nur als negatives oder dysfunktionales Symptom wissenschaftlich beschrieben. Wie leicht vorstellbar ist, können Größenideen durchaus positiv besetzt sein. Auch beschreiben Menschen mit Wahnerleben das Gefühl, auf einmal viele Dinge klarer und in einem größeren Zusammenhang zu sehen und zu verstehen. Wahnvorstellungen wirken sicher auf viele Betroffene bedrohlich, aber es werden auch neutrale bis positive Effekte berichtet (Ritunnano et al. 2022).

Ähnliches gilt auch für das sogenannte Asperger-Syndrom im Rahmen des Autismusspektrums. Viele Menschen mit Asperger-Eigenschaften erleben sich nicht als defizitär, sondern als anders gegenüber den sogenannten Neurotypischen (Chapman & Carel 2022). Und diese Diversität muss nicht notwendigerweise negativ bewertet werden, da Neurodivergente in vielen sozialen Bereichen eine hohe Funktionalität aufweisen.

Einen besonderen Stolz auf das Anderssein zeigt die »Mad Pride«-Bewegung (Hoffman 2019; Rashed 2019). In Analogie zum Christopher-Street-Day und zur »Body Positivity«-Bewegung von Menschen mit einem höheren Körpergewicht werden die positiven Erfahrungen betont, die Verrücktheit mit sich bringen kann. Und so schwer es auch zu akzeptieren sein mag, die »Pro Ana«- oder »Pro Mia«-Bewegungen von Frauen mit einem Essverhalten, das klinisch als Anorexie oder Bulimie charakterisiert wird, gehen in die gleiche Richtung. Für viele junge Frauen (und manche jungen Männer) ist das veränderte Essverhalten – so lebensbedrohlich und gesundheitsgefährdend es auch sein kann – ein Lebensstil, der ihren Bedürfnissen und Präferenzen entspricht (Roberts Strife & Rickard 2011). »Pro Ana« ist Ausdruck der neurokognitiven und sozialen Diversität, auch wenn wir wissen, dass besonders die Körperwahrnehmungen primär über soziale Medien vermittelt werden. Aber diese kulturelle Überformung gilt ja auch für andere Diagnosen.

Was im psychiatrischen Bereich als krank oder gesund oder als funktional oder dysfunktional betrachtet wird, ist eine Frage der Perspektive, und die dominante Perspektive wird zumeist aus Sicht der Mehrheiten in einer Gesellschaft bestimmt. Dies ist im Umgang mit Annahmen über »psychische Krankheiten« im Übrigen nicht anders als im Umgang mit ethnischen oder rassischen Stereotypen, wie bereits Ende der 1970er-Jahre von Townsend (1979) festgestellt wurde. Schon seinerzeit schlussfolgerte er:

> »Diese Stereotypen werden andauern bis sich die wirklichen Beziehungen zwischen den Gruppen verändern werden, inklusive der relativen Macht.« (Townsend 1979: 221)

Aktuell ist in verschiedener Hinsicht zu erkennen, dass die Macht der institutionellen Psychiatrie abnimmt, seit etwa Peers und andere von psychosozialen Problemen betroffene Personen nicht nur in der Unterstützung Nutzender, sondern auch schon in der Lehre, in der Forschung und sogar in der Leitung psychiatrischer Dienste zu finden sind.

Dass es sich um Stereotype handelt, die von der Mehrheit auf die Minderheit der Neurodivergenten projiziert wird, wird durch eine Umkehr der Perspektiven deutlich. Der Autismusforscher und Aktivist Damian Milton hat in diesem Zusammenhang den Begriff des »Doppelten Empathieproblems« geprägt (Milton 2012). Ausgangspunkt seiner Analyse ist das sogenannte »Theory of Mind«-Problem, mit dem autistische Personen assoziiert werden (Baron-Cohen 1997). Dahinter steckt die Beobachtung, dass Autismus mit Kommunikationsproblemen korreliert. Daraus wurde abgeleitet, Menschen mit Autismus hätten Mühe, sich in andere Personen einzufühlen. Milton betont nun, dass autistische Personen in der Tat Schwierigkeiten hätten, sich in andere Menschen hineinzuversetzen, aber das gelte ja auch umgekehrt: Neurotypische haben Probleme, sich in autistische Personen hineinzuversetzen. Das »Defizit« oder die »Dysfunktion« liege demnach nicht allein aufseiten der autistischen Personen.

Bestätigt wird das beiderseitige Empathieproblem durch neuere empirische Forschung, die herausstellt, dass autistische Menschen untereinander problemlos kommunizieren (Mitchell et al. 2021) und dass neurotypische Personen Menschen mit Autismus deutlich weniger sympathisch finden als Nichtautistinnen und -autisten (Alkhaldi et al. 2021). Offenbar bestehen Miss- und Fehlverständnisse auf beiden Seiten – nur werden die Defizite eher der Minderheit zugeschrieben.

Schlussfolgerung: Betroffene entscheiden

Ob eine Person sich selbst als krank oder gesund betrachtet, hängt vom subjektiven Erleben ab, dem Ausmaß des Leidens, aber auch vom soziokulturellen Kontext und vom jeweiligen sozialen Umfeld. Neurokognitive Diversität ist in aller Regel auch mit Soziodiversität verbunden. Letztlich gibt es eine Präferenz, ob der eigene psychische Zustand als pathologisch betrachtet wird oder nicht. Sicher wird das Leiden unter bestimmten Phänomenen eher als Krankheit begriffen, aber das muss nicht zwingend so sein. Ein Mensch kann unter bestimmten Phänomenen und Umständen leiden, aber für sich wahrnehmen oder beschließen, sich als anders zu beschreiben.

Das Selbstverständnis hat Folgen für die Suche oder Nichtsuche nach Unterstützung. Wenn eine Person sich als »krank« einschätzt, ist sie möglicherweise eher bereit, sich medizinisch behandeln zu lassen. Wer sich als anders versteht, sucht womöglich nicht Hilfe, sondern wünscht sich zuallererst eine Anerkennung seiner spezifischen Bedürfnisse. Die QualityRights-Initiative der Weltgesundheitsorganisation WHO hat bereits einige Schritte in diese Richtung unternommen: Respekt für die Rechtsfähigkeit, Versorgung ohne Zwang, Nutzendenpartizipation, soziale Inklusion, Recovery (WHO 2021a). Diese Richtung soll im folgenden Kapitel weiterverfolgt werden.

Die Entwicklung einer menschenrechtsbasierten psychiatrischen Versorgung

Um den Präferenzen der Nutzenden und weiterer betroffener Personen gerecht zu werden, ist, kurz und knapp gesagt, die Entwicklung einer menschenrechtsbasierten Psychiatrie notwendig. Die (Sozial-)Psychiatrie der Zukunft muss die Menschenrechte der betroffenen Personen nicht nur berücksichtigen, sondern umsetzen.

Umgang mit Menschenrechten in der psychiatrischen Versorgung

Wo es um Zukunft geht, müssen auch Gegenwart und Vergangenheit betrachtet werden. Überlegungen aus dem dritten Kapitel aufnehmend, schlage ich vor, die psychiatrische Versorgung seit ihrem Beginn im 19. Jahrhundert in drei größere Phasen zu unterteilen, die durch Veränderungen im Umgang mit den Rechten von Menschen mit psychosozialen Problemen beschrieben werden können.

Die erste Phase, die im europäischen Raum ungefähr bis in die 1960er-/1970er-Jahre andauerte, zeichnete sich dadurch aus, dass die Menschenrechte weitestgehend ignoriert wurden. Menschen- und Freiheitsrechte der in den »Asylen« oder Anstalten eingewiesenen Personen wurden in aller Regel missachtet. Sie waren überwiegend gegen ihren Willen dort und viele mussten Jahre und mitunter Jahrzehnte dort verbringen. Das medizinische Vorgehen wurde in aller Regel von ärztlichen Fachpersonen bestimmt, die sich auf ihre professionelle und – wo vorhanden – akademische Autorität berufen konnten.

Die zweite Phase, die in den 1980er-Jahren begann und heute noch dominant ist, kann so charakterisiert werden, dass Menschenrechte zwar wahrgenommen und berücksichtigt werden, aber aus medizinischen Gründen eingeschränkt werden können. Personenzentrierung und Evidenzbasierung spielen in dieser Phase eine entscheidende Rolle. Das Ziel ist, eine primär medizinische Psychiatrie im Interesse der Nutzenden zu organisieren, die auf wissenschaftlicher Evidenz der Therapieformen beruht. Gewisse Veränderungen in Sachen Menschenrechte sind zumindest in Umrissen erkennbar.

Die dritte Phase der zukünftigen psychosozialen Unterstützung mit einem ausgeprägten sozialpsychiatrischen Anstrich sollte eine menschenrechtsbasierte Unterstützung sein. Sie hat den Anspruch, Grund- und Freiheitsrechte der Personen, welche psychosoziale Unterstützung wünschen, vollumfänglich zu wahren. Anstelle der Personenzentrierung tritt nunmehr die Personensteuerung. Der Terminus »Personensteuerung« ist dem angelsächsischen Sprachraum entlehnt, wo in diesem Zusammenhang von »person-driven« die Rede ist (SAMHSA 2012). Es müsste, genauer übersetzt, »durch die betroffene Person gesteuert« heißen, was im Deutschen aber recht holprig klingt.

In Abbildung 5 (S. 120 f.) werden die nach meiner Ansicht wesentlichen Merkmale der drei Phasen im Umgang mit den Menschenrechten in der Psychiatrie in einer Übersicht dargestellt.

In einer solch zugespitzten Auflistung gehen Nuancen und gewisse Variationen natürlich verloren, zumal die Phase der Missachtung der Menschenrechte ungefähr zwei Jahrhunderte dauerte.

Um die Menschenrechte zu achten, darf der Fokus der Unterstützung nicht mehr auf den Institutionen liegen, wie in der Vergangenheit (Phase 1), oder auf der Personenzentrierung, wie gegenwärtig (Phase 2), sondern muss auf der Personensteuerung (Phase 3) liegen. So richtig und wichtig die Personenzentrierung auch war, so deutlich sind die Unzulänglichkeiten, wenn etwa psychiatrische Zwangsmaßnahmen als eine personenzentrierte Intervention gerechtfertigt werden (Rudnick 2013). Personenzentrierung schließt Zwang nicht aus.

Bei der Personensteuerung obliegt jede Behandlungsentscheidung allein der betroffenen Person. Das heißt, das Entscheidungskriterium für das, was in der Unterstützung geschehen soll, ist die Präferenz der betroffenen Person. In früheren Zeiten war dies die Eminenz in Person der ärztlichen oder wissenschaftlichen Autorität (Bhandari et al. 2004), später dann die wissenschaftliche Evidenz. Nun also muss ein Wechsel von Evidenz zur Präferenz erfolgen.

Die Bedeutung der Präferenz der Betroffenen sticht besonders bei den zentralen ethischen Normen der menschenrechtsbasierten Phase hervor. Wa-

ABBILDUNG 5 Auswirkungen der Menschenrechte auf die Psychiatrie

	Menschenrechte missachtend	Menschenrechte berücksichtigend	Menschenrechte als Basis
Gesellschaftliche Grundlagen			
Rechtsgrundlage der Versorgung	Überwiegend unfreiwillig	◉ Unter bestimmten Umständen unfreiwillige Einweisungen und Behandlungen ◉ formale Freiwilligkeit, aber verbreiteter informeller und sozialer Zwang	Ausschließlich freiwillig
Rechts- und Geschäftsfähigkeit	Überwiegend verweigert	Unter Umständen eingeschränkt	Umfänglich gewährt
Zwang	Überwiegend Zwangsunterbringung und -behandlung	Zwangsunterbringung und weitere Maßnahmen nicht die Regel, aber häufig	◉ Kein Zwang in der Versorgung ◉ Normalitätsprinzip
Gesellschaftliches Ziel	Soziale Exklusion	Soziale Integration	Soziale Inklusion
Grundlagen der Versorgung und Unterstützung			
Fokus	Institutionenzentriert	Personenzentriert	Personengesteuert
Ort der Versorgung und Unterstützung	Klinik/Anstalt	Klinik und Gemeinde	Gemäß Präferenz
Entscheidungskriterium	Eminenz (medizinisch-wissenschaftliche Autorität)	Evidenz	Präferenz der betroffenen Person
Versorgungs- bzw. Unterstützungsmodell	Anstaltspsychiatrie	Sozial- und Gemeindepsychiatrie	Psychosoziale Unterstützung gemäß Präferenz (auch ausschließlich medizinische Behandlung)
Krankheitsmodell	Psychodynamisch, biomedizinisch	Biopsychosozial	◉ Psychosoziale Probleme ◉ Pluralität von Modellen
Gesundheitsmodell	Keines	Abwesenheit von Symptomen, später Lebensqualität	◉ Psychosoziale Gesundheit ◉ Individuelle Prioritäten, unter anderem Recovery
Stellenwert von Symptomen	Unterdrückt	Behandelt	Relevanz und Umgang je nach Präferenz
Stellenwert der Diagnose	Breite diagnostische Gruppen, prognostische Funktion	Zentrales Merkmal der Behandlung sowie der Organisation der Behandlung	Gemäß Präferenz und Krankheitsmodell
Professioneller Ansatz	Unterbringung	Behandlung und Pflege	Gemäß Präferenz (Behandlung, Unterstützung, Coaching, Peerbegleitung)
Zielsetzung	Überwachung der Person	Symptom-Management	Individuelle Ziele

	Menschenrechte missachtend	Menschenrechte berücksichtigend	Menschenrechte als Basis
Organisation der Versorgung und Unterstützung			
Hauptsächliche Intervention	Zwang Körpertherapien Medikation	MedikationPsychotherapie bei besonderer Indikationen	Gemäß Präferenz
Medikation	Oft per Zwang, ohne Einwilligung	Verschreibung, unter Umständen gegen den Willen	Professionell unterstützte selbstbestimmte Einnahme oder Nicht-Einnahme
Professionen in der Versorgung	Dominanz der ärztlichen Profession	Multiprofessionelles Team unter ärztlicher Leitung	Multiprofessionelles Team ohne Berufsgruppen-Dominanz; Einbezug von Nutzenden als Peer Support; idealerweise Einbezug von Peers in der Leitung von Angeboten
Bedarfe und Bedürfnisse	Physische Bedarfe, wenn überhaupt	›Objektive‹ psychosoziale Bedarfe und Bedürfnisse (plus Zufriedenheit und Lebensqualität)	Subjektive psychosoziale und/oder physische Bedürfnisse
Defizite und Stärken	Defizitorientierung	Balance aus Defiziten und Ressourcen	Ressourcenorientierung
Umgang mit Risiken	Gefahr- bzw. Risikovermeidung	Risikominimierung bzw. Risikomanagement	Konstruktiver Umgang mit Risiken (positive Risk-Taking)
Machtverhältnis	Zugunsten der Professionellen	Intendierte, aber nicht realisierte Balance	Gemäß Präferenz
Rehabilitation	Keine (Wohnen und Arbeiten in der Anstalt)	Stufenleiter	Unterstützte Inklusion
Organisation von Ausbildung, Lehre und Forschung			
Forschung	Nutzende als unfreiwillige Objekte der Forschung	Psychische Störung unter Einbezug der Nutzendenperspektive (z. B. Zufriedenheit und Lebensqualität)	Aktiver Einbezug von Nutzenden in Forschungsplanung und Durchführung
Professionelle Ausbildung und Hochschullehre	Nutzende als exponierte Objekte	Nutzende als Objekte der klinischen Ausbildung	Nutzende als Lehrende

ren in der ersten Phase die sozialen Normen und die Interessen der Familie maßgeblich, ist es in der zweiten Phase das Wohl der betroffenen Person, und nun in der dritten Phase sind es eben Wille und Präferenz der Betroffenen, wie es auch in der UN-BRK gefordert wird.

Die Rechtsgrundlage der Unterstützung, Versorgung und Behandlung muss demnach ausschließlich freiwillig sein. Sie darf nicht mehr auf formellem, informellem oder sozialem Zwang beruhen. Auch die Rechtsfähigkeit der betroffenen Person sollte zukünftig nicht mehr eingeschränkt werden, wie es heute in nahezu allen Ländern noch möglich ist. Die Rechtsfähigkeit muss umfänglich gewahrt bleiben, so wie es Artikel 12 der UN-BRK fordert (Arstein-Kerslake & Black 2020).

In der die Menschenrechte missachtenden Phase waren Zwangsmaßnahmen weitverbreitet. In der Gegenwart ist das weniger der Fall. Bei der die Menschenrechte achtenden Unterstützung ist der Einsatz von Zwang, in welcher Form auch immer, grundsätzlich unzulässig. Ausnahmen sind selbst-bindende Direktiven, in denen Menschen festgelegt haben, was geschehen soll, wenn sie nach ihrer Einschätzung nicht mehr angemessen entscheiden können (Potthoff et al. 2022). Für Menschen, welche andere Menschen schädigen oder in Gefahr bringen, gilt das Normalitätsprinzip. Das heißt, sie müssen mit »normalen« juristischen Konsequenzen rechnen.

Der Ort der Unterstützung war in der Vergangenheit mehr oder weniger ausschließlich die Klinik oder die Anstalt, wie sie seinerzeit genannt wurde. Im Rahmen der Deinstitutionalisierung und Enthospitalisierung während der Psychiatriereformen wurden Unterstützungsangebote zunehmend in die Gemeinde verlagert, aus der reinen Anstaltspsychiatrie wurde die heute überwiegend vorzufindende Gemeindepsychiatrie (Eikelmann 1997). Allerdings hat die Klinik in vielen Regionen nach wie vor eine zentrale Funktion, da manche Angebote nur dort vorgehalten werden. Im Rahmen einer die Menschenrechte achtenden Unterstützung obliegen die Wahl des Orts und die Art der Begleitung oder Behandlung den Präferenzen der Unterstützung suchenden Person. Das schließt nicht aus, dass Menschen sich konventionell in einer Klinik behandeln lassen wollen, entscheidend ist die Präferenz der Person.

Bei den Krankheitsmodellen hat es eine Entwicklung von den biomedizinischen und psychoanalytischen Konzepten der früheren Jahrzehnte hin zu einem biopsychosozialen Modell gegeben (Bolton & Gillett 2019). Letzteres ist jedoch seit Längerem umstritten (Richter 1999) und es ist die Frage, inwieweit es überhaupt angewendet wurde (Read et al. 2009). Eine präferenzorientierte Unterstützung lebt von der Vielfalt von Erklärungsmodellen, zumal ohnehin kein Argument für die Vorzüge eines bestimmten Modells gegenüber anderen ersichtlich ist (Richter & Dixon 2022). Nach dem Spektrenmodell psychosozialer Probleme ist in der dritten Phase auch hier die Präferenz maßgebend.

Mit dem Krankheitsmodell korrespondiert auch die Vorstellung von psychosozialer Gesundheit. Diese Vorstellung hatte sich erst in der personenzentrierten und die Menschenrechte berücksichtigenden Phase entwickelt. Gesundheit meinte zunächst die Abwesenheit von Symptomen, wie sie typischerweise im Rahmen standardisierter psychopathologischer Assessments erhoben werden. Um die letzte Jahrhundertwende herum wurden dann weitere Aspekte wie Lebensqualität erfragt (Bech et al. 2003). Für die Menschenrechte achtende psychiatrisch Tätige ist Gesundheit eine individuelle Vorstellung, die auch die Abwesenheit von Symptomen beinhalten kann, darüber hinaus aber auch Aspekte wie Recovery, wo es u. a. um persönliche Sinnfindung trotz oder vielleicht sogar wegen der psychosozialen Probleme geht (Leamy et al. 2011).

Mit den Krankheits- und Gesundheitsvorstellungen korrespondiert zudem der in den jeweiligen Phasen unterschiedliche Umgang mit den Phänomenen, die »Symptome« genannt werden. In der die Menschenrechte missachtenden Ära war Behandlung nicht verfügbar und Menschen mit starken Symptomen wurden weggesperrt. Die in den letzten Jahrzehnten entwickelten pharmakologischen und therapeutischen Behandlungsangebote zielen in der die Menschenrechte berücksichtigenden Phase auf die Bekämpfung der Symptome. Bei den die Menschenrechte achtenden Unterstützungsangeboten werden zunächst die Betroffenen gefragt, welche Relevanz diese Phänomene haben, ob sie überhaupt als »Symptome« einer »Krankheit« bewertet werden sollen. Das schon genannte Beispiel zum Umgang mit Stimmenhörenden kann den Weg aufzeigen, den es zu gehen gilt (s. S. 114).

Der unterschiedliche Umgang mit Symptomen entspricht dem unterschiedlichen Umgang mit Diagnosen. Diese waren in der Frühzeit der Klassifikationssysteme eher breit angelegt und hatten primär prognostische Funktionen (Annesley 1961). In der Folge wurde die Diagnose zu dem zentralen Merkmal von Behandlung, Organisation und Finanzierung. Sogenannte Spezialstationen, in denen Menschen mit gleichen Diagnosen behandelt wurden, sind in den letzten Jahrzehnten vermehrt aufgebaut worden. Allerdings wurden viele dieser Stationen schon wieder zugunsten des sogenannten Track-Systems aufgegeben (Hirjak et al. 2019). Das Track-System nimmt für sich in Anspruch, mehr Flexibilität und Autonomie zu ermöglichen. In einer personengesteuerten und präferenzbasierten psychiatrischen Versorgung sollen die Personen, um die es geht, selbst bestimmen, wie sie unterstützt werden. Diagnosen verlieren also ihren Stellenwert, wenn das individuelle Krankheitsmodell ohne Diagnose auskommt. Allerdings können Diagnosen weiter sehr wertvoll sein, um betroffenen Menschen ein besseres Verständnis ihrer psychosozialen Probleme zu verschaffen. Das heißt, für viele Nutzende kann eine Diagnose sinnvoll und nützlich sein, für andere kann sie Stigma und Diskriminierung bedeuten (Perkins et al. 2018).

Auch die Art der Unterstützung hat sich mit der zunehmenden Berücksichtigung der Menschenrechte verändert. Der generelle professionelle Ansatz bestand in der Frühphase der Psychiatrie primär in der Unterbringung und Absonderung der betroffenen Person von ihrer sozialen Umwelt, vor allem in der Trennung von der Familie (Porter 2013: 89ff.). Über lange Zeit standen keine Therapieformen zur Verfügung. Dies änderte sich erst in der zweiten Hälfte des 20. Jahrhunderts, wo Behandlung und Pflege die zentralen professionellen Aufgaben wurden. Dies implizierte jedoch auch die Behandlung gegen den Willen der Person. Daher bedarf es in einer die Menschenrechte achtenden Psychiatrie veränderter und zusätzlicher Unterstützungsoptionen, die je nach Präferenz gewählt werden können; die Präferenz kann beispielsweise durch Coaching, Peersupport und kommunikative Interventionen wie Open Dialogue ermittelt werden. Insbesondere der Einbezug von Peers kann ein wesentlicher Schritt zum Aufbau von Vertrauen in nicht medikalisierten Unterstützungssystemen sein, beispielsweise im Umgang mit Suizidalität (Schlichthorst et al. 2020).

Das dominierende Ziel in der die Menschenrechte missachtenden Phase war die Überwachung der Person mit auffälligem Verhalten. Diese wurde abgelöst durch das Behandlungsziel des Symptommanagements. Die Beseitigung der Psychopathologie war in der die Menschenrechte berücksichtigenden Phase der Fokus der Behandlung. Individuelle Ziele, die auch jenseits der Phänomene und Symptome liegen können, werden zukünftig die Wahl der Unterstützungsangebote bestimmen. Dies können Angebote der beruflichen oder sozialen Teilhabe sein oder auch nichtmedikamentöse Interventionen, die den Umgang mit bestimmten Phänomenen erleichtern (Burr et al. 2022).

Die Hauptinterventionen waren in der ersten Phase oft Zwangsmaßnahmen, dann teils brutale körperliche Interventionen wie die Lobotomie, eine psychochirurgische Maßnahme, die heute als einer der größten Irrtümer der Medizin betrachtet wird (Torkildsen 2022). In der die Menschenrechte berücksichtigenden zweiten Phase wurde zunächst weiterhin mit biologischen Interventionen auch ohne Einwilligung der betroffenen Patientinnen und Patienten gearbeitet. Im weiteren Verlauf stellte die pharmakologische Therapie die primäre Maßnahme dar, einzelne Indikationen wurden und werden außerdem psychotherapeutisch behandelt. Um die Menschenrechte zu achten und die individuellen Präferenzen der Hilfe suchenden Menschen berücksichtigen, braucht es in der dritten Phase jedoch noch weitere Optionen, die vor allem auch die Alltagsbewältigung zum Ziel haben. Eine Zwangsmedikation darf es in dieser Phase selbstverständlich nicht mehr geben. Vielmehr kommt es darauf, dass die unterstützten Personen einen selbstbestimmten Umgang mit Medikamenten lernen. Wenn Medikamente als hilfreich erlebt werden, können sie zur psychosozialen Stabilisierung beitragen. Werden sie als nicht hilfreich oder sogar als schädlich für die Gesundheit erfahren, muss auch das professionell begleitete Absetzen der Medikation möglich sein (Schlimme et al. 2018).

In der die Menschenrechte missachtenden Ära der Psychiatrie entwickelte sich die ärztliche Profession als dominante Berufsgruppe. Die zweite große Berufsgruppe war zunächst der nicht ausgebildete »Irrenwärter«; hieraus entwickelte sich die psychiatrische Pflege. In der gegenwärtigen Phase finden wir das sogenannte multiprofessionelle Team, das aber – mit gewissen Ausnahmen – aus historischen und sozialrechtlichen Gründen nach wie vor von der ärztlichen Berufsgruppe geleitet wird. Um den Präferenzen der zu unterstützenden Menschen gerecht zu werden, braucht es zukünftig mindestens ein multiprofessionelles Team ohne dominante Berufsgruppe, aber unter Mitwirkung von Peers. Idealerweise werden Peers in einem weiteren Schritt dann auch in die Leitung von Unterstützungsangeboten eingebunden (Rose et al. 2016).

In den ersten Jahrhunderten der psychiatrischen Versorgung standen die psychischen Bedarfe und Bedürfnisse nicht im Zentrum, sondern allenfalls die physischen Bedarfe. Auf die psychischen Bedürfnisse wurde angesichts brutaler Zwangsmaßnahmen wie Wasserbad und Insulinkuren kaum eingegangen. Mit dem Konzept der Personenzentrierung wurden zunächst zwar nicht subjektive, aber doch »objektive« Bedarfsindikatoren berücksichtigt, zum Beispiel der Wunsch nach Betätigung. Dies änderte sich dann in gewisser Weise mit der Berücksichtigung von Lebensqualität und Nutzendenzufriedenheit in den 1990er-Jahren (Blenkiron & Hammill 2003). In einer menschenrechtsbasierten Psychiatrie hingegen sollten die subjektiven psychischen, sozialen und physischen Bedürfnisse im Zentrum der Versorgung stehen.

Die Psychiatriegeschichte ist eine Geschichte der Defizitorientierung; selbst bestimmte sexuelle Orientierungen wurden als psychische Defizite charakterisiert (Herek 2010). Aktuell erleben wir in der Phase, in der Menschenrechte berücksichtigt werden, eine gewisse Tendenz zur Ressourcenorientierung (Priebe et al. 2014). Im besten Fall kann von einer Balance zwischen Defizit- und Ressourcenorientierung ausgegangen werden. Wenn die Menschenrechte nicht nur berücksichtigt, sondern geachtet werden, sollte die Ressourcenorientierung im Vordergrund stehen. Auch wenn der Hinweis auf Defizite und Problemlagen derzeit vielleicht nicht politisch opportun ist, kann darauf nicht verzichtet werden. Ohne Defizite und Problemlagen würde keine Unterstützung in Anspruch genommen werden. Der Unterschied zur jetzigen Praxis ist der Stellenwert von Ressourcen und Defiziten, welcher sich zugunsten der Ressourcen verändern sollte.

Wie der französische Soziologe Robert Castel (2005) herausgearbeitet hat, veränderte sich in der Psychiatriegeschichte die Wahrnehmung der potenziellen Gefährlichkeit, die von als psychisch krank eingestuften Menschen auszugehen schien. So wurden zunächst viele Menschen mit einer Psychose als gemeingefährlich betrachtet. Heute stehen Risikoeinschätzung und Risikomanagement im Mittelpunkt. In einer menschenrechtsbasierten Psychiatrie sollte es zukünftig nicht primär darum gehen, Risiken zu vermeiden, sondern Risiken unter Umständen bewusst einzugehen und aus allfälligen Problemen und Fehlern zu lernen. Aktuell tun sich noch viele Mitarbeitende psychiatrischer Dienste recht schwer damit, da Risikovermeidung nach wie vor eine weitverbreitete Einstellung ist (Burr & Richter 2017; Robertson & Collinson 2011). Sicherlich hat dies auch mit möglichen juristischen Konsequenzen zu tun, wenn Schadensfälle eintreten. Das Rechtssystem ist nicht auf einen positiven Umgang mit Risiken eingestellt.

Die Beziehung zwischen den Professionellen und den Menschen mit Psychiatrieerfahrung war über Jahrhunderte ein asymmetrisches Machtverhältnis zugunsten der Mitarbeitenden. Dies ist faktisch bis heute der Fall. Konzepte wie die informierte oder geteilte Entscheidungsfindung haben zwar auf eine Balance der Macht gezielt (Puschner et al. 2016), in der Routineversorgung umgesetzt worden ist, dies aber kaum (Gurtner et al. 2022). In einer menschenrechtsbasierten Psychiatrie wird eine unterstützte Entscheidungsfindung angestrebt (Gooding 2017), wodurch dann die Machtasymmetrie zugunsten der Nutzenden verändert wird. Wichtig ist auch hier, die Präferenzen zu berücksichtigen. Nicht alle Nutzenden wollen selbstbestimmt entscheiden, manche sind auch mit professionell bestimmten Entscheidungen über ihre Behandlung und Unterstützung einverstanden.

In der die Menschenrechte missachtenden Phase war die soziale Exklusion die Norm. Nicht alle, aber viele Menschen mussten mehrere Jahre bis Jahrzehnte gegen ihren Willen vom sozialen Umfeld getrennt in den Anstalten verbringen. In der die Menschenrechte berücksichtigenden Phase entwickelte sich das Ziel der sozialen Integration (Forster 1997). In der heutigen Praxis bereits in Ansätzen erkennbar ist das menschenrechtliche Ziel der sozialen Inklusion (Boardman et al. 2023), welches im Wesentlichen die Anpassung der sozialen Umwelt an die Bedürfnisse der zu unterstützenden Person bedeutet.

Mit den gesellschaftlichen Zielen korrespondieren die Modelle der psychiatrischen Rehabilitation. Zunächst wurde so gut wie keine Rehabilitation angestrebt, Wohnen und Arbeiten fanden in der Klinik oder in der Anstalt statt, Arbeitstherapie wurde als etwas betrachtet, das die »Heilung« unterstützen sollte (Ankele & Brinkschulte 2015). Das Rehabilitationsziel der Integration sollte später über das sogenannte Stufenleiterprinzip erreicht werden (Ciompi 1988). Wie bei der medizinischen Rehabilitation generell bestand die Überzeugung, mit schrittweise zunehmender Belastung die notwendigen Kompetenzen trainieren zu können, welche die betroffene Person für die soziale Umwelt braucht. Heute wissen wir, dass die meisten Nutzenden über die Stufenleiter ihre Ziele der sozialen Integration nicht erreichen. Gefordert wird nun nicht mehr die Anpassung der Person an die Umwelt, sondern die Anpassung der Umwelt an die Bedürfnisse im Sinne der unterstützten Inklusion (Richter et al. 2016).

In der Wissenschaft waren Menschen mit psychosozialen Problemen in aller Regel zunächst Forschungsobjekte; dies war üblich in der die Menschenrechte missachtenden Phase. Die Thematik betraf nicht nur die Psychiatrie, allerdings war hier die Entrechtung größer als in anderen Bereichen der Medizin, da die meisten Menschen unfreiwillig untergebracht und behandelt wurden. Dies sollte sich formal erst mit der »Deklaration von Helsinki« der Welt-Medizin-Vereinigung aus dem Jahre 1964 ändern (Beezhold et al. 2016). Heute gilt in der gesamten medizinischen Forschung die Anforderung einer informierten Zustimmung für Studienteilnehmende. Auch wird in der die Menschenrechte berücksichtigenden Phase zunehmend Wert auf die Perspektive Nutzender gelegt, etwa durch Erhebungen zur Zufriedenheit und zur Lebensqualität. In einer die Menschenrechte achtenden Forschung bedarf es darüber hinaus die aktive Mitwirkung von Menschen mit psychosozialen Problemen in Forschungsprojekten, die idealerweise auch von ihnen entwickelt und geleitet werden (Rose 2022).

Ähnlich veränderte Rollen sind in der professionellen Ausbildung und Hochschullehre zu beobachten. Auch hier waren Menschen mit psychosozialen Problemen über Jahrzehnte hinweg Objekte, die Studierenden und wohl auch der breiteren Öffentlichkeit in Vorlesungssälen vorgeführt wurden (Gelfand 1989). Diese Praxis änderte sich im Lauf der Zeit, aber auch ich kann mich an sogenannte Tribunalvisiten erinnern, bei denen Nutzende mehreren im Halbkreis sitzenden Fachpersonen gegenübersaßen. Solche Visiten wurden unter anderem für Ausbildungszwecke genutzt. Um die Perspektiven der Nutzenden psychiatrischer Unterstützungsangebote deutlich zu machen, braucht es aber, wie bei der Forschung, eine aktive und idealerweise leitende Einbeziehung betroffener Menschen (Happell et al. 2014). Auch in der Ausbildung sollte das Motto gelten: »Nicht über uns ohne uns.«

Welche Unterstützungsangebote bevorzugen Menschen mit psychosozialen Problemen?

Es gibt mittlerweile eine recht umfangreiche Forschung zu Behandlungs- und Unterstützungspräferenzen in der Medizin generell (Ho et al. 2016; Yu et al. 2017). Ähnliche Untersuchungen liegen auch für die Psychiatrie vor (Larsen et al. 2021). Diese zeigen folgendes größeres Bild:

- Pharmakologische Interventionen werden von Nutzenden weniger gern in Anspruch genommen als Gesprächs- oder Psychotherapie (McHugh et al. 2013; Winter & Barber 2013).
- Ambulante oder aufsuchende Angebote in der eigenen Wohnung werden gegenüber stationären Angeboten bevorzugt (Farrelly et al. 2014; Richter & Hoffmann 2017).

Wie üblich bei solchen Survey-Studien, die von Gruppenpräferenzen berichten, muss berücksichtigt werden, dass die Präferenzen sehr heterogen sind. Nicht alle Menschen mit psychosozialen Problemen haben die gleichen Vorstellungen, wie sie unterstützt werden wollen und was ihnen dabei wichtig ist. Die individuellen Präferenzen hängen vermutlich von zahlreichen Faktoren ab, etwa von der Frage, ob und wie krank die Einzelnen sich erleben oder welche Ziele sie generell in ihrem Leben verfolgen. Eine interessante Studie aus den Vereinigten Staaten hat diesbezüglich drei größere Gruppen bei Menschen mit Psychosen identifiziert:

- Menschen, die in ihrem Leben etwas erreichen wollen,
- Menschen, die eher Stabilität suchen, und
- Menschen, die gesundheitsorientiert sind (Zipursky et al. 2017).

Je nach grundsätzlicher Orientierung variieren auch die konkreten Ziele, die erreicht werden sollen. So wird ein Vollzeitjob überwiegend von Personen angestrebt, die eher leistungsorientiert sind. Diese Gruppe will auch eher in einer eigenen Wohnung leben und möglichst viel Geld verdienen. Mit den Gesundheitsorientierten haben sie gemeinsam, keine Stimmen oder andere ungewöhnliche Dinge erleben zu wollen. Den Stabilitätsorientierten war dies hingegen weniger wichtig. Diese Gruppe war auch ein hohes Einkommen weniger wichtig, möglicherweise, weil sie Erfahrungen auf dem Arbeitsmarkt gemacht hatten, die unangenehm waren.

Diese Forschungsergebnisse legen nahe, dass die Lebensziele und Unterstützungspräferenzen von Menschen mit psychosozialen Problemen hochindividuell sind und auch so behandelt werden sollten. Das heißt, es ist professionellerseits nicht von konformen Vorstellungen auszugehen (»Menschen mit X wollen sicher Y«), sondern es ist in jedem Einzelfall nachzufragen und die individuelle Entscheidungsfindung zu unterstützen. Dies wird an dieser Stelle deshalb besonders hervorgehoben, weil die Vorstellungen über die angemessenen Ziele und Wege zwischen Professionellen, Nutzenden und anderen Beteiligten wie Angehörigen sehr häufig differieren (Lasalvia et al. 2012).

Darüber hinaus ist es mir wichtig, zu betonen, dass der oftmals von Betroffenenbewegungen und sozialpolitischen Akteuren zu hörende Vorwurf, die heutige psychiatrische Versorgung sei vor allem ein rein neoliberales kommerzielles Projekt der Pharmaindustrie und der »Psy-Professionen« (z. B. Esposito & Perez 2014; Tseris 2018) am Kern des Problems vorbeigeht. Ich habe im Verlauf des Buchs die sozialkonstruktivistischen Hintergründe von »Krankheitsmodellen« beschrieben und auch die teils geringe Wirksamkeit der Therapien benannt. Und es stimmt natürlich, dass ganze Branchen und Berufe von der Medikalisierung und Psychologisierung leben und insofern davon profitieren. Aber die Forderung nach einer grundsätzlichen Entmedikalisierung psychosozialer Probleme und die Beschreibung etwa von Antidepressiva als Mythos (Moncrieff 2011) führen zu einer epistemischen Ungerechtigkeit gegenüber denjenigen, die mithilfe professioneller Unterstützung und auch mithilfe von Psychopharmaka ein stabiles und lebenswertes Leben führen. Und wenn professionelle Unterstützungsangebote diesen Menschen aus ihrer Perspektive helfen, nützen und nicht schaden, was sollte dagegensprechen, dass sie diese Angebote in Anspruch nehmen und dass diese Angebote vorgehalten werden?

Medikalisierung und Psychologisierung tragen nicht unwesentlich dazu bei, mit den teils schwierigen und aversiven Bedingungen des Lebens in der modernen Gesellschaft zurechtzukommen. Es ist sicher nicht falsch, zu betonen, »dass das Konzept einer Krankheit nicht gebraucht wird, um die Entstehung einer großen Anzahl von Problemen zu rechtfertigen, die gegenwärtig einige Formen von Krankheit repräsentieren, und dies gilt auch für die Entwicklung effektiver Behandlungsoptionen« (Wasserman & Wasserman 2016: 11). Dafür sei es nicht notwendig, psychische Probleme zu pathologisieren. Aber hier gilt dasselbe wie zuvor: Wenn Menschen mit psychosozialen Problemen eben diese als »Krankheit« interpretieren, wie es millionenfach geschieht, und ihnen dies für das Verständnis ihrer Probleme und auch für den Umgang damit hilft, was sollte dagegensprechen?

Eine medikalisierte und psychologisierte Perspektive auf persönliche Probleme ist heute die dominante Sichtweise im Globalen Norden. Eine medikalisierte und psychologisierte Sichtweise hat daher die gleiche Existenzberechtigung wie die Ablehnung dieser Sichtweise. Gerade aus einer sozialpsychiatrischen Sichtweise sollte es möglich sein, die Perspektiven gleichberechtigt nebeneinander existieren und stehen zu lassen. Es kommt allerdings darauf an, Menschen mit psychosozialen Problemen in die Lage zu versetzen, hier eine eigene Position zu finden, die zu ihren Bedürfnissen passt.

Von der geteilten zur unterstützten Entscheidungsfindung

Mit der UN-BRK wurde nicht nur der Behinderungsbegriff neu definiert, sondern es wurden auch Anforderungen an den Prozess der Entscheidungsfindung von Professionellen und Betroffenen hinsichtlich der Nutzung möglicher Unterstützungsangebote formuliert. So betont Artikel 12, dass Maßnahmen getroffen werden sollen, »um Menschen mit Behinderungen Zugang zu der Unterstützung zu verschaffen, die sie bei der Ausübung ihrer Rechts- und Handlungsfähigkeit gegebenenfalls benötigen.« (United Nations 2006) Das heißt, Menschen mit Behinderungen sollen selbst über ihre rechtlichen Belange entscheiden und Professionelle sollen sie dahingehend unterstützen, dass sie dies auch tatsächlich können. Dies ist im Kern die juristische Argumentation, die dazu führen könnte, gesetzliche Vertretungen wie Beistände oder rechtlich Betreuende abzuschaffen (Gooding 2013), wenn sie gegen den Willen der Betroffenen eingesetzt werden.

Selbstverständlich gilt dieses Prinzip auch für Behandlungsentscheidungen – bis hin zur Entscheidung über Maßnahmen, die Zwang bedeuten könnten (Newton-Howes et al. 2020). Aus einer menschenrechtlichen Perspektive ist grundsätzlich davon auszugehen, dass Menschen mit psychosozialen Problemen selbst entscheiden können, was für sie die richtige Wahl bezüglich Begleitung, Versorgung und Behandlung ist. Doch wie kann man sie dabei unterstützen?

Nach der einschlägigen psychiatrischen Forschungsliteratur können kommunikative Ansätze wie der »Open Dialogue« und institutionelle Angebote wie Genesungsbegleitung oder Soteriaeinrichtungen unterstützte Entscheidungsfindung fördern (Penzenstadler et al. 2020). Diese werden auch von der Weltgesundheitsorganisation WHO als beispielhafte Elemente eines menschenrechtsbasierten Ansatzes im Sinne der UN-BRK betrachtet (WHO 2021 a). Wie später noch deutlich wird, werden diese Ansätze in der evidenzbasierten Psychiatrie nicht als besonders wirksam angesehen. Abgesehen davon, dass dies womöglich methodischen Umständen zuzuschreiben ist, kann man aber auch fragen, ob in jedem Fall die wissenschaftliche Evidenz Vorrang vor der Präferenz der Nutzenden haben sollte (Gupta 2014), und wie groß das gesundheitliche Risiko ist, wenn Betroffene sich gegen die wissenschaftliche Evidenz entscheiden.

Erinnert werden muss in diesem Zusammenhang daran, dass die Evidenz für die Effektivität psychiatrischer Behandlung ohnehin nicht sonderlich ausgeprägt ist (s. S. 65 ff.). Insofern ist das Argument, man müsse der evidenzbasierten Psychiatrie folgen, nicht besonders stark. Dennoch orientieren sich viele Menschen mit psychosozialen Problemen stark an der Biomedizin und sind bereit, evidenzbasierten Empfehlungen zu folgen (Knight et al. 2018). Ferner ist daran zu erinnern, dass schon bei der Entwicklung der evidenzbasierten Medizin in den 1990er-Jahren die Gefahr gesehen wurde, dass evidenzbasierte Methoden kochbuchartig angewendet werden könnten, wenn ausschließlich nach Studienlage entschieden würde (Sackett 1997). Doch schon damals wurde gefordert, dass der gesamte Entscheidungsprozess von »der umsichtigen Identifikation und der einfühlsamen Berücksichtigung der schwierigen Situation individueller Patienten, ihrer Rechte und ihrer Präferenzen bezüglich der klinischen Entscheidungsfindung über ihre Behandlung« (Sackett et al. 1996: 71) geprägt sein sollte. Diese Art der evidenzbasierten Medizin ist von der unterstützten Entscheidungsfindung, wie sie heute gefordert wird, nicht so weit entfernt. Demnach kommt es allerdings in erster Linie auf die Präferenzen an und die wissenschaftliche Evidenz kommt dann zum Zug, wenn die Nutzenden wissenschaftlich geprüfte Behandlungs- und Unterstützungsangebote vorziehen. Ein Beispiel:

Das Prinzip der Soteriabehandlung, wie es in den 1970er- und 1980er-Jahren in den USA und dann später auch in Europa implementiert wurde, lief auf eine psychiatrische Akutversorgung ohne oder später mit einer relativ geringen antipsychotischen pharmakologischen Dosis hinaus (Calton et al. 2008). Diese Niedrigdosistherapie ist jedoch zur Prävention eines ersten oder zweiten psychotischen Rückfalls nicht sehr geeignet (Taipale et al. 2022).

Mit dem konventionellen Behandlungsziel, vor allem Rückfälle zu vermeiden, würde die Schlussfolgerung lauten: Gerade zu Beginn einer psychotischen Entwicklung sollte nicht mit einer niedrigen Dosierung behandelt werden. Aus menschenrechtlicher Perspektive wäre dagegen zu fragen, wie relevant das Risiko eines psychotischen Rückfalls für die betroffene Person ist, insbesondere vor dem Hintergrund nicht unerheblicher Nebenwirkungen einer höheren Dosis. Wenn die Rückfallprävention keine hohe Priorität hat, sollte sich dies auch in der Dosis der Antipsychotika niederschlagen – wenn überhaupt eine Medikation akzeptiert wird. Sollte aber die Rückfallprävention oberste Priorität haben, dann ist die Person über die Wirkungen und Nebenwirkungen der Dosis evidenzbasiert aufzuklären, um ihr die Entscheidung zu erleichtern. Wenn die Rückfallprävention die Präferenz der Person ist, würde hier schlussendlich die evidenzbasierte Medikation zum Tragen kommen. Würde die Person die Nebenwirkungen nicht in Kauf nehmen wollen, sollte über alternative nichtmedikamentöse Unterstützungsstrategien beraten werden. Es ist durchaus möglich, das gerade skizzierte Vorgehen zu formalisieren. Abbildung 6 beschreibt die Entscheidungswege.

ABBILDUNG 6 Präferenz vor Evidenz am Beispiel von Unterstützungsangeboten bei psychotischem Erleben (Open Dialogue vs. Medikation)

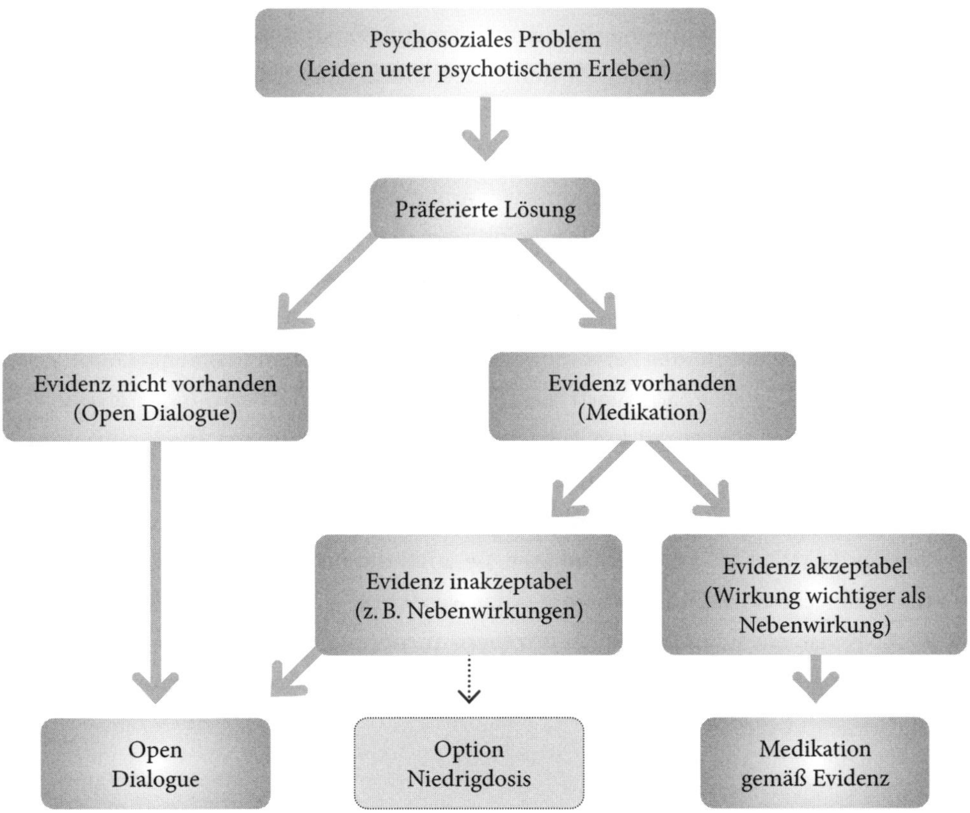

Aus Sicht der entscheidenden Person besteht ein psychosoziales Problem (zum Beispiel psychotisches Erleben), für das nach einer präferierten Lösung gesucht wird. In diesem Beispiel könnte die Lösung heißen: Open Dialogue oder Medikation. Open Dialogue ist, wie der Name suggeriert, ein aufsuchendes systemisches und kommunikationsbasiertes Verfahren, das im Falle einer schweren psychischen Krise unter Einbezug aller Beteiligten Behandlungsentscheidungen trifft (Seikkula & Olson 2003). Für die präferierte Lösung kann also Evidenz vorhanden sein (Medikation) oder eben auch nicht (Open Dialogue). Entscheidet sich die Person für die Lösung ohne Evidenz, wird gleichwohl so verfahren und Open Dialogue kommt zum Einsatz. Entscheidet sie sich für die Medikation, sollten alle Informationen bezüglich Wirkungen und Nebenwirkungen offengelegt werden. Im nächsten Schritt muss bewertet werden, ob die Evidenz akzeptabel ist, ob also die Wirkung des Medikaments als ausreichend auch angesichts der Nebenwirkungen bewertet wird. Sollte das nicht der Fall sein, müsste über nichtmedikamentöse Lösungen nachgedacht oder aber eine geringere Dosis verordnet werden. Im anderen Falle wird die Medikation gemäß der Evidenz ggf. erhöht werden.

Diese Vorgehensweise ist eine Umkehrung der in weiten Teilen der psychiatrischen Versorgung üblichen Prozedur: Es sind die evidenzbasierten Methoden und Maßnahmen in den Entscheidungsprozess einzubringen, die zu den Zielen der Menschen passen. Die Optionen sollten klar, die Kriterien transparent sein und der Weg gut strukturiert werden.

Es wäre jedoch eine Illusion, zu glauben, dass eine unterstützte Entscheidungsfindung allein anhand von Fakten erfolgt. Entscheidend für die Wirksamkeit und die nachhaltige Umsetzung unterstützter Entscheidungen ist der aktuellen Forschung zufolge eine gute Arbeitsbeziehung zwischen der professionellen Person und der Person mit einem psychosozialen Problem (Dixon et al. 2021; Webb et al. 2020). Vertrauen ist demnach zentral. Betroffene Personen müssen darauf vertrauen können, dass ihnen alle relevanten Informationen zur Verfügung gestellt werden. Sie dürfen nach der UN-BRK erwarten, dass diese auch in angemessener und vor allem verständlicher Form kommuniziert werden (Artikel 9). Letztlich müssen sie auch darauf vertrauen können, dass die präferierten Maßnahmen umgesetzt werden.

Es ist ein grundsätzliches Problem in der Arbeitsbeziehung zwischen Professionellen und Menschen mit psychosozialen Problemen, dass die unzweifelhaft bestehende Machtasymmetrie nur mit Vertrauen überwunden werden kann. Professionelle Personen verfügen üblicherweise über mehr und bessere Informationen und auch über mehr Erfahrungen. Auch wenn in der aktuellen Wissenschaftstheorie anerkannt ist, dass Laienwissen nicht per se wissenschaftlichem Wissen unterlegen ist (Oreskes 2019: 62), zeigt sich das Machtgefälle nicht zuletzt darin, dass psychiatrisch Tätige darin geschult sind, ihre Ziele kommunikativ zu erreichen. Dies ist womöglich einer der Gründe, weshalb von Betroffenen die Peerbegleitung in aller Regel sehr geschätzt wird. Professionelle werden im Unterschied zu Peers eher als zielorientiert erlebt, während Peers eher als prozessorientiert gesehen werden (Bochicchio et al. 2021). Vermutlich können viele Behandlungsoptionen in Diskussionen mit Peers offener diskutiert und abgewogen werden, als das mit konventionell ausgebildeten Mitarbeitenden der Fall ist.

Schlussfolgerungen: Bausteine einer personengesteuerten Unterstützung

Der Vergleich mit früheren und noch aktuellen Praktiken der psychiatrischen Versorgung zeigt, dass es erste Schritte in Richtung einer menschenrechtsbasierten Psychiatrie gibt. An vielen Stellen fehlt noch der letzte Schritt, indem die Nutzenden und Betroffenen darüber entscheiden, was zu tun und was zu lassen ist.

Auf dem Weg einer solchen präferenzorientierten Psychiatrie sind jedoch noch zahlreiche rechtliche, ethische und praktische Probleme und Dilemmata zu überwinden. Welche Schwierigkeiten das im Einzelnen sind und welche Auswege sich anbieten, das ist das Thema des nächsten Kapitels.

Psychosoziale Unterstützung ohne Zwang: Konsequenzen, Dilemmata und mögliche Auswege

Wenngleich die Diskussion um die von der UN-BRK geforderte Abschaffung von Zwang nach wie vor hohe Wellen schlägt, so ist die Forderung auch in professionellen Kreisen mitnichten neu. Bereits im Jahr 1999 publizierte die US-amerikanische Vereinigung der leitenden Personen staatlicher Psychiatrieprogramme ein Positionspapier, das den Gebrauch von Zwang zwar unter gewissen Umständen rechtfertigte, aber das Ziel formulierte, »den Gebrauch von Isolation und Fixation zu verhindern, zu reduzieren und schließlich zu eliminieren« (NASMHPD 1999). Dieser Forderung schlossen sich in den darauffolgenden Jahren viele professionelle Vereinigungen an (Zaami et al. 2020). Interessanterweise waren diese Forderungen zu der Zeit unumstritten. Dies lag möglicherweise daran, dass die Reduktion im Vordergrund stand und nicht die Elimination.

Der Streit begann mit der Forderung nach der Abschaffung von Zwang, so wie er auch in diesem Buch formuliert wird. Was würde denn geschehen, wenn Zwangsmaßnahmen nicht mehr erlaubt wären, wenn Menschen mit psychosozialen Problemen die volle Autonomie über ihr Leben zugestanden würde?

Der amerikanische Psychiater Paul Appelbaum, einer der vehementesten Kritiker der UN-BRK, befürchtet, dass dies zu Verurteilungen und Gefängnisaufenthalten für Menschen führen würde, die vormals als nicht schuldfähig galten (Appelbaum 2016). Viele Betroffene, die heute in forensischen Kliniken gegen ihren Willen behandelt werden, würden in Gefängnissen landen und oftmals keine psychosoziale Unterstützung bekommen.

Auch wenn ich Appelbaums Fundamentalopposition zur UN-BRK nicht teile, kritisiert er meines Erachtens zu Recht, dass die Befürwortenden der UN-BRK sich über diesen Sachverhalt ausschweigen. Und nicht nur Fremdgefährdung und kriminelles Verhalten werden nicht thematisiert, auch selbstgefährdendes und suizidales Verhalten nicht (Duffy & Kelly 2017). Damit tun die Verfechtenden der Konvention sich und der Sache keinen Gefallen, wie ich finde. Sollten schwerwiegende Verbrechen von Menschen mit psychosozialen Problemen begangen werden, die gegen ihren Willen hätten behandelt werden können, so würden Öffentlichkeit und Medien dafür vermutlich kein Verständnis zeigen. Ähnliches würde wohl für den Suizid eines jungen Erwachsenen gelten, der in Kontakt mit psychiatrischen Diensten stand, aber mit Verweis auf die UN-BRK dort nicht festgehalten werde konnte.

An der bisherigen Diskussion über die Abschaffung von Zwang in der Psychiatrie fehlt mir daher die Analyse der offenkundigen Folgen und Probleme, die solch ein Schritt mit sich bringen würde. Welche Konsequenzen hätte dies für die forensische Psychiatrie? Wie gehen wir mit Menschen um, die sich das Leben nehmen wollen? Wie halten wir es mit Menschen, die eine demenzielle Entwicklung erleben?

Sollte die Abschaffung von Zwang eine Chance haben, müssen diese Dilemmata und die damit einhergehenden Schwierigkeiten adressiert und analysiert werden. Das soll nachfolgend – zumindest im Ansatz – geschehen. Im Einzelnen werden folgende Aspekte behandelt:

- die möglichen Folgen einer Selbstdeklaration als krank oder nicht krank;
- die möglichen Folgen einer präferenzorientierten psychosozialen Unterstützung, hier insbesondere der Umgang mit Fremdgefährdung, Selbstgefährdung und demenziellen Erkrankungen.

Folgen einer Selbstdeklaration als krank oder nicht krank

Zur Erinnerung: Die Fremddeklaration und -diagnose von »psychisch krank« basiert auf nicht ausreichend validen und teilweise willkürlichen Kriterien. Gleichwohl ist das Konzept einer »psychischen Krankheit« in der modernen Gesellschaft weitverbreitet und wird von vielen Menschen akzeptiert. Jedoch gibt es auch Menschen, welche dieses Konzept im Allgemeinen oder für sich in bestimmten Situationen nicht anerkennen. Das führt zu verschiedenen Problemen, wenn die heutigen Verhältnisse im Gesundheitswesen und in der Justiz vorausgesetzt werden.

Bleiben wir zunächst im Gesundheitswesen. Aktuell ist die Sachlage so, dass medizinische, therapeutische, psychologische, (zumeist auch) pflegerische und (unter Umständen auch) sozialarbeiterische Unterstützungsleistungen an eine medizinische Diagnose gebunden sind. Ohne Diagnose, also ohne die Feststellung einer Krankheit, wird keine Leistung im Gesundheitswesen von Sozialversicherungen übernommen. Dies gilt selbst im System der sozialen Hilfen. Ohne die Feststellung eines entsprechenden Gesundheitsproblems darf die ICF (International Classification of Functioning, Disability and Health) eigentlich nicht angewendet werden (Kostanjsek et al. 2011).

Würde die Notwendigkeit einer Fremddeklaration einer psychischen Krankheit entfallen, würde sich die Frage stellen, ob das generell zu einer Leistungsausweitung und einem damit verbundenen Kostenanstieg führen könnte. Das ist meiner Ansicht nach nicht sicher. Zwar würden Personen Unterstützungen in Anspruch nehmen wollen, die heute ohne Diagnose nicht zugänglich sind. Entfallen würde aber mancher Besuch bei einer ärztlichen Fachperson und auch die Kosten für die Medikalisierung bestimmter sozialer Probleme würde sinken.

Gravierend wären die Folgen im Justizsystem. Bei Gerichtsverfahren würde es der angeklagten Person selbst überlassen, festzustellen, ob sie strafbare Handlungen im Rahmen einer »psychischen Krankheit« begangen hat. Sollte sie dies ablehnen, würde sie einem regulären Verfahren unterzogen werden, ohne dass eine verminderte Schuldfähigkeit zu ihren Gunsten von der Verteidigung eingebracht werden könnte. Entgegen vielen Mythen um die verminderte Schuldfähigkeit führt diese eben nicht zu kürzeren Strafen oder schnelleren Entlassungen (Perlin 2016). Da die Unterbringungen in forensischen Einrichtungen nicht terminiert sind, führt dies oft zu deutlich längeren Strafen. Nicht nur aus diesem Grund sind viele Betroffene nicht mit der Feststellung einer verminderten Schuldfähigkeit einverstanden.

Ein großes Dilemma entsteht durch die oftmals inadäquate psychosoziale Unterstützung in Strafanstalten. Psychosoziale Probleme sind dabei nicht unbedingt schon bei Antritt der Strafe vorhanden, auch die Haft selbst kann diese auslösen. Bekanntermaßen kommen Suizide in Gefängnispopulationen deutlich häufiger vor als in der Allgemeinbevölkerung (Fazel, Hayes et al. 2016). Diese Effekte sind insbesondere vor dem Hintergrund nicht erreichbarer Rehabilitationsziele zu sehen, mit denen Gefängnisaufenthalte immer noch begründet werden. Gefängnisstrafen haben so gut wie keine Auswirkung auf die Kriminalität, wie ältere (Gendreau et al. 1999) und neuere (Beckett & Goldberg 2022) empirische Arbeiten wiederholt festgestellt haben. Sie dienen allein dazu, Menschen für eine gewisse Zeit von anderen Menschen fernzuhalten. Sie helfen nicht, die bestraften Menschen von weiteren Straftaten abzuhalten.

Sollte eine Person sich für »psychisch krank« erklären, auf verminderte Schuldfähigkeit plädieren und zu einer Behandlung bereit sein, dann wäre sie gewissermaßen in freiwilliger psychiatrischer forensischer Behandlung, die mit einem Strafmaß kombiniert werden könnte. Freiwillige forensische Behandlungen sind bereits heute in der Schweiz in ambulanten Settings nicht unüblich (Krammer et al. 2020). Sicher würden jedoch auch stationäre Einrichtungen gebraucht, in denen freiwillige forensische Behandlungen möglich wären.

Schwierigkeiten können entstehen, wenn die Meinung der verurteilten Person sich ändert, dann ist die Frage, was gilt nun: krank oder nicht krank? Vorausverfügungen, in denen die betreffenden Personen sich für diesen Fall festlegen, könnten hier unter Umständen aus dem Dilemma heraushelfen.

Folgen einer präferenzorientierten psychosozialen Unterstützung

Die präferenzorientierte psychosoziale Unterstützung würde die Zahl der Nutzenden evidenzbasierter therapeutischer Verfahren nicht zwingend in die Höhe schnellen lassen. Auch Menschen, die sich als krank deklarieren, könnten nicht evidenzbasierte Interventionen vorziehen. Andere Menschen würden von vornherein Coaching- oder Peerangebote präferieren, die konventionell nicht von Krankenversicherungen bezahlt werden. Und dann ist natürlich die Inanspruchnahme verschiedener Kombinationen aus evidenz- und nicht evidenzbasierten Angeboten denkbar.

Eine solche Entwicklung hätte vermutlich keine drastischen Konsequenzen für die psychische Befindlichkeit in der Allgemeinbevölkerung. Die derzeitigen konventionellen und evidenzbasierten psychiatrischen Interventionen haben, wie verschiedentlich festgestellt wurde, zu keiner Verbesserung der psychischen Gesundheit auf Bevölkerungsebene geführt (Ormel et al. 2022; Richter et al. 2019). Eine weniger evidenzbasierte Entwicklung dürfte daran wenig ändern.

Größer wären die Folgen möglicherweise für die Ökonomie. In der einschlägigen gesundheitsökonomischen Forschung geht man von Substitutionseffekten aus, wie sie etwa bei Homöopathika und Phytotherapeutika festgestellt wurden (Bauer et al. 2021). Die entscheidende Frage wäre dann, wer welche Leistungen finanziert. Müssten Krankenkassen allem zustimmen, was ihre Versicherten in Anspruch nehmen wollten, auch wenn sich die Versicherten nicht als »krank« einstufen? Oder wäre es Sache der Sozialversicherungen, nichtmedizinische Leistungen im engeren Sinne zu finanzieren?

Ein Ausweg könnte ein definierter Katalog von Leistungen sein, die von Menschen mit psychosozialen Problemen präferiert werden. Solch ein Verfahren wäre nicht ohne Beispiel. Schon heute können Versicherte Leistungen von Krankenversicherungen erstattet bekommen, die eher präferenz- denn als evidenzbasiert gelten. In der Schweiz etwa sind Leistungen der »Ärztlichen Komplementärmedizin« (Etter 2019) erstattungsfähig. Darunter fallen unter anderem die Akupunktur, die anthroposophische Medizin oder die Homöopathie. Auch in Deutschland wird die Homöopathie von einzelnen Krankenkassen bezuschusst.

Auch im Bereich der Sozialhilfe gibt es entsprechende Vorbilder. Im Kanton Bern etwa können Menschen mit Behinderungen sowohl Leistungen in definierten Bereichen als auch die Dienstleistenden demnächst frei wählen (BZ 2022). Um die Zahl der Nutzenden auf ein personell und finanziell leistbares Maß zu begrenzen, müssen sie sich einer Bedarfsabklärung unterziehen. Ein ähnliches Instrument besteht in Deutschland mit dem Persönlichen Budget (Sobota 2012).

Möglicher Umgang mit Fremdgefährdung

Entscheidend für die Akzeptanz eines präferenzorientierten Unterstützungssystems wird sein, wie mit Menschen mit psychosozialen Problemen umgegangen wird, die andere Menschen gefährden. Im Gegensatz zur weiter unten diskutierten Selbstgefährdung steht in der modernen Gesellschaft im Prinzip ein System zur Verfügung, das mit allen Menschen, die für andere eine Gefahr sind, umgehen kann. Polizei- und Justizinstitutionen sind grundsätzlich darauf ausgelegt, solch schwierige Personen und Situationen in den Griff zu bekommen. Warum sollten Polizei und Justiz nicht auch mit Menschen zurechtkommen können, die heute wegen einer Fremdgefährdung gegen ihren Willen in eine psychiatrische Klinik eingewiesen werden? Ein grundsätzliches Gegenargument ist meiner Ansicht nach nicht ersichtlich, wenn denn entsprechende Unterstützungsmöglichkeiten vorgehalten würden, auf die auch Menschen einen Anspruch haben, die andere Menschen gefährden. Dass das nicht so ist, ist eines der grundlegenden Dilemmata, das zu lösen wäre, wenn eine psychosoziale Unterstützung ohne Zwang in psychiatrischen Settings umgesetzt werden sollte.

Ob sich dieses Dilemma im Rahmen der aktuell vorgehaltenen Justizeinrichtungen lösen lässt, da bin ich skeptisch. Es braucht vermutlich ein deutlich verändertes System im Umgang mit Strafen generell. Ich hatte bereits beschrieben, dass Strafen keine großen Auswirkungen auf die Straffälligkeit haben, sondern lediglich Menschen, die für andere ein gewisses Risiko darstellen, für eine bestimmte Zeit von Straftaten abhalten können. Diesen Umstand weiterdenkend, könnte ein möglicher Ausweg ein »Quarantänemodell« sein. Die US-amerikanischen Philosophen Gregg Caruso (Caruso 2021) und Derk Pereboom (Pereboom 2019) haben dieses Modell in den letzten Jahren als Gegenmodell zum Konzept der moralisch begründeten Strafen entwickelt, wie es vor allem in den Vereinigten Staaten immer wieder vertreten wird.

Hintergrund des Quarantänemodells ist die Diskussion um den freien Willen, den Caruso und Pereboom grundsätzlich infrage stellen. Sie vertreten dagegen den Ansatz des »Neuroexistenzialismus« (Caruso & Flanagan 2017). Diesem Ansatz zufolge sind alle Handlungen, Entscheidungen und Erfahrungen biologisch determiniert, eine Seele, ein Geist oder ein entsprechendes Bewusstsein als nichtphysisches Etwas existiert demnach nicht. »Das Universum ist kausal geschlossen und der Geist ist das Gehirn.« (Caruso & Flanagan 2017: 8) Unter dieser Voraussetzung wird im Neuroexistenzialismus gefolgert, dass Menschen keine moralische Verantwortung für ihre Handlungen tragen und deshalb für ihre Handlungen nicht bestraft werden dürfen. Allerdings dürften sich Menschen und Gesellschaften gegen Menschen wehren, die eine Gefahr oder ein Risiko für sie darstellen. So wie es während der COVID-19-Pandemie zulässig war, infizierte Menschen gegen ihren Willen unter Quarantäne zu stellen, sei es auch zulässig, Menschen mit psychosozialen Problemen von anderen Menschen fernzuhalten, wenn sie – etwa im Wiederholungsfall und nach einschlägigen prognostischen Verfahren – eine Gefahr für andere Menschen sind.

Was das Quarantänemodell zudem anschlussfähig macht, ist die Überlegung, dass die Unterbringung zum einen nur mit den geringstmöglichen Einschränkungen erfolgen darf und zum anderen rehabilitativ ausgerichtet sein sollte. So fordert Caruso, die Rehabilitation nach dem menschenrechtlichen Capabilities-Ansatz von Martha Nussbaum und Amartya Sen zu organisieren (Nussbaum 2007). Capabilities sind Befähigungs- und Verwirklichungschancen, beispielsweise in Bezug auf körperliche Gesundheit, soziale Beziehungen und Kontrolle über das eigene Umfeld. Wie leicht nachvollziehbar ist, werden diese Befähigungs- und Verwirklichungschancen auch in der psychiatrischen Rehabilitation gefordert und als Voraussetzung für Inklusion und Recovery betrachtet (Richter 2018).

Darüber hinaus fordert Caruso, dass grundlegende soziale Bedingungen erfüllt sein sollten, wie etwa ein Recht auf Wohnen, Gesundheitsversorgung, ausreichendes Einkommen und anderes mehr. Diese Bedingungen sind nach seiner Ansicht Voraussetzung für die Prävention von Straftaten. Sie sind, nach meiner Überzeugung, zudem Bedingungen für die Prävention vieler psychosozialer Problemen und psychischer Probleme im engeren Sinne.

Ob und wie sich ein Quarantänemodell praktisch umsetzen lässt, dies ist unter den aktuellen Bedingungen sicher zweifelhaft. Aus der hier skizzierten Perspektive einer Psychiatrie ohne Zwang ist das Modell jedoch in verschiedener Hinsicht attraktiv. Zum einen wird auf die Feststellung einer »Störung« oder »Krankheit« verzichtet. Zum zweiten stehen rehabilitative Ziele im Vordergrund. Und drittens erfolgen Therapien ausschließlich auf freiwilliger Basis. Ein Strafcharakter psychosozialer Unterstützungsangebote muss vermieden werden.

Möglicher Umgang mit Selbstgefährdung

Im Gegensatz zur Fremdgefährdung gibt es bei existenziellen Selbstgefährdungen derzeit keine soziale Institution oder ein soziales System, das als Alternative zur psychiatrischen Klinik dienen könnte. Sollten Zwangseinweisungen also im Umgang mit Suizidalität alternativlos sein?

Die Ausgangslage kann so beschrieben werden (Wang & Colucci 2017):

- Zwangseinweisungen können das Leben von Menschen retten, die sich sicher ohne die Maßnahme suizidiert hätten;
- falsch positive Entscheide für Zwangsmaßnahmen sind unvermeidbar, da die Vorhersage eines Suizids nicht möglich ist;
- es ist wahrscheinlich, dass allein durch den Zwangscharakter in der aktuellen psychiatrischen Versorgung Menschen davon abgehalten werden, sich Unterstützung zu suchen, und unter Umständen einen Suizid begehen.

Das heißt: Eine mit der UN-BRK kompatible Alternative zu Zwangsmaßnahmen ist bei Suizidalität ist nicht in Sicht.

Erschwerend kommt zudem hinzu, dass nach Studienlage medikamentöse Behandlungen (Huang et al. 2022) genauso wenig wie psychosoziale Interventionen suizidale oder selbstgefährdende Handlungen verhindern (Itzhaky et al. 2022). Gleiches gilt für psychotherapeutische Verfahren (Teismann & Gysin-Maillart 2022) oder kurze Kontaktinterventionen nach Entlassung aus stationärer Behandlung (Tay & Li 2022). Es ist heute vollkommen unklar, wie suizidales oder selbstgefährdendes Verhalten behandelt werden kann (Fox et al. 2020).

Diese Schwierigkeiten sehen auch Menschen, die suizidal waren. Und sie machen deutlich, dass ihrer Erfahrung nach in konventionellen psychiatrischen Einrichtungen so gut wie keine Möglichkeiten bestehen, in einem geschützten Rahmen von Suizidalität zu berichten (Webb 2021). Dagegen stehen die soziale Tabuisierung des Suizids sowie die möglichen Zwangsmaßnahmen, die angewendet werden können. In einem Zeitungsartikel über die zunehmende Zahl von Anrufen wegen suizidaler Gedanken bei der schweizerischen Telefonseelsorge war zu lesen, dass Menschen in therapeutischer Behandlung ihre Suizidalität gegenüber Fachpersonen oftmals nicht erwähnen. Der Leiter der Zürcher Telefonseelsorge wurde folgendermaßen zitiert:

> »Dort aber vermeiden sie, von ihren suizidalen Fantasien zu reden, weil ihnen sonst die Einweisung in eine Klinik droht – auch gegen ihren Willen.« (Büttner 2023)

Im Handbuch für die Suizidprävention der deutschen Telefonseelsorge wird das Einschalten von Polizei und Rettungsdiensten zwar nicht zwingend gefordert, aber explizit auch nicht ausgeschlossen (Telefonseelsorge 2009).

Wenn man will, dass sich Betroffene öffnen, darf der Wunsch nach dem Tod nicht bestraft werden und die Autonomie der Betroffenen muss gestärkt werden. Das Recht auf den selbstgewählten Tod sollte nicht von medizinischen oder anderen Kriterien Dritter abhängen, fordert beispielsweise Alexandre Baril (2022). Er lehnt eine ärztlich reglementierte Praxis der assistierten Selbsttötung ab und fordert stattdessen einen universellen Zugang zu Möglichkeiten der unterstützten Selbsttötung. Ich selbst habe vorgeschlagen, dies für Menschen zu ermöglichen, die sich nicht in einer akuten psychischen Krise befinden und einen wohlerwogenen Todeswunsch haben (Richter 2021). Es wäre nach meiner Überzeugung eine fundamentale Aufgabe für Fachpersonen im psychosozialen Unterstützungssystem, Menschen auf diesem Weg zu begleiten. Gleichzeitig bräuchte es ein Unterstützungssystem für Menschen, die suizidal sind, bei dem nicht am Ende die Zwangseinweisung erfolgt. Derzeit wird Zwang im Zusammenhang mit Suizidalität viel zu häufig angewendet.

Ob und inwieweit nichtpsychiatrische Anlaufstellen für Menschen mit Suizidgedanken entsprechende Handlungen verhindern könnten, ist meines Wissens noch nicht empirisch untersucht worden. Es wäre sicher ein lohnenswertes Vorhaben. Darüber hinaus sollte diskutiert werden, welches Verhältnis psychosoziale Akteure zum Suizid haben wollen. Meines Erachtens sollte die Verhinderung nicht in jedem Fall an erster Stelle stehen. Wir müssen akzeptieren, dass Menschen mit und ohne psychosoziale Probleme in der Selbsttötung einen legitimen Ausweg aus dem Leben sehen können.

Möglicher Umgang mit demenziellen Entwicklungen

Ein besonderes psychosoziales Problem, das sowohl mit Selbstgefährdung wie auch mit Fremdgefährdung assoziiert sein kann, ist die Demenz, die bekanntermaßen mit zunehmendem Alter wahrscheinlicher wird. Aktuell ist es nach Feststellung der Urteilsunfähigkeit legal und ethisch gerechtfertigt, Maßnahmen gegen den Willen der Person durchzuführen. Mit Blick auf die UN-BRK ist dies im Prinzip nicht zulässig. Die betroffene Person würde auch bei einer aus der Fremdperspektive vermuteten Urteilsunfähigkeit ihre Rechtsfähigkeit behalten und dürfte entsprechende Maßnahmen ablehnen.

Einen Ausweg aus dieser Problematik bieten Vorausverfügungen. Solche Dokumente sind schon heute bei der Frage des Umgangs mit lebensverlängernden Maßnahmen üblich (Harrison Dening et al. 2019). Den Umgang mit Zwang in bestimmten Situationen könnte man ebenfalls in Vorausverfügungen regeln; diese Regeln könnten beispielsweise Odysseus-Klauseln enthalten, die es ermöglichen, auch gegen den in Krisensituationen geäußerten Willen zu handeln. Zur Erinnerung: In der »Odyssee« von Homer ließ sich der Protagonist auf dem Schiff festbinden, weil er befürchtete, dem verlockenden Gesang der Sirenen nicht widerstehen zu können. Eine derartige Vorausverfügung kann entweder indiziert bei einer beginnenden demenziellen Entwicklung gemeinsam mit dem betroffenen Menschen entwickelt werden oder aber – wie bei der Organspende – unter Umständen sogar bevölkerungsweit zum Zuge kommen.

Bei Vorausverfügungen für demenzielle Entwicklungen ist es ratsam, diese mit Fachpersonen zu erarbeiten, die eine Schulung bezüglich des Krankheitsbilds, möglicher kognitiver Einschränkungen und angemessenen Gesprächsführungstechniken erhalten haben (Dixon et al. 2020). Auch muss man wissen, dass es mit einer einmaligen Verfügung nicht getan ist. Im Rahmen einer Krisensituation kann das »Jetzt-Selbst« möglicherweise nicht mehr mit den Entscheidungen des »Damals-Selbst« (Opgenhaffen et al. 2022) einverstanden sein. Insofern sollten die Verfügungen regelmäßig mit der betroffenen Person evaluiert und womöglich revidiert werden. An Interaktionsverfahren, die auch über das gesprochene Wort hinausreichen, wird derzeit in der Forschung gearbeitet, um auch Menschen mit einer fortgeschrittenen Demenz die Möglichkeit zu geben, ihren Willen zu artikulieren (Keady et al. 2022).

Schlussfolgerungen: Auf dem Weg zu einer psychosozialen Unterstützung ohne Zwang

Die gerade dargestellten Sachlagen und Dilemmata lassen nicht vermuten, dass eine psychosoziale Unterstützung ohne Zwang in absehbarer Zukunft Realität wird. Aus soziologischer Perspektive hätte eine Psychiatrie ohne Zwang erhebliche Folgen für verschiedene gesellschaftliche Systeme und Institutionen. Es bräuchte nicht nur ein anderes Verständnis von »psychischer Krankheit«, sondern auch eine grundlegend andere Psychiatrie.

Eine solch grundlegend andere Psychiatrie ist von Diana Rose und ihrem Mann Nicholas Rose unlängst beschrieben worden. Als selbst Betroffene hat Diana Rose verschiedene Reformvorschläge analysiert. Am Ende kommt sie mit ihrem Mann zu der folgenden Skizze einer »anderen Psychiatrie«:

> »Grundlegender wäre es, den Blickwinkel umzukehren, aus dem Not und Belastungen zu verstehen sind; es würde erfordern, dass alle Fachleute auf jede erdenkliche Weise versuchen, den Standpunkt des Patienten einzunehmen, zu versuchen, sich die Welt so vorzustellen, wie sie vom Patienten erlebt wird. Der Übergang zur epistemischen Gerechtigkeit erfordert, dass die Stimme des Patienten und die erlebte Realität des Patienten im Mittelpunkt eines jeden Unterstützungssystems stehen. Das umfassende Wissen über das tatsächliche Leben, das dies mit sich brächte, würde die Vorstellung von verschiedenen ›Komponenten‹ überflüssig machen. Eine andere Psychiatrie wäre eine Psychiatrie, die aus der ›Patientenbeteiligung in der Forschung‹ eine Beteiligung von ›Forschenden an patientengeführten Systemen‹ machen würde.« (Rose & Rose 2023: 7)

Und damit wäre es nicht getan. Es bräuchte zudem ein verändertes Rechts- und Strafsystem und ein drastisch verändertes Sozialrecht, das den Zugang zu Leistungen nicht von Diagnosen abhängig macht. Die Medikalisierung des Rechtssystems ist eines der großen Hindernisse auf dem Weg zur Abschaffung von Zwang in der Psychiatrie. Ein weiteres Hindernis ist die verbreitete Überzeugung von der Existenz und der Validität psychischer Krankheiten und psychiatrischer Diagnosen. All dies lässt sich nicht schnell verändern.

Bis dahin könnten jedoch auch schon unter den geltenden rechtlichen und gesellschaftlichen Bedingungen erste Schritte unternommen werden. Diese reichen von offenen Stationstüren über Home Treatment, Open Dialogue und Wohnbegleitung, Weglaufhäuser, Unterstützung bei Suizidalität, Deeskalations- und Aggressionsmanagement für alle Mitarbeitenden bis hin zu Vorausverfügungen. Bei allen psychosozialen Unterstützungsangeboten kommt es darauf an, Zwangsmaßnahmen konsequent als letztes Mittel einzusetzen und Einschränkung auf ein Minimum zu begrenzen. Dies alles sind Themen, die schon heute angegangen werden können.

Die Abschaffung von Zwang in der Psychiatrie wird nicht vom einen Tag auf den anderen geschehen. Der Weg dahin ist jedoch unumgänglich.

Epilog

Nicht alle Lesenden werden jeder Argumentation und allen Schlussfolgerungen zugestimmt haben, da bin ich mir sicher. Aber auch wenn nach wie vor erhebliche Fragezeichen bleiben und wenn vor allem bei den Konsequenzen einer Psychiatrie ohne Zwang nicht jede oder jeder einverstanden sein wird, so kann doch vielleicht ein Minimalkonsens umrissen werden:

- Wir wissen nicht, ob Menschen überhaupt eine Psyche oder ein Bewusstsein haben.
- Wir wissen nicht, wie »psychische Krankheiten« valide definiert werden können.
- Wir wissen, dass die Feststellung und die Diagnosen »psychischer Krankheiten« in ihrer heutigen Anwendung wesentlich durch soziokulturelle Faktoren bestimmt werden.
- Wir wissen, dass psychiatrische Zwangsmaßnahmen überwiegend nicht zum Wohl der davon betroffenen Personen sind.
- Wir wissen, dass psychiatrische Zwangsmaßnahmen oftmals nicht als letztes Mittel und als geringstmögliche Einschränkung angewendet werden.
- Wir wissen, dass psychiatrische Behandlungen nicht einmal moderat effektiv sind.
- Wir wissen nicht, ob Menschen über Autonomie und freien Willen verfügen, die durch eine psychische Krankheit beeinträchtigt und durch Behandlung mit Zwang wiederhergestellt werden können.

Zusammengefasst heißt dies: Mit der Anwendung von Zwang sind in der Psychiatrie diverse Annahmen verbunden, die sich zum gegenwärtigen Zeitpunkt als unsicher herausgestellt haben oder aber als empirisch widerlegt gelten können.

Zudem ist die Anwendung von Zwang gegen Menschen mit psychosozialen Problemen weder auf professioneller Seite noch insbesondere auf Betroffenenseite ein willkommener Aspekt des Versorgungssystems. Von wenigen Ausnahmen wie den Odysseus-Klauseln abgesehen, will niemand Zwang akzeptieren. Gleichwohl findet er in einem massiven Ausmaß statt. Da stellt sich die Frage: Was ist der eigentliche Grund für die Anwendung von Maßnahmen gegen den Willen von Personen in der psychiatrischen Versorgung?

Zwang ist eine Form professioneller und institutioneller Gewalt. Gewalt in psychiatrischen Versorgungssystemen basiert fundamental auf einem Konflikt zwischen Professionellen und den Menschen, welche die Versorgung in Anspruch nehmen oder gezwungen sind, diese in Anspruch zu nehmen (Whittington & Richter 2005). Beide Seiten verfolgen unterschiedliche Ziele, wenn sie aufeinandertreffen. Sie begegnen einander im Falle eines Konflikts mit Misstrauen, das sich bis hin zu feindseligen Einstellungen und gewalttätigen Verhaltensweisen hochschaukeln und eskalieren kann. Die Gewalt geht auch an den professionell Beteiligten nicht spurlos vorbei, körperliche und psychische Folgen dieser Konflikte sind weitverbreitet und entsprechend wissenschaftlich untersucht (Lanctôt & Guay 2014).

Hinter der Eskalation steht ein fundamentaler Konflikt: Dominante soziale Konstrukte (Krankheit, Symptome, Einwilligungsfähigkeit) treffen auf gelebte Erfahrungen, welche diesen Konstrukten grundlegend widersprechen: Das heißt, zwei Wahrheiten kollidieren.

Eine Wahrheit ist mit der neurokognitiven Diversität verbunden, die offenbar eine zutiefst menschliche Eigenschaft ist. Menschen denken, fühlen und handeln seit jeher unterschiedlich und tun dies nicht immer so, dass ihre Mitmenschen dies nachvollziehen können. Die zweite Wahrheit betrifft das medizinische Wissen und das mit ihr verbundene therapeutische Konzept, welches Zwang legitimiert.

Der Soziologe Niklas Luhmann hat diesen Sachverhalt als Ausgangspunkt seiner Soziologie der Moral genommen (Luhmann 1978). Entscheidend sind gemäß Luhmann in diesem Zusammenhang die enttäuschten Erwartungen, welche dann entstehen können, wenn Menschen sich nicht den sozialen Normen entsprechend verhalten. Und wenn Menschen sich nicht normkonform verhalten, dann reagiert die soziale Umwelt mit moralischer Missachtung. Moralische Missachtung wiederum ist die Voraussetzung für soziale Exklusion.

Aus der sozialmoralischen Legitimation hat sich im Lauf des 20. Jahrhunderts eine medizinische Rechtfertigung für Zwang und Exklusion entwickelt. Der epistemische Konflikt ist jedoch quasi identisch. Enttäuschte Verhaltenserwartungen (erst: Raserei; dann: psychische Krankheit), verbunden mit Risiken (erst: soziale Missachtung; dann: Selbst- oder Fremdgefährdung) rechtfertigten schon früher und rechtfertigen noch heute den medizinischen Zwang und den sozialen Ausschluss.

Die Lösung kann nach meiner Überzeugung nur sein, dass die verschiedenen Wahrheiten auf beiden Seiten des Konflikts anerkannt werden. Aber sind wir damit nicht in der postfaktischen Welt alternativer Wahrheiten angekommen? Und leisten wird damit nicht »Subjektivismus, Postmodernismus, Perspektivismus, Intersektionalität« (Rauch 2021: 261) Vorschub, mit denen die objektive Wahrheit untergraben wird?

Folgt man der aktuellen Wissenschaftstheorie, ist das mit der objektiven und eindeutigen Wahrheit so eine Sache. In der auf Bayes-Regeln basierten Wissenschaftstheorie beispielsweise wird Wahrheit dann angenommen, wenn sie sich als empirisch angemessen herausgestellt hat (Sprenger & Hartmann 2019: 82ff.). Empirische Angemessenheit ist aber niemals endgültig, die Bayes-Regeln verlangen ein permanentes Update und damit eine permanente Revision der geltenden wissenschaftlichen Wahrheit. Bestenfalls kommen wir gemäß dieser Theorie nahe an die Realität, aber niemals an die Realität selbst. Und die Annäherung an die Realität geschieht immer auf der Basis subjektiver Annahmen, die als Wahrscheinlichkeiten formalisiert werden. Objektivität wird in dieser Theorie über Methoden und über methodische Transparenz anvisiert (Sprenger 2018). Damit greift die Wissenschaftstheorie auf, was von der feministischen Philosophie (Harding 2015) bis zur Quantenphysik (Rovelli 2022) zunehmend als Faktum anerkannt wird, dass nämlich Wahrheit immer abhängig von der jeweiligen Beobachtungsperspektive ist.

Überträgt man diese Erkenntnisse auf die Diskussion um Zwangsmaßnahmen in der Psychiatrie, so gilt es auch hier, die Kontextabhängigkeit und Perspektivität des jeweils eigenen Standpunkts in Rechnung zu stellen. Die derzeit dominante biomedizinische Version der Psychiatrie, wie sie beispielsweise in den Klassifikationssystemen ICD und DSM zum Ausdruck kommt, kann empirisch immer weniger begründet werden und damit auch aus einer wissenschaftstheoretischen Sicht keine »objektive Wahrheit« mehr für sich beanspruchen. Das, was »psychische Krankheit« bedeutet, ist eine jeweils perspektivisch vermittelte soziokulturelle Auffassung und taugt nicht zur Legitimation von Zwangsmaßnahmen in der Psychiatrie.

Und doch stehen wir derzeit an einem Punkt, an dem möglicherweise der Streit um die Deutungshoheit, was psychische Krankheiten sind, aufgelöst werden kann. Das Konzept der Neurodiversität oder das Spektrenmodell der neurokognitiven Diversität, das von den Betroffenenorganisationen favorisiert wird, ist mit grundlagenwissenschaftlichen Vorstellungen über menschliche Eigenschaften kompatibel (Khundrakpam et al. 2023; Sweatt 2019).

Ein weiterer und nicht minder wirkungsvoller Effekt des Spektrenmodells ist offenbar eine abnehmende Stigmatisierung von Menschen, mit denen man sich auf einem Kontinuum sieht (Schomerus et al. 2023). Das Spektrenmodell der neurokognitiven Diversität könnte auf diese Weise einen wesentlichen Beitrag nicht nur zur Entstigmatisierung psychosozialer Probleme leisten, sondern auch zur Integration von medizinischen Perspektiven und Betroffenensichtweisen. Und damit wäre ein großer Schritt hin zu einer menschenrechtsbasierten Unterstützung geleistet.

Danksagung

Dieses Buch ist im Rahmen zahlreicher Diskussionen und Kontroversen mit vielen Beteiligten entstanden. Verschiedene Versionen meiner Überlegungen durfte ich an Konferenzen und Meetings der »European Violence in Psychiatry Research Group« sowie des COST-Netzwerks »Fostering and Strengthening Approaches to Reducing Coercion in European Mental Health Services« vortragen. Den EVIPRG- und FOSTREN-Kolleginnen und Kollegen sei für ihre konstruktive Kritik herzlich gedankt.

Ohne die Erfahrungen und Diskussionen im Fachbereich Pflege der Berner Fachhochschule und im Zentrum Psychiatrische Rehabilitation der Universitären Psychiatrischen Dienste Bern wäre das Buch vermutlich nie entstanden. Bedanken möchte ich mich insbesondere bei Sabine Hahn, Christian Burr, Daniel Schärer und Walter Gekle. Die Berner Fachhochschule hat die Open-Access-Version dankenswerterweise finanziell ermöglicht.

Das gesamte Manuskript gelesen und mich vor vielen Fehlern, Unzulänglichkeiten und Ungenauigkeiten bewahrt haben Sabine Rühle Andersson, wissenschaftliche Mitarbeiterin an der Berner Fachhochschule und Service-Userin, und Anastasia Theodoridou, Fachärztin für Psychiatrie und Psychotherapie in der Psychiatrie Baselland, Liestal. Herzlichen Dank für eure Unterstützung.

Derselbe Dank gilt auch meinem Sohn Tim und meiner Frau Doris, die sich ebenfalls die Mühe der Lektüre und der Korrektur gemacht haben. Doris ist nicht nur eine wunderbare Lebenspartnerin seit mehr als vierzig Jahren, sondern auch eine Sparringspartnerin in Sachen Zwang und Psychiatrie. Sie hat mir aus ihrer langjährigen Erfahrung als Sozialarbeiterin immer wieder Gegenbeispiele sowie praktische Probleme und Dilemmata in meiner Argumentation aufgezeigt und damit entscheidend zur Schärfung meiner Gedanken und zur Klarheit des Textes beigetragen.

Karin Koch vom Psychiatrie Verlag hat das Manuskript umsichtig lektoriert und argumentativ verschlankt. Dafür sei ihr ebenfalls herzlich gedankt.

Die – hoffentlich nicht allzu vielen – verbleibenden Fehler und Unklarheiten sind allein mir zuzuschreiben.

Literatur

AAS (2017). »Suicide« is not the same as »Physician Aid in Dying«. American Association of Suicidology. Abgerufen am 10.04.2019 von http://www.suicidology.org/Portals/14/docs/Press%20Release/AAS%20PAD%20 Statement%20Approved%2010.30.17%20ed%2010-30-17.pdf

Abrahamson, D. (1994). High-dose antipsychotic medication. British Journal of Psychiatry, 165 (2), 269. https://doi.org/10.1192/bjp.165.2.269a

Adamus, C., Mötteli, S., Jäger, M. & Richter, D. (2022). Independent Supported Housing for non-homeless individuals with severe mental illness: Comparison of two effectiveness studies using a randomised controlled and an observational study design [Original Research]. Frontiers in Psychiatry, 13, 1033328. https://doi.org/10.3389/fpsyt.2022.1033328

Adshead, G. & McGauley, G. (2020). Psychotherapy of Psychopathic Disorders. In Felthous, A. R. & Saß, H. (Hg.), The Wiley International Handbook on Psychopathic Disorders and the Law (S. 835–863). https://doi.org/https://doi.org/10.1002/9781119159322.ch35

Aguilera-Serrano, C., Guzman-Parra, J., Garcia-Sanchez, J. A., Moreno-Küstner, B. & Mayoral-Cleries, F. (2018). Variables Associated With the Subjective Experience of Coercive Measures in Psychiatric Inpatients: A Systematic Review. Canadian Journal of Psychiatry, 63 (2), 129–144. https://doi.org/10.1177/0706743717738491

Akther, S. F., Molyneaux, E., Stuart, R., Johnson, S., Simpson, A. & Oram, S. (2019). Patients experiences of assessment and detention under mental health legislation: systematic review and qualitative meta-synthesis. BJPsych Open, 5 (3), e37. https://doi.org/10.1192/bjo.2019.19

Aktion Psychisch Kranke (2002). Abschlussbericht des Projekts Implementation des personenzentrierten Ansatzes in der psychiatrischen Versorgung.

Alkhaldi, R. S., Sheppard, E., Burdett, E. & Mitchell, P. (2021). Do Neurotypical People Like or Dislike Autistic People? Autism in Adulthood, 3 (3), 275–279. https://doi.org/10.1089/aut.2020.0059

Allison, R. & Flemming, K. (2019). Mental health patients« experiences of softer coercion and its effects on their interactions with practitioners: A qualitative evidence synthesis. Journal of Advanced Nursing, 75 (11), 2274–2284. https://doi.org/https://doi.org/10.1111/jan.14035

Andrade, C. (2020). Mean Difference, Standardized Mean Difference (SMD), and Their Use in Meta-Analysis: As Simple as It Gets. Journal of Clinical Psychiatry, 81 (5). https://doi.org/10.4088/JCP.20f13681

Ankele, M. & Brinkschulte, E. (Hg.). (2015). Arbeitsrhythmus und Anstaltsalltag: Arbeit in der Psychiatrie vom frühen 19. Jahrhundert bis in die NS-Zeit. Franz-Steiner-Verlag. https://doi.org/DOI 10.25162/9783515109284.
Annesley, P. T. (1961). Psychiatric Illness in Adolescence: Presentation and Prognosis. Journal of Mental Science, 107 (447), 268–278. https://doi.org/10.1192/bjp.107.447.268
Appelbaum, P. S. (2016). Protecting the Rights of Persons With Disabilities: An International Convention and Its Problems. Psychiatric Services, 67 (4), 366–368. https://doi.org/10.1176/appi.ps.201600050
Appelbaum, P. S. (2017). Should Mental Disorders Be a Basis for Physician-Assisted Death? Psychiatric Services, 68 (4), 315–317. https://doi.org/10.1176/appi.ps.201700013
Arstein-Kerslake, A. & Black, J. (2020). Right to legal capacity in therapeutic jurisprudence: Insights from critical disability theory and the convention on the rights of persons with disabilities. International Journal of Law and Psychiatry, 68, 101535. https://doi.org/10.1016/j.ijlp.2019.101535
Atti, A. R., Mastellari, T., Valente, S., Speciani, M., Panariello, F. & De Ronchi, D. (2021). Compulsory treatments in eating disorders: a systematic review and meta-analysis. Eating and Weight Disorders – Studies on Anorexia, Bulimia and Obesity, 26 (4), 1037–1048. https://doi.org/10.1007/s40519-020-01031-1
BAGÜS (2022). BAGÜS Kennzahlenvergleich Eingliederungshilfe 2022 – Berichtsjahr 2020.
Balint, E. (1969). The possibilities of patient-centered medicine. The Journal of the Royal College of General Practitioners, 17 (82), 269.
Barbagli, M. (2015). Farewell to the World: A History of Suicide. Polity Press.
Baril, A. (2020). Suicidism: A new theoretical framework to conceptualize suicide from an anti-oppressive perspective. Disability Studies Quarterly, 40 (3).
Baril, A. (2022). Theorizing the Intersections of Ableism, Sanism, Ageism and Suicidism in Suicide and Physician-Assisted Death Debates. In The Disability Bioethics Reader (pp. 221–231). Routledge.
Baron-Cohen, S. (1997). Mindblindness: An essay on autism and theory of mind. MIT Press.
Barrett, L. F. (2016). The theory of constructed emotion: an active inference account of interoception and categorization. Social Cognitive and Affective Neuroscience, 12 (1), 1–23. https://doi.org/10.1093/scan/nsw154
Barrett, L. F. (2017). How Emotions Are Made: The Secret Life of the Brain. Pan Books.
Barrett, L. F. (2020). Seven and a Half Lessons About the Brain. Picador.
Bartlett, P. (2012). A mental disorder of a kind or degree warranting confinement: examining justifications for psychiatric detention. The International Journal of Human Rights, 16 (6), 831–844. https://doi.org/10.1080/13642987.2012.706008
Battin, M. P., van der Heide, A., Ganzini, L., van der Wal, G. & Onwuteaka-Philipsen, B. D. (2007). Legal physician-assisted dying in Oregon and the Netherlands: evidence concerning the impact on patients in »vulnerable« groups. Journal of Medical Ethics, 33 (10), 591–597. https://doi.org/10.1136/jme.2007.022335

Bauer, C., Giulini-Limbach, C., May, U., Schneider-Ziebe, A., Abels, C., Walendzik, A. & Wasem, J. (2021). Versorgungspolitische und gesundheitsökonomische Aspekte zum Regulierungsstatus homöopathischer Arzneimittel.

Baxter, A. J., Scott, K. M., Ferrari, A. J., Norman, R. E., Vos, T. & Whiteford, H. A. (2014). Challenging the myth of an »epidemic« of common mental disorders: trends in the global prevalence of anxiety and depression between 1990 and 2010. Depression and Anxiety, 31 (6), 506–516. https://doi.org/10.1002/da.22230

BBC (2022). »Toxic culture« of abuse at mental health hospital revealed by BBC secret filming. Abgerufen am 08.10.2022 von https://www.bbc.com/news/uk-63045298

Beauchamp, T. L. & Childress, J. F. (2019). Principles of Biomedical Ethics (8 ed.). Oxford UP.

Beauftragter für die Belange von Menschen mit Behinderungen (2018). Die UN-Behindertenrechtskonvention. Übereinkommen über die Rechte von Menschen mit Behinderungen. Die amtliche, gemeinsame Übersetzung von Deutschland, Österreich, Schweiz und Lichtenstein. https://www.institut-fuer-menschenrechte.de/fileadmin/Redaktion/PDF/DB_Menschenrechtsschutz/CRPD/CRPD_Konvention_und_Fakultativprotokoll.pdf (01.06.2023).

Bech, P., Olsen, L. R., Kjoller, M. & Rasmussen, N. K. (2003). Measuring well-being rather than the absence of distress symptoms: a comparison of the SF-36 Mental Health subscale and the WHO-Five well-being scale. International Journal of Methods in Psychiatric Research, 12 (2), 85–91. https://doi.org/https://doi.org/10.1002/mpr.145

Beck, U. (1986). Risikogesellschaft: Auf dem Weg in eine andere Moderne. Suhrkamp Verlag.

Beckett, K. & Goldberg, A. (2022). The Effects of Imprisonment in a Time of Mass Incarceration. Crime and Justice, 51, 000-000. https://doi.org/10.1086/721018

Beezhold, J., Wise, M. J., Eraslan, D. & Kastrup, M. (2016). Informed consent in research settings. In Fiorillo, A., Volpe, U. & Bhugra, D. (Hg.), Psychiatry in Practice: Education, Experience, and Expertise (S. 273–282). Oxford University Press. https://doi.org/10.1093/med/9780198723646.003.0021

Beis, P., Graf, M. & Hachtel, H. (2022). Impact of Legal Traditions on Forensic Mental Health Treatment Worldwide. Frontiers in Psychiatry, 13, 876619. https://doi.org/10.3389/fpsyt.2022.876619

Bellah, R. N., Madsen, R., Sullivan, W. M., Swidler, A. & Tipton, S. M. (1985). Habits of the Heart: Individualism and Commitment in American Life. University of California Press.

Bennion, E. (2013). A Right to Remain Psychotic-A New Standard for Involuntary Treatment in Light of Current Science. Loyola of Los Angeles Law Review, 47, 251–318.

Bethlehem, R. A. I., Seidlitz, J., White, S. R., Vogel, J. W., Anderson, K. M., Adamson, C., Adler, S., Alexopoulos, G. S., Anagnostou, E., Areces-Gonzalez, A., Astle, D. E., Auyeung, B., Ayub, M., Bae, J., Ball, G., Baron-Cohen, S., Beare, R., Bedford, S. A., Benegal,

V., Vetsa (2022). Brain charts for the human lifespan. Nature, 604 (7906), 525–533. https://doi.org/10.1038/s41586-022-04554-y
Bhandari, M., Zlowodzki, M. & Cole, P. A. (2004). From eminence-based practice to evidence-based practice: a paradigm shift. Minnesota Medicine, 87 (4), 51–54. http://europepmc.org/abstract/MED/15144165
Biomarkers Definitions Working Group (2001). Biomarkers and surrogate endpoints: preferred definitions and conceptual framework. Clinical Pharmacology Therapy, 69 (3), 89–95. https://doi.org/10.1067/mcp.2001.113989
Blenkiron, P. & Hammill, C. A. (2003). What determines patients« satisfaction with their mental health care and quality of life? Postgraduate Medical Journal, 79 (932), 337–340.
Block, N. (1994). Qualia. In Guttenplan, S. (Hg.), A Companion to the Philosophy of Mind (S. 514–520). Blackwell.
BMJ (1895). The Lanchester Case. British Medical Journal (2 November), 1127–1128.
Boardman, J., Killaspy, H. & Mezey, G. (2023). Social Inclusion and Mental Health: Understanding Povery, Inequality and Social Exclusion (2 ed.). Cambridge University Press.
Bochicchio, L., Stefancic, A., McTavish, C., Tuda, D. & Cabassa, L. J. (2021). »Being There« vs »Being Direct«: Perspectives of Persons with Serious Mental Illness on Receiving Support with Physical Health from Peer and Non-Peer Providers. Administration and Policy in Mental Health and Mental Health Services Research, 48 (3), 539–550. https://doi.org/10.1007/s10488-020-01098-z
Bolton, D. & Gillett, G. (2019). The Biopsychosocial Model of Health and Disease: New Philosophical and Scientific Developments. Palgrave.
Boorse, C. (1977). Health as a theoretical concept. Philosophy of Science, 44 (4), 542–573.
Borsboom, D., Cramer, A. O. J. & Kalis, A. (2018). Brain disorders? Not really: Why network structures block reductionism in psychopathology research. Behavioural and Brain Sciences, 42, e2. https://doi.org/10.1017/S0140525X17002266
Bottema-Beutel, K., Kapp, S. K., Lester, J. N., Sasson, N. J. & Hand, B. N. (2021). Avoiding ableist language: Suggestions for autism researchers. Autism in Adulthood, 3 (1), 18–29.
Bracken, P. & Thomas, P. (2005). Postpsychiatry: Mental Health In a Postmodern World. Oxford UP.
Braun, E., Gather, J., Henking, T., Vollmann, J. & Scholten, M. (2022). Das Verständnis von Wohl im Betreuungsrecht – eine Analyse anlässlich der Streichung des Wohlbegriffs aus dem reformierten Gesetz. Ethik in der Medizin, 34 (4), 515-528. https://doi.org/10.1007/s00481-022-00697-8
Bredenoort, M., Roeg, D. P. K. & van Vugt, M. D. (2022). A shifting paradigm? A scoping review of the factors influencing recovery and rehabilitation in recent forensic research. International Journal of Law and Psychiatry, 83, 101812. https://doi.org/10.1016/j.ijlp.2022.101812
Brieger, P. & Menzel, S. (2020). Psychiatrie ohne Ordnungsfunktion? – Kontra. Psychiatrische Praxis, 47, 297–298.

Bruns, G. (1993). Ordnungsmacht Psychiatrie? Psychiatrische Zwangseinweisung als soziale Kontrolle. Westdeutscher Verlag.

Buchner, T., Pfahl, L. & Traue, B. (2015). Zur Kritik der Fähigkeiten: Ableism als neue Forschungsperspektive der Disability Studies und ihrer Partner_innen. Zeitschrift für Inklusion, (2). https://www.inklusion-online.net/index.php/inklusion-online/article/view/273

Bundesverband Psychiatrie-Erfahrener & Bundesarbeitsgemeinschaft Psychiatrie-Erfahrener (2021). Nicht in unserem Namen! Zur Kritik am Konzept einer freiwilligen Psychiatrie aus Betroffenenperspektive. Recht und Psychiatrie, 39, 35–38.

Burr, C. & Richter, D. (2017). Zwischen Offenheit und Ablehnung – Die Einstellung von Psychiatriepflegenden gegenüber dem Risikoverhalten ihrer Patienten: eine qualitative Studie. Psychiatrische Praxis, 44 (6), 348–355. https://doi.org/10.1055/s-0042-113093

Burr, C., Schnackenberg, J. K. & Weidner, F. (2022). Talk-based approaches to support people who are distressed by their experience of hearing voices: A scoping review [Systematic Review]. Frontiers in Psychiatry, 13. https://doi.org/10.3389/fpsyt.2022.983999

Büttner, J.-M. (2023, 09.02.2023). Am Telefon reden sie immer häufiger von Angst und Panik. Tagesanzeiger.

Buzsáki, G. (2019). The Brain From Inside Out. Oxford UP.

BZ (2022, 07-12-2022). Mehr Selbstbestimmung für Menschen mit Behinderung. Berner Zeitung. https://www.bernerzeitung.ch/mehr-selbstbestimmung-fuer-menschen-mit-behinderung-792273240542

Cahalan, S. (2020). The Great Pretender: The Undercover Mission that Changed our Understanding of Madness. Canongate.

Calton, T., Ferriter, M., Huband, N. & Spandler, H. (2008). A systematic review of the Soteria paradigm for the treatment of people diagnosed with schizophrenia. Schizophrenia Bulletin, 34 (1), 181–192. https://doi.org/10.1093/schbul/sbm047

Caruso, G. & Flanagan, O. (Hg.) (2017). Neuroexistentialism: Meaning, morals, and purpose in the age of neuroscience. Oxford University Press.

Caruso, G. D. (2021). Rejecting Retributivism: Free Will, Punishment, and Criminal Justice. Cambridge UP.

Caspi, A., Houts, R. M., Belsky, D. W., Goldman-Mellor, S. J., Harrington, H., Israel, S., Meier, M. H., Ramrakha, S., Shalev, I., Poulton, R. & Moffitt, T. E. (2014). The p Factor: One General Psychopathology Factor in the Structure of Psychiatric Disorders? Clinical Psychological Science : A Journal of the Association for Psychological Science, 2 (2), 119–137. https://doi.org/10.1177/2167702613497473

Caspi, A. & Moffitt, T. E. (2018). All for One and One for All: Mental Disorders in One Dimension. American Journal of Psychiatry, 175 (9), 831–844. https://doi.org/10.1176/appi.ajp.2018.17121383

Castel, R. (2005). From dangerousness to risk. In Scambler, G. (Hg.), Medical Sociology: Major Themes in Health and Social Welfare. Vol. IV: Health Care and Social Change (S. 235–250). Routledge.

Chalmers, D. J. (1995). Facing up to the problem of consciousness. Journal of Consciousness Studies, 2 (3), 200–219.

Chapman, R. & Carel, H. (2022). Neurodiversity, epistemic injustice, and the good human life. Journal of Social Philosophy, 53 (4), 614–631. https://doi.org/https://doi.org/10.1111/josp.12456

Chieze, M., Clavien, C., Kaiser, S. & Hurst, S. (2021). Coercive Measures in Psychiatry: A Review of Ethical Arguments. Frontiers in Psychiatry, 12, 790886. https://doi.org/10.3389/fpsyt.2021.790886

Chieze, M., Hurst, S., Kaiser, S. & Sentissi, O. (2019). Effects of Seclusion and Restraint in Adult Psychiatry: A Systematic Review. Frontiers in Psychiatry, 10, 491. https://doi.org/10.3389/fpsyt.2019.00491

Ciompi, L. (1988). Resultate und Prädiktoren der Rehabilitation. In Hippius, H., Lauter, H., Ploog, D., Bieber, H. & van Hout, L. (Hg.), Rehabilitation in der Psychiatrie (S. 27–35). Springer.

Clark, A. (2016). Surfing Uncertainty: Prediction, Action and the Embodied Mind. Oxford UP.

Clark, J. E., Watson, S. & Friston, K. J. (2018). What is mood? A computational perspective. Psychological Medicine, 48 (14), 2277–2284. https://doi.org/10.1017/S0033291718000430

Coché, S. (2017). Power and Society in the GDR Reconsidered: Involuntary Psychiatric Commitment 1949–1963. Central European History, 50 (2), 218–235. https://doi.org/10.1017/S0008938917000279

Cogan, N. A., MacIntyre, G., Stewart, A., Tofts, A., Quinn, N., Johnston, G., Hamill, L., Robinson, J., Igoe, M., Easton, D., McFadden, A. M. & Rowe, M. (2021). »The biggest barrier is to inclusion itself«: the experience of citizenship for adults with mental health problems. Journal of Mental Health, 30 (3), 358–365. https://doi.org/10.1080/09638237.2020.1803491

Conrad, P. & Bergey, M. (2015). Medicalization: Sociological and Anthropological Perspectives. In Wright, J. D. (Hg.), International Encyclopedia of the Social & Behavioral Sciences (Second Edition) (S. 105-109). Elsevier. https://doi.org/https://doi.org/10.1016/B978-0-08-097086-8.64020-5

Conway, C. C. & Krueger, R. F. (2021). Rethinking the Diagnosis of Mental Disorders: Data-Driven Psychological Dimensions, Not Categories, as a Framework for Mental-Health Research, Treatment, and Training. Current Directions in Psychological Science, 30 (2), 151–158. https://doi.org/10.1177/0963721421990353

Cornelis, J., Barakat, A., Blankers, M., Peen, J., Lommerse, N., Eikelenboom, M., Zoeteman, J., Van, H., Beekman, A. T. F. & Dekker, J. (2022). The effectiveness of intensive home treatment as a substitute for hospital admission in acute psychiatric crisis reso-

lution in the Netherlands: a two-centre Zelen double-consent randomised controlled trial. The Lancet Psychiatry, 9 (8), 625–635. https://doi.org/https://doi.org/10.1016/S2215-0366(22)00187-0
Cryle, P. & Stephens, E. (2017). Normality: A Critical Genealogy. University of Chicago Press.
Cusack, P., Cusack, F. P., McAndrew, S., McKeown, M. & Duxbury, J. (2018). An integrative review exploring the physical and psychological harm inherent in using restraint in mental health inpatient settings. International Journal of Mental Health Nursing, 27 (3), 1162–1176. https://doi.org/10.1111/inm.12432
Custer, L. B. (1978). The Origins of the Doctrine of Parens Patriae. Emory Law Journal, 27, 195–208.
Damasio, A. (2019). The strange order of things: Life, feeling, and the making of cultures. Pantheon.
Damasio, A. (2021). Feeling & Knowing: Making Mindes Conscious. Pantheon Books.
Dawson, J. & Szmukler, G. (2006). Fusion of mental health and incapacity legislation. The British Journal of Psychiatry, 188 (6), 504–509. https://doi.org/10.1192/bjp.188.6.504
de Haan, S. (2020). Enactive Psychiatry. Cambridge UP.
de Jong, M. H., Kamperman, A. M., Oorschot, M., Priebe, S., Bramer, W., van de Sande, R., Van Gool, A. R. & Mulder, C. L. (2016). Interventions to Reduce Compulsory Psychiatric Admissions: A Systematic Review and Meta-analysis. JAMA Psychiatry, 73 (7), 657–664. https://doi.org/10.1001/jamapsychiatry.2016.0501
Dehn, L. B., Beblo, T., Richter, D., Wienberg, G., Kremer, G., Steinhart, I. & Driessen, M. (2022). Effectiveness of supported housing versus residential care in severe mental illness: a multicenter, quasi-experimental study. Social Psychiatry Psychiatric Epidemiology, 57 (5), 927–937. https://doi.org/10.1007/s00127-021-02214-6
Della Fina, V., Cera, R. & Palmisano, G. (Hg.) (2017). The United Nations Convention on the Rights of Persons with Disabilities: A Commentary. Springer.
Dennett, D. C. (1991). Consciousness Explained. Little, Brown and Co.
Dennett, D. C. (2020). A History of Qualia. Topoi, 39 (1), 5–12. https://doi.org/10.1007/s11245-017-9508-2
Deutscher Bundestag (1979). Stellungnahme der Bundesregierung zum Bericht der Sachverständigen-Kommission über die Lage der Psychiatrie in der Bundesrepublik Deutschland. Zur psychiatrischen und psychotherapeutisch/psychosomatischen Versorgung der Bevölkerung — unter Berücksichtigung der inzwischen eingetretenen Veränderungen. https://dserver.bundestag.de/btd/08/025/0802565.pdf (25.07.2023).
Deutscher Bundestag (2017). Die Ausübung von Zwang in psychiatrischen Einrichtungen.
Deutscher Ethikrat (2018). Hilfe durch Zwang? Professionelle Sorgebeziehungen im Spannungsfeld von Wohl und Selbstbestimmung.
Dixon, J., Donnelly, S., Campbell, J. & Laing, J. (2021). Safeguarding People Living with Dementia: How Social Workers Can Use Supported Decision-Making Strategies to Support the Human Rights of Individuals during Adult Safeguarding Enquiries. The British Journal of Social Work. https://doi.org/10.1093/bjsw/bcab119

Dixon, J., Laing, J. & Valentine, C. (2020). A human rights approach to advocacy for people with dementia: A review of current provision in England and Wales. Dementia 19 (2), 221–236. https://doi.org/10.1177/1471301218770478

DKG, PKV Spitzenverband & GKV-Spitzenverband. (2021). Gemeinsamer Bericht über die Auswirkungen der stationsäquivalenten psychiatrischen Behandlung im häuslichen Umfeld auf die Versorgung der Patientinnen und Patienten einschließlich der finanziellen Auswirkungen gemäß § 115d Absatz 4 SGB V. https://www.dkgev.de/fileadmin/default/2021-12-23_BERICHT_UEBER_DIE_AUSWIRKUNGEN_DER_STATIONSAEQUIVALENTEN_BEHANDLUNG.pdf

Doedens, P., Vermeulen, J., Boyette, L. L., Latour, C. & de Haan, L. (2020). Influence of nursing staff attitudes and characteristics on the use of coercive measures in acute mental health services-A systematic review. Journal of Psychiatric and Mental Health Nursing, 27 (4), 446–459. https://doi.org/10.1111/jpm.12586

Doyle Guilloud, S. (2019). The right to liberty of persons with psychosocial disabilities at the United Nations: A tale of two interpretations. International Journal of Law and Psychiatry, 66, 101497. https://doi.org/https://doi.org/10.1016/j.ijlp.2019.101497

Ducor, P. & Kiefer, B. (2018). Grundsatz der Autonomie: ein letztes Sakrament? Schweizerische Ärztezeitung, 99, 910–912.

Duffy, R. M. & Kelly, B. D. (2017). Rights, laws and tensions: A comparative analysis of the Convention on the Rights of Persons with Disabilities and the WHO Resource Book on Mental Health, Human Rights and Legislation. International Journal of Law and Psychiatry, 54, 26–35. https://doi.org/10.1016/j.ijlp.2017.07.003

Durham, M. L. & La Fond, J. Q. (1987). A Search for the Missing Premise of Involuntary Therapeutic Commitment: Effective Treatment of the Mentally Ill. Rutgers Law Review, 40, 303–368.

Dwamena, F., Holmes-Rovner, M., Gaulden, C. M., Jorgenson, S., Sadigh, G., Sikorskii, A., Lewin, S., Smith, R. C., Coffey, J. & Olomu, A. (2012). Interventions for providers to promote a patient-centred approach in clinical consultations. Cochrane Database of Systematic Reviews, 12, CD003267. https://doi.org/10.1002/14651858.CD003267.pub2

Economou, M., Madianos, M., Theleritis, C., Peppou, L. E. & Stefanis, C. N. (2011). Increased suicidality amid economic crisis in Greece. The Lancet, 378 (9801), 1459. https://doi.org/10.1016/S0140-6736(11)61638-3

Eikelmann, B. (1997). Sozialpsychiatrisches Basiswissen: Grundlagen und Praxis. Enke.

Ekman, I., Swedberg, K., Taft, C., Lindseth, A., Norberg, A., Brink, E., Carlsson, J., Dahlin-Ivanoff, S., Johansson, I. L., Kjellgren, K., Liden, E., Ohlen, J., Olsson, L. E., Rosen, H., Rydmark, M. & Sunnerhagen, K. S. (2011). Person-centered care--ready for prime time. European Journal if Cardiovascular Nursing, 10 (4), 248–251. https://doi.org/10.1016/j.ejcnurse.2011.06.008

Erices, R. (2021). Politischer Missbrauch in der Psychiatrie der DDR. Psychotherapeut, 66 (4), 282–287. https://doi.org/10.1007/s00278-021-00514-5

Esposito, L. & Perez, F. M. (2014). Neoliberalism and the Commodification of Mental Health. Humanity & Society, 38 (4), 414–442. https://doi.org/10.1177/0160597614544958

Etter, G. (2019). Komplementärmedizin – 10 Jahre nach der Abstimmung. Bulletin des médecins suisses, 100 (2324), 795–795.

Farrelly, S., Brown, G., Rose, D., Doherty, E., Henderson, R. C., Birchwood, M., Marshall, M., Waheed, W., Szmukler, G. & Thornicroft, G. (2014). What service users with psychotic disorders want in a mental health crisis or relapse: thematic analysis of joint crisis plans. Social Psychiatry Psychiatric Epidemiology, 49 (10), 1609–1617. https://doi.org/10.1007/s00127-014-0869-1

Faucher, L. & Forest, D. (Hg.). (2021). Defining Mental Disorder: Jerome Wakefield and His Critics. MIT Press.

Fazel, S., Fimińska, Z., Cocks, C. & Coid, J. (2016). Patient outcomes following discharge from secure psychiatric hospitals: Systematic review and meta-analysis. British Journal of Psychiatry 208 (1), 17–25. https://doi.org/10.1192/bjp.bp.114.149997

Fazel, S., Hayes, A. J., Bartellas, K., Clerici, M. & Trestman, R. (2016). Mental health of prisoners: prevalence, adverse outcomes, and interventions. The Lancet Psychiatry, 3 (9), 871–881. https://doi.org/https://doi.org/10.1016/S2215-0366(16)30142-0

Finch, K., Lawrence, D., Williams, M. O., Thompson, A. R. & Hartwright, C. (2022). A Systematic Review of the Effectiveness of Safewards: Has Enthusiasm Exceeded Evidence? Issues in Mental Health Nursing, 43 (2), 119–136. https://doi.org/10.1080/01612840.2021.1967533

Finzen, A. (2010). Über Behandlung verhandeln. Wege zu einer vertrauensvollen therapeutischen Beziehung. Abgerufen am 10.06.2021 von http://www.finzen.de/pdf-dateien/behandlung_verhandeln.pdf

Finzen, A. (2015). Die neue Euthanasie in Belgien – Wie steht es um die psychisch Kranken? Psychiatrische Praxis, 42, 411–412.

Flammer, E., Eisele, F., Hirsch, S. & Steinert, T. (2022). Increase in coercive measures in psychiatric hospitals in Germany during the COVID-19 pandemic. PLoS One, 17 (8), e0264046. https://doi.org/10.1371/journal.pone.0264046

Forster, R. (1997). Psychiatriereformen zwischen Medikalisierung und Gemeindeorientierung – Eine kritische Bilanz. Westdeutscher Verlag.

Foucault, M. (1973). Wahnsinn und Gesellschaft: Eine Geschichte des Wahns im Zeitalter der Vernunft. Suhrkamp.

Fox, K. R., Huang, X., Guzmán, E. M., Funsch, K. M., Cha, C. B., Ribeiro, J. D. & Franklin, J. C. (2020). Interventions for suicide and self-injury: A meta-analysis of randomized controlled trials across nearly 50 years of research. Psychological Bulletin, 146 (12), 1117–1145. https://doi.org/10.1037/bul0000305

Frances, A. (2013). Saving Normal: An Insider's Revolt Against Out-of-control Psychiatric Diagnosis, DSM-5, Big Pharma, and the Medicalization of Ordninary Life. Morrow. (Deutsche Ausgabe 2014 unter dem Titel »Normal: Gegen die Inflation der Diagnosen«. Dumont)

Frankish, K. (2016). Illusionism as a theory of consciousness. Journal of Consciousness Studies, 23 (11–12), 11–39.
Franklin, J. C., Ribeiro, J. D., Fox, K. R., Bentley, K. H., Kleiman, E. M., Huang, X., Musacchio, K. M., Jaroszewski, A. C., Chang, B. P. & Nock, M. K. (2017). Risk factors for suicidal thoughts and behaviors: A meta-analysis of 50 years of research. Psychological Bulletin, 143 (2), 187–232. https://doi.org/10.1037/bul0000084
Freeman, M. C., Kolappa, K., de Almeida, J. M., Kleinman, A., Makhashvili, N., Phakathi, S., Saraceno, B. & Thornicroft, G. (2015). Reversing hard won victories in the name of human rights: a critique of the General Comment on Article 12 of the UN Convention on the Rights of Persons with Disabilities. Lancet Psychiatry, 2 (9), 844–850. https://doi.org/10.1016/s2215-0366(15)00218-7
Fricker, M. (2007). Epistemic injustice: Power and the ethics of knowing. Oxford University Press.
Friedrich, O. & Heinrichs, J.-H. (2014). Autonomie als Rechtfertigungsgrund psychiatrischer Therapien. Ethik in der Medizin, 26 (4), 317–330. https://doi.org/10.1007/s00481-013-0284-2
Friston, K., FitzGerald, T., Rigoli, F., Schwartenbeck, P. & Pezzulo, G. (2017). Active Inference: A Process Theory. Neural Computation, 29 (1), 1–49. https://doi.org/10.1162/NECO_a_00912
Friston, K. J., Stephan, K. E., Montague, R. & Dolan, R. J. (2014). Computational psychiatry: the brain as a phantastic organ. The Lancet Psychiatry, 1 (2), 148–158.
Furedi, F. (2004). Therapy Culture: Cultivating Vulnerability in an Uncertain Age. Routledge.
Gabrielsson, S., Sävenstedt, S. & Zingmark, K. (2015). Person-centred care: Clarifying the concept in the context of inpatient psychiatry. Scandinavian Journal of Caring Sciences, 29 (3), 555–562.
Gadsby, S. & Hohwy, J. (2021). Why Use Predictive Processing to Explain Psychopathology? The Case of Anorexia Nervosa. In Mendonca, D., Curado, M. & Gouveia, S. S. (Hg.), The Philosophy and Science of Predictive Processing (S. 209–226). Bloomsbury.
Gahr, M. & Spitzer, M. (2020). Probleme einer psychiatrischen Versorgung ohne Zwang: Krankenhaus oder Gefängnis? Recht und Psychiatrie, 38, 135–137.
Gather, J. & Vollmann, J. (2015). Suizidprävention und ärztlich assistierte Selbsttötung. Ein unauflösbarer ethischer Widerspruch für Psychiater? Nervenheilkunde, 34, 430–434.
GBD Disease Injury, I. P., Collaborators (2018). Global, regional, and national incidence, prevalence, and years lived with disability for 354 diseases and injuries for 195 countries and territories 1990–2017: a systematic analysis for the Global Burden of Disease Study 2017. Lancet, 392 (10159), 1789–1858. https://doi.org/10.1016/S0140-6736(18)32279-7
Gelfand, T. (1989). Tuesdays at the SALPÊTRIÈRE [Charcot the Clinician: The Tuesday Lessons, Excerpts from Nine Case Presentations on General Neurology Delivered at the Salpêtrière Hospital in 1887-88, Jean-Martin Charcot, Cristopher G. Goetz]. Bulletin of the History of Medicine, 63 (1), 132–136. http://www.jstor.org/stable/44451049

Gendreau, P., Cullen, F.T. & Goggin, C. (1999). The effects of prison sentences on recidivism. Solicitor General Canada.

Gerace, A. & Muir-Cochrane, E. (2019). Perceptions of nurses working with psychiatric consumers regarding the elimination of seclusion and restraint in psychiatric inpatient settings and emergency departments: An Australian survey. International Journal of Mental Health Nursing, 28 (1) 209–225. https://doi.org/10.1111/inm.12522

Glannon, W. (2015). Free will in light of neuroscience. In Glannon, W. (Hg.), Free Will and the Brain: Neuroscientific, Philosophical, and Legal Perspectives (S. 3–24). Cambridge University Press. https://doi.org/DOI: 10.1017/CBO9781139565820.002

Goffman, E. (1963). Stigma: Notes on the Management of Spoiled Identity. Prentice Hall.

Gooding, P. (2013). Supported Decision-Making: A Rights-Based Disability Concept and its Implications for Mental Health Law. Psychiatry, Psychology and Law 20 (3), 431–451. https://doi.org/10.1080/13218719.2012.711683

Gooding, P. (2017). A New Era for Mental Health Law and Policy: Supported Decision-Making and the UN Convention on the Rights of Persons with Disabilities. Cambridge UP.

Gooding, P., McSherry, B. & Roper, C. (2020). Preventing and reducing »coercion« in mental health services: an international scoping review of English-language studies. Acta Psychiatrica Scandinavica, 142 (1), 27–39. https://doi.org/10.1111/acps.13152

Graby, S. (2015). Neurodiversity: bridging the gap between disabled people›s movement and the mental health survivors« movement? In Spandler, H., Anderson, J. & Sapey, B. (Hg.), Madness, distress and the politics of disablement (S. 231–243). Policy Press.

Graumann, S. (2019). Pro: Hilfe durch Zwang? Professionelle Sorgebeziehungen im Spannungsfeld von Wohl und Selbstbestimmung. Eine Verteidigung der Stellungnahme des Deutschen Ethikrats. Ethik in der Medizin, 31 (2), 175–179. https://doi.org/10.1007/s00481-019-00528-3

Graziano, M.S.A., Guterstam, A., Bio, B.J. & Wilterson, A.I. (2020). Toward a standard model of consciousness: Reconciling the attention schema, global workspace, higher-order thought, and illusionist theories. Cognitive Neuropsychology, 37 (3–4), 155–172. https://doi.org/10.1080/02643294.2019.1670630

Gupta, M. (2014). Is Evidence-based Psychiatry Ethical? Oxford UP.

Gurtner, C., Lohrmann, C., Schols, J.M.G.A. & Hahn, S. (2022). Shared Decision Making in the Psychiatric Inpatient Setting: An Ethnographic Study about Interprofessional Psychiatric Consultations. International Journal of Environmental Research and Public Health 19 (6), 3644. https://www.mdpi.com/1660-4601/19/6/3644

Hachtel, H., Vogel, T. & Huber, C.G. (2019). Mandated Treatment and Its Impact on Therapeutic Process and Outcome Factors [Review]. Frontiers in Psychiatry, 10. https://doi.org/10.3389/fpsyt.2019.00219

Hacking, I. (1995). Rewriting the Soul: Multiple Personality and the Sciences of Memory. Princeton UP.

Hall, B. H. (1958). Prescribing hospitalization. Bulletin of the Menninger Clinic, 22 (6), 207–213.
Happell, B., Byrne, L., McAllister, M., Lampshire, D., Roper, C., Gaskin, C. J., Martin, G., Wynaden, D., McKenna, B., Lakeman, R., Platania-Phung, C. & Hamer, H. (2014). Consumer involvement in the tertiary-level education of mental health professionals: a systematic review. International Journal of Mental Health Nursing, 23 (1), 3–16. https://doi.org/10.1111/inm.12021
Harding, S. (2015). Objectivity and Diversity: Another Logic of Scientific Research. Chicago University Press
Harper, D. J. (2021). Realising the potential of general population research to reconceptualise the study of »delusions«: From normalising »psychosis« to defamiliarising »normality«. Theory & Psychology, 31 (6), 09593543211000429. https://doi.org/10.1177/09593543211000429
Harrison Dening, K., Sampson, E. L. & De Vries, K. (2019). Advance care planning in dementia: recommendations for healthcare professionals. Palliative Care: Research and Treatment, 12, 1178224219826579. https://doi.org/10.1177/1178224219826579
Hastedt, H. (1988). Das Leib-Seele-Problem: Zwischen Naturwissenschaft des Geistes und kultureller Eindimensionalität. Suhrkamp.
Haydt, N. (2015). The DSM-5 and criminal defense: When does a diagnosis make a difference? Utah L. Rev., 847–880.
Hem, M. H., Gjerberg, E., Husum, T. L. & Pedersen, R. (2018). Ethical challenges when using coercion in mental healthcare: A systematic literature review. Nursing Ethics, 25 (1), 92–110. https://doi.org/10.1177/0969733016629770
Hengartner, M. P., Amendola, S., Kaminski, J. A., Kindler, S., Bschor, T. & Plöderl, M. (2021). Suicide risk with selective serotonin reuptake inhibitors and other new-generation antidepressants in adults: a systematic review and meta-analysis of observational studies. Journal of Epidemiology and Community Health, 75 (6), 523–530. https://doi.org/10.1136/jech-2020-214611
Henrich, J. (2020). The WEIRDest people in the world: How the West became psychologically peculiar and particularly prosperous. Penguin UK.
Herek, G. M. (2010). Sexual orientation differences as deficits: Science and stigma in the history of American psychology. Perspectives on Psychological Science, 5 (6), 693–699.
Heumann, K., Bock, T. & Lincoln, T. M. (2017). Bitte macht (irgend)was! Eine bundesweite Online-Befragung Psychiatrieerfahrener zum Einsatz milderer Maßnahmen zur Vermeidung von Zwangsmaßnahmen. Psychiatrische Praxis, 44 (2), 85–92. https://doi.org/10.1055/s-0041-109033
Heumann, K., Stückle, L., Jung, A., Bock, T., Mahlke, C. & Lincoln, T. M. (2021). Wählen wir die richtigen Mittel zur Zwangsvermeidung? Eine Befragung von psychiatrischen PatientInnen mit Zwangserfahrung zur potenziellen Nützlichkeit Milderer Mittel. Psychiatrische Praxis, 48 (6), 301–308. https://doi.org/10.1055/a-1347-5184

Higgs, R. N. (2020). Reconceptualizing Psychosis: The Hearing Voices Movement and Social Approaches to Health. Health and Human Rights, 22 (1), 133–144.

Hirjak, D., Leweke, F. M., Deuschle, M., Staudter, C., Borgwedel, D., Coenen-Daniel, M., Heser, M., Erk, K., Beivers, A. & Meyer-Lindenberg, A. (2019). Das ZI-Track-Konzept in der modernen Psychiatrie: Eine syndromspezifische sektorenübergreifende Behandlung. Fortschritte der Neurologie und Psychiatrie, 88 (01), 24–32. https://doi.org/10.1055/a-0759-1957

Hirschowitz, R. G. (1969). Changing human behavior in the state hospital organization. The Psychiatric Quarterly, 43 (1), 591–611.

Hjelmeland, H., Dieserud, G., Dyregrov, K., Knizek, B. L. & Leenaars, A. A. (2012). Psychological autopsy studies as diagnostic tools: are they methodologically flawed? Death Studies, 36 (7), 605–626. https://www.ncbi.nlm.nih.gov/pubmed/24563941

Ho, M., Saha, A., McCleary, K. K., Levitan, B., Christopher, S., Zandlo, K., Braithwaite, R. S. & Hauber, A. B. (2016). A Framework for Incorporating Patient Preferences Regarding Benefits and Risks into Regulatory Assessment of Medical Technologies. Value Health 19 (6), 746–750. https://doi.org/10.1016/j.jval.2016.02.019

Hoberman, H. M. (2016). Forensic Psychotherapy for Sexual Offenders: Has Its Effectiveness Yet Been Demonstrated? In Phenix, A. & Hoberman, H. M. (Hg.), Sexual Offending: Predisposing Antecedents, Assessments and Management (S. 605–666). Springer New York. https://doi.org/10.1007/978-1-4939-2416-5_28

Hoffman, G. A. (2019). Public mental health without the health? Challenges and contributions from the Mad Pride and neurodiversity paradigms. In Cratsley, K. & Radden, J. (Hg.), Developments in Neuroethics and Bioethics (Vol. 2) (S. 289–326). Academic Press. https://doi.org/https://doi.org/10.1016/bs.dnb.2019.07.003

Hofmann, B. (2021). Vagueness in Medicine: On Disciplinary Indistinctness, Fuzzy Phenomena, Vague Concepts, Uncertain Knowledge, and Fact-Value-Interaction. Axiomathes. https://doi.org/10.1007/s10516-021-09573-4

Holgersen, K. H., Pedersen, S. A., Brattland, H. & Hynnekleiv, T. (2022). A scoping review of studies into crisis resolution teams in community mental health services. Nordic Journal of Psychiatry, 1–10. https://doi.org/10.1080/08039488.2022.2029941

Horwitz, A. V. (2021). PTSD: A Short History. Johns Hopkins UP.

Horwitz, A. V. & Wakefield, J. C. (2007). The Loss of Sadness: How Psychiatry Transformed Normal Sorrow Into Depressive Disorder. Oxford UP.

Hotzy, F. & Jaeger, M. (2016). Clinical Relevance of Informal Coercion in Psychiatric Treatment — A Systematic Review. Frontiers in Psychiatry, 7. https://doi.org/10.3389/fpsyt.2016.00197

Howner, K., Andiné, P., Engberg, G., Ekström, E. H., Lindström, E., Nilsson, M., Radovic, S. & Hultcrantz, M. (2020). Pharmacological Treatment in Forensic Psychiatry – A Systematic Review. Frontiers in Psychiatry, 10. https://doi.org/10.3389/fpsyt.2019.00963

Huang, X., Harris, L. M., Funsch, K. M., Fox, K. R. & Ribeiro, J. D. (2022). Efficacy of psychotropic medications on suicide and self-injury: a meta-analysis of randomized controlled trials. Translational Psychiatry, 12 (1), 400. https://doi.org/10.1038/s41398-022-02173-9

Huber, C. G., Schneeberger, A. R., Kowalinski, E., Fröhlich, D., von Felten, S., Walter, M., Zinkler, M., Beine, K., Heinz, A., Borgwardt, S. & Lang, U. E. (2016). Suicide risk and absconding in psychiatric hospitals with and without open door policies: a 15 year, observational study. The Lancet Psychiatry, 3 (9), 842–849. https://doi.org/https://doi.org/10.1016/S2215-0366(16)30168-7

Humphrey, N. (2011). Soul Dust: The Magic of Consciousness. Princeton University Press.

Hyman, S. E. (2021). Psychiatric Disorders: Grounded in Human Biology but Not Natural Kinds. Perspectives in Biology and Medicine, 64 (1), 6–28. https://doi.org/10.1353/pbm.2021.0002

Inglehart, R. F. (2018). Cultural Evolution: People's Motivations are Changing, and Reshaping the World. Cambridge University Press. https://doi.org/DOI: 10.1017/9781108613880

Insel, T., Cuthbert, B., Garvey, M., Heinssen, R., Pine, D. S., Quinn, K., Sanislow, C. & Wang, P. (2010). Research domain criteria (RDoC): toward a new classification framework for research on mental disorders. American Journal of Psychiatry, 167 (7), 748–751. https://doi.org/10.1176/appi.ajp.2010.09091379

Insel, T. R. & Cuthbert, B. N. (2015). Medicine. Brain disorders? Precisely. Science, 348 (6234), 499–500. https://doi.org/10.1126/science.aab2358

INSOS (2021). INSOS Jahresbericht 2020. https://insos.ch/fachinformationen/publikationen/jahresbericht-2020

Institute of Medicine Committee on Quality of Health Care in America. (2001). Crossing the Quality Chasm: A New Health System for the 21st Century. National Academies Press (US). https://doi.org/10.17226/10027

Itzhaky, L., Davaasambuu, S., Ellis, S. P., Cisneros-Trujillo, S., Hannett, K., Scolaro, K., Stanley, B. H., Mann, J. J., Wainberg, M. L., Oquendo, M. A. & Sublette, M. E. (2022). Twenty-six years of psychosocial interventions to reduce suicide risk in adolescents: Systematic review and meta-analysis. Journal of Affective Disorders, 300, 511–531. https://doi.org/https://doi.org/10.1016/j.jad.2021.12.094

Jablensky, A. (2005). Boundaries of mental disorders. Current Opinion in Psychiatry, 18 (6), 653–658. https://doi.org/10.1097/01.yco.0000184412.98587.a4

Kallert, T. W., Jurjanz, L., Schnall, K., Glöckner, M., Gerdjikov, I., Raboch, J., Georgiadou, E., Solomon, Z., Rosa, C., Dembinskas, A., Adamowski, T., Nawka, P., Hernandez, C. & Björkdahl, A. (2007). Eine Empfehlung zur Durchführungspraxis von Fixierungen im Rahmen der stationären psychiatrischen Akutbehandlung. Psychiatrische Praxis, 34 Suppl 2, S233–240. https://doi.org/10.1055/s-2006-952007

Katsakou, C. & Priebe, S. (2006). Outcomes of involuntary hospital admission – a review. Acta Psychiatrica Scandinavica, 114 (4), 232–241. https://doi.org/https://doi.org/10.1111/j.1600-0447.2006.00823.x

Keady, J. D., Campbell, S., Clark, A., Dowlen, R., Elvish, R., Jones, L., Kindell, J., Swarbrick, C. & Williams, S. (2022). Re-thinking and re-positioning »being in the moment« within a continuum of moments: introducing a new conceptual framework for dementia studies. Ageing & Society, 42 (3), 681–702. https://doi.org/10.1017/S0144686X20001014

Keating, C. T., Hickman, L., Leung, J., Monk, R., Montgomery, A., Heath, H. & Sowden, S. (2022). Autism-related language preferences of English-speaking individuals across the globe: A mixed methods investigation. Autism Research, 16 (2), 406–428. https://doi.org/https://doi.org/10.1002/aur.2864

Keil, G., Keuck, L. & Hauswald, R. (Hg.) (2017). Vagueness in psychiatry. Oxford University Press.

Kendler, K. S., Muñoz, R. A. & Murphy, G. (2010). The development of the Feighner criteria: a historical perspective. American Journal of Psychiatry, 167 (2), 134–142.

Kersting, X. A. K., Hirsch, S. & Steinert, T. (2019). Physical Harm and Death in the Context of Coercive Measures in Psychiatric Patients: A Systematic Review. Frontiers in Psychiatry, 10, 400. https://doi.org/10.3389/fpsyt.2019.00400

Khalifa, N. R., Gibbon, S., Völlm, B. A., Cheung, N.-Y. & McCarthy, L. (2020). Pharmacological interventions for antisocial personality disorder. Cochrane Database of Systematic Reviews (9). https://doi.org/10.1002/14651858.CD007667.pub3

Khundrakpam, B., Bhutani, N., Vainik, U., Gong, J., Al-Sharif, N., Dagher, A., White, T. & Evans, A. C. (2023). A critical role of brain network architecture in a continuum model of autism spectrum disorders spanning from healthy individuals with genetic liability to individuals with ASD. Molecular Psychiatry, 28 (3), 1210–1218. https://doi.org/10.1038/s41380-022-01916-w

Killaspy, H., Priebe, S., McPherson, P., Zenasni, Z., Greenberg, L., McCrone, P., Dowling, S., Harrison, I., Krotofil, J., Dalton-Locke, C., McGranahan, R., Arbuthnott, M., Curtis, S., Leavey, G., Shepherd, G., Eldridge, S. & King, M. (2020). Predictors of moving on from mental health supported accommodation in England: national cohort study. British Journal of Psychiatry, 216 (6), 331–337. https://doi.org/10.1192/bjp.2019.101

Kingma, E. (2013). Naturalist accounts of mental disorders. In Fulford, K. W. M., Davies, M., Gipps, R. G. T., Graham, G., Sadler, J. Z., Stanghellini, G. & Thornton, T. (Hg.), The Oxford Handbook of Philosphy and Psychiatry (S. 363–384). Oxford UP.

Klerman, G. L. (1978). The evolution of a scientific nosology. In Shershow, J. C. (Hg.), Schizophrenia, Science and Practice (S. 99–121). Harvard UP.

Knight, F., Kokanović, R., Ridge, D., Brophy, L., Hill, N., Johnston-Ataata, K. & Herrman, H. (2018). Supported Decision-Making: The Expectations Held by People With Experience of Mental Illness. Qualitative Health Research, 28 (6), 1002–1015. https://doi.org/10.1177/1049732318762371

Koch, C. (2004). The Quest for Consciousness: A Neurobiological Approach. Roberts and Company.

KOKES (2021). KOKES-Statistik 2020: Anzahl Personen mit SchutzMaßnahmeMaßnahmen per 31.12.2020. Zeitschrift für Kinder- und Erwachsenschutz, (5), 448–467.

Kommol, P. & Steinberg, H. (2022). Die Krankengeschichte Elsa Asenijeffs im Kontext des sächsischen psychiatrischen Anstalts- und Versorgungssystems der 1920er-Jahre bis 1941. Der Nervenarzt, 93 (1), 86–92. https://doi.org/10.1007/s00115-021-01087-z

Kostanjsek, N., Rubinelli, S., Escorpizo, R., Cieza, A., Kennedy, C., Selb, M., Stucki, G. & Üstün, T. B. (2011). Assessing the impact of health conditions using the ICF. Disability and Rehabilitation, 33 (15–16), 1475–1482. https://doi.org/10.3109/09638288.2010.527032

Kotov, R., Krueger, R. F., Watson, D., Achenbach, T. M., Althoff, R. R., Bagby, R. M., Brown, T. A., Carpenter, W. T., Caspi, A., Clark, L. A., Eaton, N. R., Forbes, M. K., Forbush, K. T., Goldberg, D., Hasin, D., Hyman, S. E., Ivanova, M. Y., Lynam, D. R., Markon, K., Zimmerman, M. (2017). The Hierarchical Taxonomy of Psychopathology (HiTOP): A dimensional alternative to traditional nosologies. Journal of Abnormal Psychology, 126 (4), 454–477. https://doi.org/10.1037/abn0000258

Kotov, R., Krueger, R. F., Watson, D., Cicero, D. C., Conway, C. C., DeYoung, C. G., Eaton, N. R., Forbes, M. K., Hallquist, M. N., Latzman, R. D., Mullins-Sweatt, S. N., Ruggero, C. J., Simms, L. J., Waldman, I. D., Waszczuk, M. A. & Wright, A. G. C. (2021). The Hierarchical Taxonomy of Psychopathology (HiTOP): A Quantitative Nosology Based on Consensus of Evidence. Annual Review of Clinical Psychology, 17, 83–108. https://doi.org/10.1146/annurev-clinpsy-081219-093304

Krammer, S., Gamma, A., Znoj, H., Klecha, D., Signorini, P. & Liebrenz, M. (2020). Effectiveness of forensic outpatients« psychiatric treatment and recidivism rates: A comparison study. Forensic Science International: Mind and Law, 1, 100032. https://doi.org/https://doi.org/10.1016/j.fsiml.2020.100032

Krumm, S. (2016). Assistierter Suizid/assistierte Selbsttötung für Menschen mit schweren psychischen Störungen – Kontra. Psychiatrische Praxis, 43 (8), 412–413. https://doi.org/10.1055/s-0042-119790

KVJS (2022). Betreuungsbehördenstatistik Baden-Württemberg. Abgerufen am 13.09.2022 von https://www.kvjs.de/soziales/service-betreuungsrecht/betreuungsstatistik

Lanctôt, N. & Guay, S. (2014). The aftermath of workplace violence among healthcare workers: A systematic literature review of the consequences. Aggression and Violent Behavior, 19 (5), 492–501.

Lange, E. (1979). Die Rodewischer Thesen 1963 – Vermächtnis und Verpflichtung, Bekenntnis und Verwirklichung. Psychiatrie, Neurologie und medizinische Psychologie, 31 (7), 385–392. http://www.jstor.org/stable/45254978

Larsen, A., Tele, A. & Kumar, M. (2021). Mental health service preferences of patients and providers: a scoping review of conjoint analysis and discrete choice experiments from global public health literature over the last 20 years (1999–2019). BMC Health Services Research, 21 (1), 589. https://doi.org/10.1186/s12913-021-06499-w

Lasalvia, A., Boggian, I., Bonetto, C., Saggioro, V., Piccione, G., Zanoni, C., Cristofalo, D. & Lamonaca, D. (2012). Multiple perspectives on mental health outcome: needs for care and service satisfaction assessed by staff, patients and family members. Social Psychiatry Psychiatric Epidemiology, 47 (7), 1035–1045. https://doi.org/10.1007/s00127-011-0418-0

Lasch, C. (1979). The Culture of Narcissism: American Life in An Age of Diminishing Expectations. W. W. Norton.

Lawrence, D., Bagshaw, R., Stubbings, D. & Watt, A. (2022). Restrictive Practices in Adult Secure Mental Health Services: A Scoping Review. International Journal of Forensic Mental Health, 21 (1), 68–88. https://doi.org/10.1080/14999013.2021.1887978

Lawrence, J. (2019). Me Me Me? The Search for Community in Post-War England. Oxford UP.

Leamy, M., Bird, V., Le Boutillier, C., Williams, J. & Slade, M. (2011). Conceptual framework for personal recovery in mental health: systematic review and narrative synthesis. British Journal of Psychiatry 199 (6), 445–452. https://doi.org/10.1192/bjp.bp.110.083733

Lee, P. M. (2012). Bayesian Statistics: An Introduction (4 ed.). Wiley.

Legault, M., Bourdon, J.-N. & Poirier, P. (2019). Neurocognitive variety in neurotypical environments: the source of »Deficit« in Autism. Journal of Behavioral and Brain Science, 9 (06), 246–272.

Leichsenring, F., Steinert, C., Rabung, S. & Ioannidis, J. P. A. (2022). The efficacy of psychotherapies and pharmacotherapies for mental disorders in adults: an umbrella review and meta-analytic evaluation of recent meta-analyses. World Psychiatry, 21 (1), 133–145. https://doi.org/10.1002/wps.20941

Levine, J. (1983). Materialism and qualia: The explanatory gap. Pacific Philosophical Quarterly, 64 (4), 354–361.

Lidz, C. W. (1998). Coercion in psychiatric care: what have we learned from research? Journal of the American Academy of Psychiatry and Law, 26 (4), 631–637.

Lilienfeld, S. & Marino, L. (1995). Mental disorder as a Roschian concept: a critique of Wakefield's »harmful dysfunction« analysis. Journal of Abnormal Psychology, 104 (3), 411–420.

Lilienfeld, S. O. & Treadway, M. T. (2016). Clashing Diagnostic Approaches: DSM-ICD Versus RDoC. Annual Review of Clinical Psychology, 12, 435–463. https://doi.org/10.1146/annurev-clinpsy-021815-093122

Lincoln, T. M., Heumann, K. & Teichert, M. (2014). Das letzte Mittel? Ein Überblick über die politische Diskussion und den Forschungsstand zum Einsatz medikamentöser Zwangsbehandlung in der Psychiatrie. Verhaltenstherapie, 24 (1), 22–32. https://doi.org/10.1159/000357649

Livermore, J. M., Malmquist, C. P. & Meehl, P. E. (1968). On the Justifications for Civil Commitment. University of Pennsylvania Law Review, 117, 75–96.

Longden, E., Read, J. & Dillon, J. (2018). Assessing the Impact and Effectiveness of Hearing Voices Network Self-Help Groups. Community Mental Health Journal, 54 (2), 184–188. https://doi.org/10.1007/s10597-017-0148-1

Lopez Bernal, J. A., Gasparrini, A., Artundo, C. M. & McKee, M. (2013). The effect of the late 2000s financial crisis on suicides in Spain: an interrupted time-series analysis. European Journal of Public Health, 23 (5), 732–736. https://doi.org/10.1093/eurpub/ckt083

Luhmann, N. (1978). Soziologie der Moral. In Luhmann, N. & Pfürtner, S. H. (Hg.), Theorietechnik und Moral (S. 8–116). Suhrkamp.
Luhmann, N. (1990). Die Wissenschaft der Gesellschaft. Suhrkamp.
Luhmann, N. (1997). Die Gesellschaft der Gesellschaft. Suhrkamp.
Lund, C., Brooke-Sumner, C., Baingana, F., Baron, E. C., Breuer, E., Chandra, P., Haushofer, J., Herrman, H., Jordans, M., Kieling, C., Medina-Mora, M. E., Morgan, E., Omigbodun, O., Tol, W., Patel, V. & Saxena, S. (2018). Social determinants of mental disorders and the Sustainable Development Goals: a systematic review of reviews. Lancet Psychiatry, 5 (4), 357–369. https://doi.org/10.1016/s2215-0366(18)30060-9
Madsen, O. J. (2019). The Psychologization of Society: On the Unfolding of the Therapeutic in Norway. Routledge.
Malatesti, L., Jurjako, M. & Meynen, G. (2020). The insanity defence without mental illness? Some considerations. International Journal of Law and Psychiatry, 71, 101571. https://doi.org/https://doi.org/10.1016/j.ijlp.2020.101571
Manser-Egli, J. E. M. (2019). Klinische Prüfung nicht zugelassener Präparate an der Psychiatrischen Universitätsklinik Waldau zwischen 1950 und 1970. Bern. https://boristheses.unibe.ch/2413/
Martin, M. W. (2006). From morality to mental health: Virtue and vice in a therapeutic culture. Oxford University Press.
Martin, W. & Gurbai, S. (2019). Surveying the Geneva impasse: Coercive care and human rights. International Journal of Law and Psychiatry, 64, 117–128. https://doi.org/10.1016/j.ijlp.2019.03.001
Martinelli, A. & Ruggeri, M. (2020). An overview of mental health recovery-oriented practices: potentiality, challenges, prejudices, and misunderstandings. Journal of Psychopathology, 26, 147–154.
McCarthy-Jones, S., Castro Romero, M., McCarthy-Jones, R., Dillon, J., Cooper-Rompato, C., Kieran, K., Kaufman, M. & Blackman, L. (2015). Hearing the Unheard: An Interdisciplinary, Mixed Methodology Study of Women's Experiences of Hearing Voices (Auditory Verbal Hallucinations). Frontiers in Psychiatry, 6, 181. https://doi.org/10.3389/fpsyt.2015.00181
McGinn, C. (1999). The mysterious flame: Conscious minds in a material world. Basic Books.
McHugh, R. K., Whitton, S. W., Peckham, A. D., Welge, J. A. & Otto, M. W. (2013). Patient preference for psychological vs pharmacologic treatment of psychiatric disorders: a meta-analytic review. Journal of Clinical Psychiatry, 74 (6), 595–602. https://doi.org/10.4088/JCP.12r07757
McPherson, P., Krotofil, J. & Killaspy, H. (2018). Mental health supported accommodation services: a systematic review of mental health and psychosocial outcomes. BMC Psychiatry, 18 (1), 128. https://doi.org/10.1186/s12888-018-1725-8
Meier, M., König, M., Tornay, M. & Klauser, U. (2019). Testfall Münsterlingen: klinische Versuche in der Psychiatrie 1940–1980. Chronos.

Mesquita, B. (2022). Between Us: How Cultures Create Emotions. Norton.
Mezzich, J. E. & Salloum, I. M. (2007). Towards innovative international classification and diagnostic systems: ICD-11 and person-centered integrative diagnosis. Acta Psychiatrica Scandinavica, 116 (1), 1–5. https://doi.org/10.1111/j.1600-0447.2007.01028.x
Michelini, G., Palumbo, I. M., DeYoung, C. G., Latzman, R. D. & Kotov, R. (2021). Linking RDoC and HiTOP: A new interface for advancing psychiatric nosology and neuroscience. Clinical Psychology Review, 86, 102025. https://doi.org/10.1016/j.cpr.2021.102025
Milton, D. E. M. (2012). On the ontological status of autism: the »double empathy problem«. Disability & Society, 27 (6), 883–887. https://doi.org/10.1080/09687599.2012.710008
Minkowitz, T. (2014). Rethinking criminal responsibility from a critical disability perspective: The abolition of insanity/incapacity acquittals and unfitness to plead, and beyond. Griffith Law Review, 23 (3), 434–466. https://doi.org/10.1080/10383441.2014.1013177
Mitchell, P., Sheppard, E. & Cassidy, S. (2021). Autism and the double empathy problem: Implications for development and mental health. British Journal of Developmental Psychology, 39 (1), 1–18. https://doi.org/https://doi.org/10.1111/bjdp.12350
Modini, M., Burton, A. & Abbott, M. J. (2021). Factors influencing inpatients perception of psychiatric hospitals: A meta-review of the literature. Journal of Psychiatric Research, 136, 492–500. https://doi.org/10.1016/j.jpsychires.2020.10.020
Molyneaux, E., Turner, A., Candy, B., Landau, S., Johnson, S. & Lloyd-Evans, B. (2019). Crisis-planning interventions for people with psychotic illness or bipolar disorder: systematic review and meta-analyses. BJPsych Open, 5 (4), e53, Article e53. https://doi.org/10.1192/bjo.2019.28
Moncrieff, J. (2011). The Myth of the Antidepressant: An Historical Analysis. In Rapley, M., Moncrieff, J. & Dillon, J. (Hg.), De-Medicalizing Misery: Psychiatry, Psychology and the Human Condition (S. 174–188). Palgrave Macmillan.
Monk, R., Whitehouse, A. J. O. & Waddington, H. (2022). The use of language in autism research. Trends in Neurosciences, 45 (11), 791–793. https://doi.org/10.1016/j.tins.2022.08.009
Morandi, S., Silva, B., Mendez Rubio, M., Bonsack, C. & Golay, P. (2021). Mental health professionals« feelings and attitudes towards coercion. International Journal of Law and Psychiatry, 74, 101665. https://doi.org/10.1016/j.ijlp.2020.101665
Moreno-De-Luca, D. & Martin, C. L. (2021). All for one and one for all: heterogeneity of genetic etiologies in neurodevelopmental psychiatric disorders. Current Opinion in Genetics & Development, 68, 71–78. https://doi.org/https://doi.org/10.1016/j.gde.2021.02.015
Mötteli, S., Adamus, C., Deb, T., Fröbel, R., Siemerkus, J., Richter, D. & Jäger, M. (2021). Independent Supported Housing for Non-homeless People With Serious Mental Illness: A Pragmatic Randomized Controlled Trial. Frontiers in Psychiatry, 12, 798275. https://doi.org/10.3389/fpsyt.2021.798275

Muir-Cochrane, E. & Oster, C. (2021). Chemical restraint: A qualitative synthesis review of adult service user and staff experiences in mental health settings. Nursing and Health Sciences, 23 (2), 325–336. https://doi.org/10.1111/nhs.12822

Mullen, A., Browne, G., Hamilton, B., Skinner, S. & Happell, B. (2022). Safewards: An integrative review of the literature within inpatient and forensic mental health units. International Journal of Mental Health Nursing, 31 (5), 1090–1108. https://doi.org/10.1111/inm.13001

Müller, J. L. (2019). Forensische Psychiatrie: Maßregelrecht auf dem Prüfstand. Deutsches Ärzteblatt, 116 (39), 1713.

Müller, J. L., Nedopil, N., Freisleder, F. J., Graf, M. & Haller, R. (2017). Forensische Psychiatrie: Klinik, Begutachtung und Behandlung zwischen Psychiatrie und Recht. Thieme.

Müller, M. (2012). Individuelle Selbstbestimmung und staatliche Fürsorge. Zeitschrift für Schweizerisches Recht, (I), 63–86.

Müller, S. & Walter, H. (2010). Reviewing Autonomy: Implications of the Neurosciences and the Free Will Debate for the Principle of Respect for the Patient's Autonomy. Cambridge Quarterly of Healthcare Ethics, 19 (2) 205–217. https://doi.org/10.1017/S0963180109990478

Nagel, T. (1974). What Is It Like to Be a Bat? The Philosophical Review, 83 (4), 435–450. https://doi.org/10.2307/2183914

NASMHPD (1999). Position Statement on Seclusion and Restraint. National Association of State Mental Health Program Directors. Abgerufen am 17.01.2023 von https://www.nasmhpd.org/content/position-statement-seclusion-and-restraint

Newton-Howes, G., Kininmonth, L. & Gordon, S. (2020). Substituted Decision Making and Coercion: The Socially Accepted Problem in Psychiatric Practice and a CRPD-Based Response to Them. International Journal of Mental Health and Capacity Law (26), 4–12.

Nijman, H. L. I., Allertz, W. F. F., Merckelbach, H. L. G. J. & Ravelli, D. P. (1997). Aggressive behaviour on an acute psychiatric admissions ward. European Journal of Psychiatry, 11, 106–114.

Nossek, A., Gather, J. & Vollmann, J. (2018). Natürlicher Wille, Zwang und Anerkennung – Medizinethische Überlegungen zum Umgang mit nicht selbstbestimmungsfähigen Patienten in der Psychiatrie. Ethik in der Medizin, 30 (2), 107–122. https://doi.org/10.1007/s00481-018-0478-8

Nussbaum, M. (2007). Human rights and human capabilities. Harvard Human Rights Journal, 20, 21–24.

Obsan (2022). Fürsorgerische Unterbringung in Schweizer Psychiatrien. Schweizerisches Gesundheitsobservatorium. Abgerufen am 13.09.2022 von https://ind.obsan.admin.ch/de/indicator/obsan/fuersorgerische-unterbringung-in-schweizer-psychiatrien

OECD (2019). Health at a Glance – 2019 Health Indicators. Abgerufen am 15.10.2021 von https://doi.org/10.1787/888934018146

Oosterhuis, H. & Loughnan, A. (2014). Madness and crime: historical perspectives on forensic psychiatry. International Journal of Law and Psychiatry, 37 (1), 1–16. https://doi.org/10.1016/j.ijlp.2013.09.004

Opgenhaffen, T., Put, J., Lepeleire, J. D., Keady, J. & Swinnen, A. (2022). Care Planning and the Lived Experience of Dementia: Establishing Real Will and Preferences beyond Mental Capacity. In Schokkaert, E., Vandenbulcke, M. & Dröes, R.-M. (Hg.), Dementia and Society (S. 211–232). Cambridge University Press. https://doi.org/DOI: 10.1017/9781108918954.012

Oreskes, N. (2019). Why Trust Science? Princeton University Press.

Ormel, J., Hollon, S. D., Kessler, R. C., Cuijpers, P. & Monroe, S. M. (2022). More treatment but no less depression: The treatment-prevalence paradox. Clinical Psychology Review, 91, 102111. https://doi.org/10.1016/j.cpr.2021.102111

Palacios, A. (2015). The social model in the international convention on the rights of persons with disabilities. The Age of Human Rights Journal, (4), 91–110.

Paradis-Gagné, E., Pariseau-Legault, P., Goulet, M. H., Jacob, J. D. & Lessard-Deschênes, C. (2021). Coercion in psychiatric and mental health nursing: A conceptual analysis. International Journal of Mental Health Nursing, 30 (3), 590–609. https://doi.org/10.1111/inm.12855

Parr, T., Pezzulo, G. & Friston, K. J. (2022). Active inference: The free energy principle in mind, brain, and behavior. MIT Press.

Participia (o. J.). Berner Behindertenkonzept. Abgerufen am 08.02.2022 von https://www.participa.ch/berner-modell/berner-modell/

Penzenstadler, L., Molodynski, A. & Khazaal, Y. (2020). Supported decision making for people with mental health disorders in clinical practice: a systematic review. International Journal of Psychiatry in Clinical Practice, 24 (1), 3–9. https://doi.org/10.1080/13651501.2019.1676452

Pereboom, D. (2019). Free Will Skepticism and Prevention of Crime. In Pereboom, D., Shaw, E. & Caruso, G. D. (Hg.), Free Will Skepticism in Law and Society: Challenging Retributive Justice (S. 99–115). Cambridge University Press. https://doi.org/DOI: 10.1017/9781108655583.005

Pereboom, D. (2022). Free Will. Cambridge University Press. https://doi.org/DOI: 10.1017/9781108982511

Perkins, A., Ridler, J., Browes, D., Peryer, G., Notley, C. & Hackmann, C. (2018). Experiencing mental health diagnosis: a systematic review of service user, clinician, and carer perspectives across clinical settings. The Lancet Psychiatry, 5 (9), 747–764. https://doi.org/10.1016/S2215-0366(18)30095-6

Perlin, M. L. (1992). On Sanism. SMU Law Review, 46, 373–408.

Perlin, M. L. (2016). The insanity defense: Nine myths that will not go away. In White, M. D. (Hg.), The Insanity Defense: Multidisciplinary Views on Its History, Trends, and Controversies (S. 3–22). Praeger/ABC-CLIO.

Pescosolido, B. A., Halpern-Manners, A., Luo, L. & Perry, B. (2021). Trends in Public Stigma of Mental Illness in the US 1996–2018. JAMA Network Open, 4 (12), e2140202. https://doi.org/10.1001/jamanetworkopen.2021.40202

Plomin, R. (2018). Blueprint: How DNA makes us who we are. Allen Lane.

Poole, J. M., Jivraj, T., Arslanian, A., Bellows, K., Chiasson, S., Hakimy, H., Pasini, J. & Reid, J. (2012). Sanism, »mental health«, and social work/education: A review and call to action. Intersectionalities, 1, 20–36.

Porter, R. (2013). Madness: A Brief History. Oxford UP.

Potthoff, S., Finke, M., Scholten, M., Gieselmann, A., Vollmann, J. & Gather, J. (2022). Opportunities and risks of self-binding directives: A qualitative study involving stakeholders and researchers in Germany [Original Research]. Frontiers in Psychiatry, 13. https://doi.org/10.3389/fpsyt.2022.974132

Prat, C. (2022). The Neuroscience of You: How Every Brain is Different and How to Understand Yours. Dutton.

Priebe, S., Omer, S., Giacco, D. & Slade, M. (2014). Resource-oriented therapeutic models in psychiatry: conceptual review. British Journal of Psychiatry, 204 (4), 256–261. https://doi.org/10.1192/bjp.bp.113.135038

Prosser, A., Helfer, B. & Leucht, S. (2016). Biological v. psychosocial treatments: a myth about pharmacotherapy v. psychotherapy. British Journal of Psychiatry 208 (4), 309–311. https://doi.org/10.1192/bjp.bp.115.178368

Prüter-Schwarte, C. (2012). Autonomie und Fürsorge im Maßregelvollzug. Forensische Psychiatrie, Psychologie, Kriminologie, 6 (3) 201–207. https://doi.org/10.1007/s11757-012-0173-4

Puschner, B., Becker, T., Mayer, B., Jordan, H., Maj, M., Fiorillo, A., Egerhazi, A., Ivanka, T., Munk-Jorgensen, P., Krogsgaard Bording, M., Rossler, W., Kawohl, W., Slade, M. & C. s. Group (2016). Clinical decision making and outcome in the routine care of people with severe mental illness across Europe (CEDAR). Epidemiol Psychiatr Sci, 25 (1), 69–79. https://doi.org/10.1017/S204579601400078X

Pyne, J. M., Fischer, E. P., Gilmore, L., McSweeney, J. C., Stewart, K. E., Mittal, D., Bost, J. E. & Valenstein, M. (2014). Development of a Patient-Centered Antipsychotic Medication Adherence Intervention. Health Education and Behaviour, 41 (3), 315–324. https://doi.org/10.1177/1090198113515241

Radoilska, L. V. (2012). Personal Autonomy, Decisional Capacity, and Mental Disorder. In Radoilska, L. V. (Hg.), Autonomy and mental disorder (S. ix–xli). Oxford University Press.

Raphael, L. (2019). Jenseits von Kohle und Stahl: Eine Gesellschaftsgeschichte Westeuropas nach dem Boom. Suhrkamp.

Rashed, M. A. (2019). Madness and the demand for recognition: A philosophical inquiry into identity and mental health activism. Oxford UP.

Rashed, M. A. & Bingham, R. (2014). Can psychiatry distinguish social deviance from mental disorder? Philosophy, Psychiatry & Psychology, 21 (3), 243–255.

Raskin, J. D. (2019). Abnormal Psychology: Contrasting Perspectives. Macmillan.
Rauch, J. (2021). The Constitution of Knowledge: A Defense of Truth. Brookings Institution Press.
Read, J., Bentall, R. P. & Fosse, R. (2009). Time to abandon the bio-bio-bio model of psychosis: Exploring the epigenetic and psychological mechanisms by which adverse life events lead to psychotic symptoms. Epidemiology and Psychiatric Sciences, 18 (4), 299–310. https://doi.org/10.1017/S1121189X00000257
Rey, C. (2022, 30.12.2022). Nach dem Zweiten Weltkrieg wird in Zürich Ärzten zu Forschungszwecken LSD heimlich in den Morgenkaffee gekippt. Neue Zürcher Zeitung. https://www.nzz.ch/zuerich/rausch-in-zuerich-wurde-lsd-aerzten-heimlich-in-den-kaffee-gekippt-ld.1717851
Reynolds, J. M. (2022). Theories of Disability. In Reynolds, J. M. & Wieseler, C. (Hg.), The Disability Bioethics Reader (S. 30–38). Routledge.
Riahi, S., Thomson, G. & Duxbury, J. (2020). A hermeneutic phenomenological exploration of »last resort« in the use of restraint. International Journal of Mental Health Nursing, 29 (6), 1218–1229. https://doi.org/10.1111/inm.12761
Richter, D. (1996). Nation als Form. Westdeutscher Verlag.
Richter, D. (1999). Chronic mental illness and the limits of the biopsychosocial model. Medicine, Health Care and Philosophy, 2 (1), 21–30. https://doi.org/10.1023/A:1009968106317
Richter, D. (2003). Psychisches System und soziale Umwelt: Soziologie psychischer Störungen in der Ära der Biowissenschaften. Psychiatrie Verlag.
Richter, D. (2016). Assistierter Suizid/assistierte Selbsttötung für Menschen mit schweren psychischen Störungen - Pro. Psychiatrische Praxis, 43 (8), 411–412. https://doi.org/10.1055/s-0042-119789
Richter, D. (2018). Inklusion, Exklusion und Integration: Schlüsselkonzepte für die psychiatrische (Arbeits-) Rehabilitation. In W. Kawohl & W. Rössler (Eds.), Arbeit und Psyche: Grundlagen, Therapie, Rehabilitation, Prävention – Ein Handbuch (pp. 94–106). Kohlhammer.
Richter, D. (2020). Die vermeintliche Zunahme psychischer Erkrankungen – Gesellschaftlicher Wandel und psychische Gesundheit. Psychiatrische Praxis, 47 (7), 349–351. https://doi.org/10.1055/a-1228-9503
Richter, D. (2021). Unerträgliches Leiden und autonome Entscheidung: Warum Menschen mit psychischen Erkrankungen das Recht auf Sterbehilfe nicht verwehrt werden darf. In Böhning, A. (Hg.), Assistierter Suizid für psychisch Erkrankte: Herausforderung für Psychiatrie und Psychotherapie (S. 37–61). Hogrefe.
Richter, D. & Dixon, J. (2022). Models of mental health problems: a quasi-systematic review of theoretical approaches. Journal of Mental Health, 1–11. https://doi.org/10.1080/09638237.2021.2022638

Richter, D., Hertig, R. & Hoffmann, H. (2016). Psychiatrische Rehabilitation – von der Stufenleiter zur unterstützten Inklusion. Psychiatrische Praxis, 43 (8), 444–449. https://doi.org/10.1055/s-0042-105859

Richter, D. & Hoffmann, H. (2017). Independent housing and support for people with severe mental illness: systematic review. Acta Psychiatrica Scandinavica, 136 (3), 269–279. https://doi.org/10.1111/acps.12765

Richter, D. & Hoffmann, H. (2017). Preference for Independent Housing of Persons with Mental Disorders: Systematic Review and Meta-analysis. Administration and Policy in Mental Health, 44 (6), 817–823. https://doi.org/10.1007/s10488-017-0791-4

Richter, D. & Hoffmann, H. (2019 a). Effectiveness of supported employment in non-trial routine implementation: systematic review and meta-analysis. Social Psychiatry Psychiatric Epidemiology, 54 (5), 525–531. https://doi.org/10.1007/s00127-018-1577-z

Richter, D. & Hoffmann, H. (2019 b). Social exclusion of people with severe mental illness in Switzerland: results from the Swiss Health Survey. Epidemiology and Psychiatric Sciences, 28 (4), 427–435. https://doi.org/10.1017/S2045796017000786

Richter, D., Hunziker, M. & Hoffmann, H. (2019). Supported Employment im Routinebetrieb: Evaluation des Berner Job Coach Placement-Programms 2005–2016 [Supported Employment in Routine Operation: Evaluation of the Bern Job Coach Placement Program 2005–2016]. Psychiatrische Praxis, 46 (06), 338–341.

Richter, D., Wall, A., Bruen, A. & Whittington, R. (2019). Is the global prevalence rate of adult mental illness increasing? Systematic review and meta-analysis. Acta Psychiatrica Scandinavica, 140 (5), 393–407. https://doi.org/10.1111/acps.13083

Richter, D. & Zuercher, S. (2021). The Epidemic Failure Cycle hypothesis: Towards understanding the global community's recent failures in responding to an epidemic. Journal of Infection and Public Health. https://doi.org/https://doi.org/10.1016/j.jiph.2021.09.003

Ridgway, P. & Zipple, A.M. (1990). The paradigm shift in residential services: from the linear continuum to supported housing approaches. Psychosocial Rehabilitation Journal, 13 (4), 11–31.

Rieff, P. (2006). The Triumph of the Therapeutic: Uses of Faith After Freud. ISI Books.

Ritunnano, R., Kleinman, J., Whyte Oshodi, D., Michail, M., Nelson, B., Humpston, C.S. & Broome, M.R. (2022). Subjective experience and meaning of delusions in psychosis: a systematic review and qualitative evidence synthesis. Lancet Psychiatry, 9 (6), 458–476. https://doi.org/10.1016/s2215-0366(22)00104-3

Roberts Strife, S. & Rickard, K. (2011). The Conceptualization of Anorexia: The Pro-Ana Perspective. Affilia, 26 (2), 213–217. https://doi.org/10.1177/0886109911405592

Robertson, J.P. & Collinson, C. (2011). Positive risk taking: Whose risk is it? An exploration in community outreach teams in adult mental health and learning disability services. Health, Risk & Society, 13 (2), 147–164. https://doi.org/10.1080/13698575.2011.556185

Rogers, C.R. (1979). The foundations of the person-centered approach. Education, 100 (2), 98–107.

Rose, D. (2022). Mad Knowledges and User-Led Research. Palgrave Macmillan.
Rose, D., MacDonald, D., Wilson, A., Crawford, M., Barnes, M. & Omeni, E. (2016). Service user led organisations in mental health today. Journal of Mental Health, 25 (3), 254–259. https://doi.org/10.3109/09638237.2016.1139070
Rose, D. & Rose, N. (2023). Is »another« psychiatry possible? Psychological Medicine, 53 (1), 46–54. https://doi.org/10.1017/S003329172200383X
Rosemann, M. (2018). BTHG: Die wichtigsten Neuerungen für die psychiatrische Arbeit. Psychiatrie-Verlag.
Rosen, A., Gill, N. S. & Salvador-Carulla, L. (2020). The future of community psychiatry and community mental health services. Current Opinion in Psychiatry, 33 (4), 375–390. https://doi.org/10.1097/YCO.0000000000000620
Rosenhan, D. L. (1973). On Being Sane in Insane Places. Science, 179 (4070), 250–258. https://doi.org/doi:10.1126/science.179.4070.250
Rosenthal, S. B. & Bourgeois, P. L. (1977). Mead, Merleau-Ponty and the Lived Perceptual World. Philosophy Today, 21 (1), 56–61.
Ross, J., Quayle, E., Newman, E. & Tansey, L. (2013). The impact of psychological therapies on violent behaviour in clinical and forensic settings: A systematic review. Aggression and Violent Behavior, 18 (6), 761–773. https://doi.org/https://doi.org/10.1016/j.avb.2013.09.001
Rovelli, C. (2022). Helgoland: The Strange and Beautiful Story of Quantum Physics. Penguin.
Rudnick, A. (2013). Commentary: can seclusion and restraint be person-centered? The Israel Journal of Psychiatry and Related Sciences, 50 (1), 11–12.
Russel, G. (2020). Critiques of the Neurodiversity Movement. In Kapp, S. (Hg.), Autistic Community and the Neurodiversity Movement (S. 287–303). Palgrave Macmillan.
Ryan, C. J. & Bartels, J. (2021). Involuntary hospitalization. In Bloch, S. & Green, S. A. (Hg.), Psychiatric Ethics (5 ed.) (S. 279–299). Oxford UP.
Sackett, D. L. (1997). Evidence-based medicine. Seminars in Perinatology, 21 (1), 3–5. https://doi.org/10.1016/s0146-0005(97)80013-4
Sackett, D. L., Rosenberg, W. M. C., Gray, J. A. M., Haynes, R. B. & Richardson, W. S. (1996). Evidence based medicine: what it is and what it isn't. BMJ, 312 (7023), 71–72. https://doi.org/10.1136/bmj.312.7023.71
Sadler, J. Z. (2019). Conceptual models if normative content in mental disorders. In Haldipur, C. V., Knoll, J. L. & v. d. Luft, E. (Hg.), Thomas Szaz: An Appraisal of His Legacy (S. 36–52). Oxford UP.
SAMHSA (2012). SAMHSA's working definition of recovery. https://store.samhsa.gov/product/SAMHSA-s-Working-Definition-of-Recovery/PEP12-RECDEF
SAMW (2018). Zwangsmaßnahmen in der Medizin.
Sapolsky, R. M. (2021). Neuroscience and the Law. University of St. Thomas Journal of Law and Public Policy, 15, 138–161.

Schlichthorst, M., Ozols, I., Reifels, L. & Morgan, A. (2020). Lived experience peer support programs for suicide prevention: a systematic scoping review. International Journal of Mental Health Systems, 14 (1), 65. https://doi.org/10.1186/s13033-020-00396-1

Schlimme, J. E., Scholz, T. & Seroka, R. (2018). Medikamentenreduktion und Genesung von Psychosen. Psychiatrie Verlag.

Schmiedebach, H. P. & Priebe, S. (2004). Social psychiatry in Germany in the twentieth century: ideas and models. Medical History, 48 (4), 449–472. https://doi.org/10.1017/s0025727300007961

Schmolke, M., Amering, M. & Svettini, A. (2016). Recovery, empowerment, and person centeredness. In Mezzich, J. E., Botbol, M., Christodoulou, G. N., Cloninger, C. R., Salloum, I. M. (Hg.), Person Centered Psychiatry (S. 97–111). Springer.

Scholten, M. & Gather, J. (2018). Adverse consequences of article 12 of the UN Convention on the Rights of Persons with Disabilities for persons with mental disabilities and an alternative way forward. Journal of Medical Ethics, 44 (4), 226–233. https://doi.org/10.1136/medethics-2017-104414

Schomerus, G., Schindler, S., Baumann, E. & Angermeyer, M. C. (2023). Changes in continuum beliefs for depression and schizophrenia in the general population 2011–2020: a widening gap. Social Psychiatry and Psychiatric Epidemiology, 58 (1), 17–23. https://doi.org/10.1007/s00127-022-02272-4

Schomerus, G., Schindler, S., Sander, C., Baumann, E. & Angermeyer, M. C. (2022). Changes in mental illness stigma over 30 years – Improvement, persistence, or deterioration? European Psychiatry, 65 (1), e78, Article e78. https://doi.org/10.1192/j.eurpsy.2022.2337

Schramme, T. (2019). Szasz's legacy and current challenges in psychiatry. In Haldipur, C. V., Knoll, J. L. & v. d. Luft, E. (Hg.), Thomas Szaz: An Appraisal of His Legacy (S. 36–52). Oxford UP.

Schreiber, L. K., Metzger, F. G., Flammer, E., Rinke, H., Fallgatter, A. J. & Steinert, T. (2022). Open Doors by Fair Means: a quasi-experimental controlled study on the effects of an open-door policy on acute psychiatric wards. BMC Health Services Research, 22 (1), 941. https://doi.org/10.1186/s12913-022-08322-6

Schuler, D., Tuch, A. & Peter, C. (2020). Psychische Gesundheit in der Schweiz. https://www.obsan.admin.ch/de/publikationen/psychische-gesundheit-der-schweiz-3

Scull, A. (2015). Madness in Civilization: A Cultural History of Insanity from the Bible to Freud, from the Madhouse to Modern Medicine. Princeton UP.

Seikkula, J. & Olson, M. E. (2003). The Open Dialogue Approach to Acute Psychosis: Its Poetics and Micropolitics. Family Process, 42 (3), 403–418. https://doi.org/10.1111/j.1545-5300.2003.00403.x

Seth, A. K. (2021). Being You: A New Science of Consciousness. Faber.

Shaffer, C., Westlin, C., Quigley, K. S., Whitfield-Gabrieli, S. & Barrett, L. F. (2022). Allostasis, Action, and Affect in Depression: Insights from the Theory of Constructed Emotion. Annual Review of Clinical Psychology, 18 (1), 553–580. https://doi.org/10.1146/annurev-clinpsy-081219-115627

Shakespeare, T. (2006). The social model of disability. In Davis, L. J. (Hg.), The disability studies reader (Vol. 2) (S. 197–204). Routledge.
Sheridan Rains, L., Zenina, T., Dias, M. C., Jones, R., Jeffreys, S., Branthonne-Foster, S., Lloyd-Evans, B. & Johnson, S. (2019). Variations in patterns of involuntary hospitalisation and in legal frameworks: an international comparative study. Lancet Psychiatry, 6 (5), 403–417. https://doi.org/10.1016/s2215-0366(19)30090-2
Shorter, E. (1997). A History of Psychiatry: From the Era of the Asylum to the Age of Prozac. Wiley.
Silberman, S. (2015). Neurotribes: The Legacy of Autism and How to Think Smarter About People Who Think Differently. Allen and Unwin.
Silva, B., Gholam, M., Golay, P., Bonsack, C. & Morandi, S. (2021). Predicting involuntary hospitalization in psychiatry: A machine learning investigation. European Psychiatry, 64 (1), e48, Article e48. https://doi.org/10.1192/j.eurpsy.2021.2220
Singer, A., Lutz, A., Escher, J. & Halladay, A. (2022). A full semantic toolbox is essential for autism research and practice to thrive. Autism Research. https://doi.org/https://doi.org/10.1002/aur.2876
Singer, J. (2017). NeuroDiversity: The Birth of an Idea. Amazon.
Slater, E. (1936). German eugenics in practice. Eugenics Review, 27 (4), 285–295.
Smith, P., Nicaise, P. & Lorant, V. (2022). Social integration of people with non-psychotic mental illness over the last 2 decades: the widening gap in the adult population in Belgium. Social Psychiatry and Psychiatric Epidemiology. https://doi.org/10.1007/s00127-022-02302-1
Snellgrove, B. J. & Steinert, T. (2017). Einwilligungsfähigkeit vor dem Hintergrund der UN-Behindertenrechtskonvention. Forensische Psychiatrie, Psychologie, Kriminologie, 11 (3), 234–243. https://doi.org/10.1007/s11757-017-0427-2
Sobota, R. (2012). Leitfaden Persönliches Budget. Psychiatrie Verlag/BALANCE.
Sonuga-Barke, E. & Thapar, A. (2021). The neurodiversity concept: is it helpful for clinicians and scientists? Lancet Psychiatry, 8 (7), 559–561. https://doi.org/10.1016/S2215-0366(21)00167-X
Spencer, L. & Carel, H. (2021). »Isn't Everyone a Little OCD?« The Epistemic Harms of Wrongful Depathologization. Philosophy of Medicine, 2 (1), 1–18.
Spiess, M., Hotzy, F., Ruffin, R., Theodoridou, A., Jäger, M. & Vogel, U. (2022). Evaluation der Bestimmungen zur fürsorgerischen Unterbringung (FU; Art. 426 ff. ZGB). https://www.bj.admin.ch/dam/bj/de/data/publiservice/publikationen/externe/bericht-bestimmungen-fuersorg-unterbringung-d.pdf.download.pdf/bericht-bestimmungen-fuersorg-unterbringung-d.pdf
Spitzer, R. L. (1976). More on Pseudoscience in Science and the Case for Psychiatric Diagnosis: A Critique of D. L. Rosenhan's »On Being Sane in Insane Places » and »The Contextual Nature of Psychiatric Diagnosis«. Archives of General Psychiatry, 33 (4), 459–470. https://doi.org/10.1001/archpsyc.1976.01770040029007

Sprenger, J. (2018). The objectivity of Subjective Bayesianism. European Journal for Philosophy of Science, 8 (3), 539–558. https://doi.org/10.1007/s13194-018-0200-1

Sprenger, J. & Hartmann, S. (2019). Bayesian Philosophy of Science. Oxford UP.

Steck, N., Junker, C., Zwahlen, M. & for the Swiss National Cohort (2018). Increase in assisted suicide in Switzerland: did the socioeconomic predictors change? Results from the Swiss National Cohort. BMJ Open, 8 (4), e020992. https://doi.org/10.1136/bmjopen-2017-020992

Stefan, S. (2016). Rational Suicide, Irrational Laws. Examining Current Approaches to Suicide in Policy and Law. Oxford University Press.

Steinberg, A. (2021). Prone restraint cardiac arrest: A comprehensive review of the scientific literature and an explanation of the physiology. Medicine, Science and the Law, 61 (3), 215–226. https://doi.org/10.1177/0025802420988370

Steinert, T. (2021). Die Doppelfunktion der Psychiatrie. Recht und Psychiatrie, 39, 28–34.

Stoll, W. A. (1947). Lysergsaure-diathylamid, ein Phantastikum aus der Mutterkorngruppe. Schweizer Archiv fur Neurologie und Psychiatrie, 60 (1–2), 279–323.

Stone, M. B., Yaseen, Z. S., Miller, B. J., Richardville, K., Kalaria, S. N. & Kirsch, I. (2022). Response to acute monotherapy for major depressive disorder in randomized, placebo controlled trials submitted to the US Food and Drug Administration: individual participant data analysis. British Medical Journal, 378, e067606. https://doi.org/10.1136/bmj-2021-067606

Stulz, N., Wyder, L., Maeck, L., Hilpert, M., Lerzer, H., Zander, E., Kawohl, W., Grosse Holtforth, M., Schnyder, U. & Hepp, U. (2020). Home treatment for acute mental healthcare: randomised controlled trial. British Journal of Psychiatry, 216 (6), 323–330. https://doi.org/10.1192/bjp.2019.31

Sugiura, K., Pertega, E. & Holmberg, C. (2020). Experiences of involuntary psychiatric admission decision-making: a systematic review and meta-synthesis of the perspectives of service users, informal carers, and professionals. International Journal of Law and Psychiatry, 73, 101645. https://doi.org/10.1016/j.ijlp.2020.101645

Suijkerbuijk, Y. B., Schaafsma, F. G., van Mechelen, J. C., Ojajarvi, A., Corbiere, M. & Anema, J. R. (2017). Interventions for obtaining and maintaining employment in adults with severe mental illness, a network meta-analysis. Cochrane Database of Systematic Reviews, 9, CD011867. https://doi.org/10.1002/14651858.CD011867.pub2

Sweatt, J. D. (2019). The epigenetic basis of individuality. Current Opinion in Behavioral Sciences, 25, 51–56. https://doi.org/https://doi.org/10.1016/j.cobeha.2018.06.009

Szasz, T. S. (1962). Open Doors or Civil Rights for Mental Patients? Journal of Individual Psychology, 18 (2), 168–171.

Szasz, T. S. (1974). The Myth of Mental Illness: Foundations of a Theory of Personal Conduct. Harper.

Szasz, T. S. (1997). The Case against Psychiatric Coercion. The Independent Review, 1 (4), 485–498. http://www.jstor.org/stable/24560781

Szasz, T. S. (2007). Coercion as Cure: A Critical History of Psychiatry. Routledge.

Szmukler, G. (2018). Men in White Coats: Treatment Under Coercion. Oxford University Press. https://doi.org/10.1093/med/9780198801047.001.0001
Szmukler, G. (2019). »Capacity«, »best interests«, »will and preferences« and the UN Convention on the Rights of Persons with Disabilities. World Psychiatry, 18 (1), 34–41. https://doi.org/10.1002/wps.20584
Taipale, H., Tanskanen, A., Correll, C. U. & Tiihonen, J. (2022). Real-world effectiveness of antipsychotic doses for relapse prevention in patients with first-episode schizophrenia in Finland: a nationwide, register-based cohort study. Lancet Psychiatry. https://doi.org/10.1016/s2215-0366(22)00015-3
Tannsjo, T. (2004). The convention on human rights and biomedicine and the use of coercion in psychiatry. Journal of Medical Ethics, 30 (5), 430–434. https://doi.org/10.1136/jme.2002.000703
Tay, J. L. & Li, Z. (2022). Brief contact interventions to reduce suicide among discharged patients with mental health disorders – A meta-analysis of RCTs. Suicide and Life-Threatening Behavior, 52 (6), 1074–1095. https://doi.org/https://doi.org/10.1111/sltb.12903
Teismann, T. & Gysin-Maillart, A. (2022). Psychotherapie nach einem Suizidversuch – Evidenzlage und Bewertung. Bundesgesundheitsblatt – Gesundheitsforschung – Gesundheitsschutz, 65 (1), 40–46. https://doi.org/10.1007/s00103-021-03466-y
Telefonseelsorge (2009). Niemand bringt sich gerne um. Handbuch für die Suizidprävention in der TelefonSeelsorge. Evangelische/Katholische Konferenz für Telefonseelsorge.
Theodoridou, A., Schlatter, F., Ajdacic, V., Rössler, W. & Jäger, M. (2012). Therapeutic relationship in the context of perceived coercion in a psychiatric population. Psychiatry Research, 200 (2), 939–944. https://doi.org/https://doi.org/10.1016/j.psychres.2012.04.012
Thom, A. & Wulff, E. (1990). Vergleichende Betrachtungen: Gemeinsamkeiten, Divergenzen und erkennbare Perspektiven struktureller Wandlungen der psychiatrischen Versorgungssysteme. In Thom, A. & Wulff, E. (Hg.), Psychiatrie im Wandel: Erfahrungen und Perspektiven in Ost und West (S. 587–602). Psychiatrie Verlag.
Thomson, R. M., Igelström, E., Purba, A. K., Shimonovich, M., Thomson, H., McCartney, G., Reeves, A., Leyland, A., Pearce, A. & Katikireddi, S. V. (2022). How do income changes impact on mental health and wellbeing for working-age adults? A systematic review and meta-analysis. The Lancet Public Health, 7 (6), e515–e528. https://doi.org/https://doi.org/10.1016/S2468-2667(22)00058-5
Thumiger, C. (2017). Ancient greek and roman traditions. In Eghigian, G. (Hg.), The Routledge History of Madness and Mental Health (S. 42–61). Routledge.
Tingleff, E. B., Bradley, S. K., Gildberg, F. A., Munksgaard, G. & Hounsgaard, L. (2017). »Treat me with respect«. A systematic review and thematic analysis of psychiatric patients« reported perceptions of the situations associated with the process of coercion. Journal of Psychiatric and Ment Health Nursing, 24 (9–10), 681–698. https://doi.org/10.1111/jpm.12410

Tolchin, G., Steinfeld, G. & Suchotliff, L. (1970). The mental patient and civil rights: Some moral, legal, and ethical considerations. Professional Psychology, 1 (3), 212–216.
Tolle, P., Stoy, T. (2023). Unterstützte Entscheidungsfindung in sozialen Berufen. utb/Psychiatrie Verlag.
Tomlin, J., Bartlett, P. & Völlm, B. (2018). Experiences of restrictiveness in forensic psychiatric care: Systematic review and concept analysis. Int J Law Psychiatry, 57, 31–41. https://doi.org/10.1016/j.ijlp.2017.12.006
Tomlin, J., Lega, I., Braun, P., Kennedy, H. G., Herrando, V. T., Barroso, R., Castelletti, L., Mirabella, F., Scarpa, F. & Völlm, B. (2021). Forensic mental health in Europe: some key figures. Social Psychiatry Psychiatric Epidemiology, 56 (1), 109–117. https://doi.org/10.1007/s00127-020-01909-6
Torkildsen, Ø. (2022). Lessons to be learnt from the history of lobotomy. Tidsskriftet den Norge Legeforening, 142 (18). https://doi.org/10.4045/tidsskr.22.0505
Townsend, J. M. (1979). Stereotypes of mental illness: A comparison with ethnic stereotypes. Culture, Medicine and Psychiatry, 3 (3) 205–229. https://doi.org/10.1007/BF00114611
Tseris, E. (2018). Biomedicine, neoliberalism and the pharmaceuticalisation of society. In Cohen, B. M. Z. (Hg.), Routledge International Handbook of Critical Mental Health (S. 169–176). Routledge.
UN General Assembly (2013). Report of the Special Rapporteur on torture and other cruel, inhuman or degrading treatment or punishment, Juan E. Méndez.
UN General Assembly (2017). Report of the Special Rapporteur on the right of everyone to the enjoyment of the highest attainable standard of physical and mental health.
United Nations (2006). UN Convention on the Rights of Persons with Disabilities. Abgerufen am 02.11.2020 von https://www.un.org/development/desa/disabilities/convention-on-the-rights-of-persons-with-disabilities/convention-on-the-rights-of-persons-with-disabilities-2.html
Väkiparta, L., Suominen, T., Paavilainen, E. & Kylmä, J. (2019). Using interventions to reduce seclusion and mechanical restraint use in adult psychiatric units: an integrative review. Scand J Caring Sci, 33 (4), 765–778. https://doi.org/10.1111/scs.12701
Veroff, J., Kulka, R. A. & Douvan, E. (1981). Mental Health in America: Patterns of Help-Seeking from 1957 to 1976. Basic Books.
Volkow, N. D., Gordon, J. A. & Koob, G. F. (2021). Choosing appropriate language to reduce the stigma around mental illness and substance use disorders. Neuropsychopharmacology, 46 (13), 2230–2232. https://doi.org/10.1038/s41386-021-01069-4
von den Driesch, E. (2021). Unter Verschluss: Eine Geschichte des Suizids in der DDR 1952–1990. Campus.
Wakefield, J. C. (1992). The concept of mental disorder: on the boundary between biological facts and social values. American Psychologist, 47 (3), 373–388.
Wakefield, J. C. (1999). Evolutionary versus prototype analyses of the concept of disorder. Journal of Abnormal Psychology, 108 (3), 374–399.

Walker, N. (2021). Neuroqueer Heresies: Notes on the Neurodiversity Paradigm, Autistic Empowerment, and Postnormal Possibilities. Autonomous Books.

Wang, D. W. L. & Colucci, E. (2017). Should compulsory admission to hospital be part of suicide prevention strategies? BJPsych Bulletin, 41 (3), 169–171.

Wasserman, D., Apter, G., Baeken, C., Bailey, S., Balazs, J., Bec, C., Bienkowski, P., Bobes, J., Ortiz, M. F. B., Brunn, H., Bôke, Ö., Camilleri, N., Carpiniello, B., Chihai, J., Chkonia, E., Courtet, P., Cozman, D., David, M., Dom, G., Vahip, S. (2020). Compulsory admissions of patients with mental disorders: State of the art on ethical and legislative aspects in 40 European countries. European Psychiatry, 63 (1), e82, Article e82. https://doi.org/10.1192/j.eurpsy.2020.79

Wasserman, T. & Wasserman, L. D. (2016). Depathologizing Psychopathology: The Neuroscience of Mental Illness and Its Treatment. Springer.

Watters, E. (2010). Crazy Like Us: The Globalization of the American Psyche. Free Press.

Webb, D. (2021). Re-conceptualizing suicidality: Towards collective intersubjective responses. In Beresford, P. & Russo, J. (Hg.), The Routledge International Handbook of Mad Studies (S. 243–252). Routledge.

Webb, P., Davidson, G., Edge, R., Falls, D., Keenan, F., Kelly, B., McLaughlin, A., Montgomery, L., Mulvenna, C., Norris, B., Owens, A. & Shea Irvine, R. (2020). Key components of supporting and assessing decision making ability. International Journal of Law and Psychiatry, 72, 101613. https://doi.org/10.1016/j.ijlp.2020.101613

Weissman, D. (2018). Autonomy and Free Will. Metaphilosophy, 49 (5), 609–645. https://doi.org/https://doi.org/10.1111/meta.12333

Wesson, M. (1980). Substituted Judgment: The Parens Patriae Justification for Involuntary Treatment of the Mentally Ill. Journal of Psychiatry & Law, 8, 147–165.

Wheeler, C., Lloyd-Evans, B., Churchard, A., Fitzgerald, C., Fullarton, K., Mosse, L., Paterson, B., Zugaro, C. G. & Johnson, S. (2015). Implementation of the Crisis Resolution Team model in adult mental health settings: a systematic review. BMC Psychiatry, 15, 74. https://doi.org/10.1186/s12888-015-0441-x

Whittington, R. & Richter, D. (2005). Interactional aspects of violent behaviour on acute psychiatric wards. Psychology, Crime & Law, 11 (4), 377–388. https://doi.org/10.1080/10683160500255372

WHO (2021 a). Guidance on community mental health services: Promoting person-centred and rights-based approaches. https://www.who.int/publications/i/item/9789240025707

WHO (2021 b). ICD-11 for Mortality and Morbidity Statistics. Abgerufen am 09.07.2021 von https://icd.who.int/browse11/l-m/en#/http%3a%2f%2fid.who.int%2ficd%2fentity%2f334423054

Wienberg, G. & Steinhart, I. (2021). Wirksamkeit der Eingliederungshilfe Wohnen für Menschen mit seelischen Behinderungen in Nordrhein-Westfalen – Projekt WiEWohnen NRW. http://wiewohnen.de/informationsmaterial/ (29.05.2023).

Wilkinson, S. T., Trujillo Diaz, D., Rupp, Z. W., Kidambi, A., Ramirez, K. L., Flores, J. M., Avila-Quintero, V. J., Rhee, T. G., Olfson, M. & Bloch, M. H. (2022). Pharmacological and somatic treatment effects on suicide in adults: A systematic review and meta-analysis. Depression and Anxiety, 39 (2), 100–112. https://doi.org/https://doi.org/10.1002/da.23222

Winick, B. J. (1995). Ambiguities in the legal meaning and significance of mental illness. Psychology, Public Policy, and Law, 1 (3), 534–611.

Winter, S. E. & Barber, J. P. (2013). Should treatment for depression be based more on patient preference? Patient Preferernce and Adherence, 7, 1047–1057. https://doi.org/10.2147/ppa.S52746

WNUSP (2008). Psychosocial disability. World Network of Users and Survivors of Psychiatry. Abgerufen am 24.08.2021 von https://www.ohchr.org/Documents/Issues/CulturalRights/CulturalHeritage/Submissions/13.2.WNUSP-Appendix2.docx

Woods, A., Romme, M., McCarthy-Jones, S., Escher, S. & Dillon, J. (2013). Special edition: Voices in a Positive Light. Psychosis, 5 (3), 213–215. https://doi.org/10.1080/17522439.2013.843021

Wunder, M. (2021). Der Suizid als Ausdruch der Freiheit? Sozialpsychiatrische Informationen (2), 14.

Wynn, R. (2018). Involuntary admission in Norwegian adult psychiatric hospitals: a systematic review. International Journal of Mental Health Systems, 12 (1), 10. https://doi.org/10.1186/s13033-018-0189-z

Yakusheva, O., van den Broek-Altenburg, E., Brekke, G. & Atherly, A. (2022). Lives saved and lost in the first six month of the US COVID-19 pandemic: A retrospective cost-benefit analysis. PLoS One, 17 (1), e0261759. https://doi.org/10.1371/journal.pone.0261759

Yakushko, O. (2019). Eugenics and its evolution in the history of western psychology: A critical archival review. Psychotherapy and Politics International, 17 (2), e1495. https://doi.org/https://doi.org/10.1002/ppi.1495

Yates, K., Lång, U., Peters, E. M., Wigman, J. T. W., McNicholas, F., Cannon, M., DeVylder, J., Ramsay, H., Oh, H. & Kelleher, I. (2021). Hallucinations in the general population across the adult lifespan: prevalence and psychopathologic significance. The British Journal of Psychiatry, 219 (6), 1–7. https://doi.org/10.1192/bjp.2021.100

Yee, C. M., Javitt, D. C. & Miller, G. A. (2015). Replacing DSM Categorical Analyses With Dimensional Analyses in Psychiatry Research: The Research Domain Criteria Initiative. JAMA Psychiatry, 72 (12), 1159–1160. https://doi.org/10.1001/jamapsychiatry.2015.1900

Yu, T., Enkh-Amgalan, N. & Zorigt, G. (2017). Methods to perform systematic reviews of patient preferences: a literature survey. BMC Medical Research Methodology, 17 (1), 166. https://doi.org/10.1186/s12874-017-0448-8

Zaami, S., Rinaldi, R., Bersani, G. & Marinelli, E. (2020). Restraints and seclusion in psychiatry: striking a balance between protection and coercion – Critical overview of international regulations and rulings. Rivista di psichiatria, 55 (1), 16–23.

Zachar, P. (2015). Psychiatric disorders: natural kinds made by the world or practical kinds made by us? World Psychiatry, 14 (3), 288–290. https://doi.org/10.1002/wps.20240

Zachar, P. (2021). Psychiatric Disorders and the Imperfect Community: A Nominalist HDA. In Faucher, L. & Forest, D. (Hg.), Defining Mental Disorder: Jerome Wakefield and His Critics (S. 157–175). MIT Press.

Zander, T.K. (1976). Civil Commitment in Wisconsin: The Impact of Lessard v. Schmidt. Wisconsin Law Review 1976, 503–562.

Zinkler, M. & von Peter, S. (2019). Ohne Zwang – ein Konzept für eine ausschließlich unterstützende Psychiatrie. Recht & Psychiatrie, 37, 203–209.

Zipursky, R.B., Cunningham, C.E., Stewart, B., Rimas, H., Cole, E. & Vaz, S.M. (2017). Characterizing outcome preferences in patients with psychotic disorders: a discrete choice conjoint experiment. Schizophrenia Research, 185, 107–113. https://doi.org/10.1016/j.schres.2016.12.018